Contraste insuffisant

**NF Z 43**-120-14

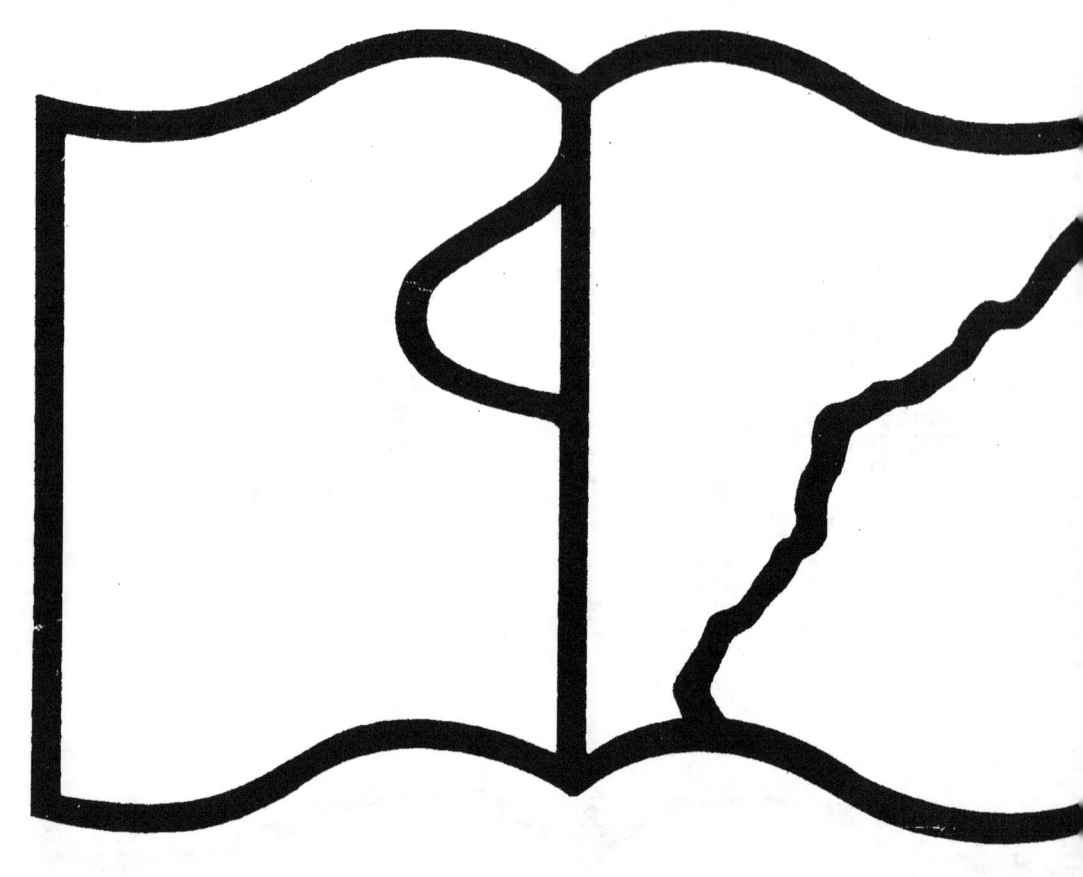

Texte détérioré — reliure défectueuse

**NF Z 43**-120-11

# A L'HOTEL DROUOT

VENTE DE LA BIBLIOTHÈQUE

## DE FEU M. GUYOT DE VILLENEUVE

Président de la Société des Bibliophiles françois

La vente de la première partie de la magnifique bibliothèque du regretté président de la Société des Bibliophiles françois a eu lieu, à l'Hôtel Drouot, du lundi 26 au samedi 31 mars. Habilement dirigée par M. Edouard Rahir, le successeur de Morgand, cette vente qui comprenait environ 600 numéros, a rapporté le chiffre énorme de 708.500 francs. Nous donnons les prix de la plupart des numéros dont cette première partie se composait.

1. — Heures de Savoie. Manuscrit du commencement du XIVᵉ siècle, orné de 56 miniatures attribuées à Jehan Pucelle. — 18.000 fr.
2. — Heures du maréchal de Boucicaut. Précieux manuscrit orné de 44 miniatures, in-4, velours rouge. — 68.500 fr.
4. — Preces piac cum calendario. Manuscrit de l'Ecole de Bruges orné de 11 miniatures, in-8, mar. r. — 3.520 fr.
5. — Preces piae. Manuscrit de la fin du XVᵉ siècle orné de 12 petites miniatures, in-8 mar. r. (*Le Gascon*). — 1.650 fr.
6. — Livre de lordre... Saint Michel. Manuscrit du XVᵉ siècle orné de 3 miniatures, in-4, velours. — 3.000 fr.
7. — Preces piae. Gr. in-8, mar. rouge, dent., rel. de Derome. Superbe manuscrit du XVᵉ siècle orné de 42 miniatures. Des ventes Girardot de Préfond, Gaignat et Hamilton. — 38.100 fr.

8. — Trente pseaumes de David mis en françois. Manuscrit du XVIᵉ siècle orné de 8 miniatures, et relié en mar. vert aux armes de Paris de Montmartel. — 2.505 fr.

9. — Petit traicté de Alkimie. Manuscrit du XVIᵉ siècle offert par le connétable de Montmorency à François Iᵉʳ. Il est relié aux armes du Roi et du Connétable. — 2.520 fr.

10. — Miniature attribuée à Jean Cousin. — 1.150 fr.

11. — Quatrains de Pibrac. Manuscrit du XVIᵉ siècle écrit par Le Gangneur, recouvert d'une riche reliure du XVIᵉ siècle. — 2.700 fr.

15. — Preces christianae cum parvo officio beatae Virginis Mariae. Un des plus jolis manuscrits de Jarry, recouvert d'une des plus parfaites reliures de Le Gascon. — 12.500 fr.

16. — Prières sainctes et chrétiennes. Manuscrit de Jarry relié en chag. noir, dans un sac de soie au chiffre d'Elisabeth de Montmorency, duchesse de Chastillon. — 840 fr.

17. — Prières de la messe écrites par Rousselet, in-8, manuscrit, mar. doublé de Trautz. — 2.000 fr.

18. — Prières de la messe écrites par Rousselet, in-12, mar. r. (*anc. rel.*). — 250 fr.

20. — Prières chrétiennes pour Monsieur de Bonneil, écrites par Gilbert sur vélin, avec 4 miniatures, in-12, mar. bleu (*Trautz*). — 3.450 fr.

23. — Statuts des conseillers d'Etat de Venise, 1578, in-4. Curieuse reliure vénitienne. — 2.750 fr.

24. — Mémoires et instructions pour servir à justifier l'innocence de F.-A. de Thou, par Pierre Dupuy. In-fol. veau, aux armes de J.-A. de Thou, baron de Meslay. — 1.520 fr.

25. — La Muse en belle humeur, in-fol., manuscrit, mar. r., aux armes de Fouquet. — 1.105 fr.

29. — Recueil de 14 lettres autographes en 1 portefeuille de mar. aux armes du dauphin, père de Louis XVI. — 2.634 fr.

31. — Recueil pour la Compagnie de Messieurs les conseillers du Roy, quartiniers de la Ville de Paris, in-4, manuscrit. Riche reliure aux armes de Martel et de la ville de Paris. — 4.000 fr.

32. — 40 lettres de Voltaire à Madame d'Epinay. — 2.020 fr.

34. — Voyage du Roy à Choisy. Curieux manuscrit aux armes de Louis XV. — 810 fr.

35. — Le Bienfaiteur, comédie. Riche reliure aux armes du duc de La Vrillière. — 2.500 fr.

40. — Deux traités latins de P. Pithou, en 1 vol. in-8, vélin, doré au chiffre de Philippe de Mornay. — 525 fr.

44. — Heures de Vérard (calend. de 1488 à 1508), in-8 sur papier, mar. La Vall. (*Trautz*). — 2.800 fr.

45. — Heures de Vérard, 1498, in-4, sur vél., demi-rel., mar. r. — 2.020 fr.

46. — Horæ ad usum Parisiensem. *Pigouchet*, 1491, in-8 sur vél., mar. brun. — 3.450 fr.

47. — Heures de Simon Vostre, 1497, pet. in-4 sur vélin, mar. rouge (*Motte*). — 2.760 fr.

48. — Heures de Simon Vostre (calend. de 1502 à 1520), in-4º sur vélin, relié en velours. — 3.500 fr.

49. — Heures de Simon Vostre à l'usage d'Orléans (calend. de 1510 à 1530), gr. in-0, m. r. (*anc. rel.*). — 1.400 fr.

50. — Hore dive virginis Marie... Paris Thielman Kerver, 1505, in-8 sur papier, mar. noir, doublé de mar. citron. Reliure faite à Venise par un artiste persan. — 1.400 fr.

52. — Heures de Gillet Hardouin (calend. de 1515 à 1530), gr. in-8 sur vélin, fig. coloriées. Riche reliure du XVIᵉ siècle. — 1.760 fr.

53. — Officium beate Mariæ Virginis, 1622, in-4, reliure en mar. doublé (*Le Gascon*). — 1.550 fr.

54. — Office de la Vierge, 1588, in-8, mar. vert, compart. de fleurs et fleuillages. — Exempl. de la reine Marguerite. — 1.890 fr.

55. — Officium beatae Mariae Virginis, 1616, in-12, mar. doublé, belle reliure de Le Gascon. — 1.130 fr.

62. — G. Pachymerae paraphrasis in omnia Dyonisii Areopagitae, Ahenarum episcopi, opera quæ extant. *Paris*, 1561, in-8, mar. vert, aux armes peintes de Charles IX. — 2.020 fr.

69. — Traitté qui contient la méthode... pour convertir ceux qui se sont séparez de l'église, par le card. de Richelieu. *Paris*, 1657, in-4, mar. rouge. (*Aux armes du card. de Richelieu*). — 630 fr.

79. — Ioannis Bonifacii... historia Virginalis de beatissimae Mariæ... *Paris*, 1604, in-8, mar. vert, doré en plein. (*Aux armes de Henri IV*). — 4.900 fr.

82. — Imitation de Jésus-Christ. *Paris*, 1665, in-12, mar. bleu, doublé de mar. rouge. — Ex. de Longepierre. — 505 fr.

83. — Imitation de Jésus-Christ. *Paris, Dezalier*, 1692, in-12,

v. m. — Exempl. avec envoi de Madame de Maintenon et la croix de St-Cyr sur les plats de la reliure. — 800 fr.

85. — Introduction à la vie dévote. *Paris*, 1648, in-8, mar. rouge, compart. au pointillé. — 810 fr.

87. — Epistres spirituelles de François de Sales. *Lyon*, 1629, in-4, mar. rouge, dor. en plein. Riche et curieuse rel. — 600 fr.

89. — La Voix du ciel. 1668, in-12 mar. rouge, aux armes de Mᴵᴵᵉ de Montpensier. — 605 fr.

92. — Réfutation des principales erreurs des quiétistes, par Nicole. 1695, in-12, mar. rouge, aux armes de Madame de Maintenon. — 1.720 fr.

102. — Réfutation du catéchisme du sᵣ Paul Ferry, par Bossuet. *Metz*, 1655, in-4, mar. rouge. — 300 fr.

103. — Réglement du séminaire des filles de la propagation de la foy établies en la ville de Metz, par l'abbé Bossuet. *Paris*, 1672, pet. in 12, v. br. — 355 fr.

104. — Oraison funèbre de Mᵉ Nicolas Cornet, par Bossuet. *Amsterdam*, 1698, in-12, mar. rouge. (*Trautz*). — 275 fr.

105. — Oraison funèbre de Henriette de France. Edit. orig., mar. noir (*Mercier*). — 525 fr.

108. — Exposition de la doctrine de l'église catholique, par Bossuet. *Paris*, 1679, in-12, mar. rouge. (*Aux armes du grand Condé*). — 800 fr.

109. — Discours sur l'histoire universelle, par Bossuet. *Paris*, 1681, in-4, mar. rouge, larges dent. — Exemplaire en grand papier aux armes du pape Innocent XI. — 1.550 fr.

110. — Sermon presché à l'ouverture de l'assemblée générale du clergé de France le 9 novembre 1681, par Bossuet. *Paris*, 1682, in-4, mar. rouge. (*Aux armes de Louis XIV*). — 505 fr.

114. — Oraison funèbre de la princesse Palatine, par Bossuet. *Paris*, 1685, in-4, mar. noir. — Exempl. en grand papier aux armes du duc du Maine. -- 1.210 fr.

115. — Oraison funèbre du prince de Condé, par Bossuet. *Paris*, 1687, in-4, mar. noir. — Ex. en grand papier aux armes de Bossuet. — 2.720 fr.

117. — Histoire des variations des églises protestantes, par Bossuet. *Paris*, 1688, 3 vol, in-4, mar. rouge. — Ex. revu et corrigé par l'auteur et relié à ses armes. — 19.020 fr.

123. — Instruction sur les estats d'oraison, par Bossuet.

*Paris*, 1697, in-8, mar. rouge. (*Aux armes de la duchesse de Bourgogne*). — 1.880 fr.

124. — Divers ecrits, ou mémoires sur le livre intitulé : Explications des maximes des saints, par Bossuet. *Paris*, 1698, in-8 mar. rouge. (*Aux armes de Bossuet*). — 1.005 fr.

127. — Instructions sur la version du Nouveau Testament, imprimée à Trévoux, par Bossuet. *Paris*, 1702, in-12, mar. rouge. (*Aux armes de Madame de Maintenon*). — 1.595 fr.

128. — Seconde instruction sur les passages particuliers de la version du Nouveau Testament imprimée à Trévoux, par Bossuet. *Paris*, 1703, in-12, mar. rouge. (*Aux armes de la duchesse de Bourgogne*). — 1.480 fr.

129. — Politique tirée des propres paroles de l'écriture sainte, par Bossuet. *Paris*, 1709, in-4, mar. rouge. (*Aux armes du pape Clément XI*). — 600 fr.

130. — Elévations à Dieu, par Bossuet. *Paris*, 1727, 2 vol. in-12, mar. rouge. (*Aux armes du comte de Toulouse*). — 410 fr.

131. — Traitez du libre arbitre, par Bossuet. *Paris*, 1731, in-12, mar. rouge. (*Aux armes du duc d'Orléans, fils du Régent*). — 370 fr.

132. — Méditations sur l'évangile, par Bossuet. *Paris*, 1731, 4 vol. in-12, mar. rouge. Tome 1 et 3 aux armes de Stanislas. — Tome 2 aux armes d'une abbesse de la Maison de Condé. — Tome 4, aux armes du comte d'Eu. — 440 fr.

133. — Traité de l'Amour de Dieu, par Bossuet. *Paris*, 1736, in-12, mar. bleu. (*Aux armes de Louis XV*). — 420 fr.

138. — Montesquieu. — De l'Esprit des loix. *Genève, s. d.*, 2 tom. en 1 vol. in-4, mar. vert, larges dent. (*Padeloup*). — 3.150 fr.

142. — Ordonnances royaux sur le faict et juridiction de la prevosté des marchands et eschevinage de la ville de Paris, *Paris*, 1582, in-4, mar. vert. Superbe reliure aux armes de la ville de Paris et d'Etienne de Nully, prévôt des marchands. — 6.500 fr.

148. — Sommaire des privilèges octroyes à l'ordre de Saint Jean de Jerusalem. *S. l. n. d.*, in-fol. mar. rouge, fleurdelisé (*Aux armes d'Anne d'Autriche*). — 4.420 fr.

149. — Constitutions pour la communauté des filles de Saint-Joseph. *Paris*, 1691, in-12, mar. rouge. (*Aux armes de Madame de Montespan*). — 1.120 fr.

150. — Le Concile de Trente, par G. Hervet. *Paris*, 1601, in-12, mar. vert, fleurdelisé. (*Aux armes de Louis XIII*). — 1.005 fr.

152. — Pauli Jovii de romanis piscibus libellus. *Bâle*, 1535, in-8, veau fauve, compart. (*dos refait*). — Ex. de Grolier. — 1.955 fr.

153. — Discours de l'amitié et de la haine qui se trouvent entre les animaux, par M. de La Chambre. *Paris*, 1667, in-8, mar. rouge. Reliure de Le Gascon, aux armes de Louis XIV. — 2.600 fr.

160. — Hieronymi Cardani de subtilitate libri XXI. *Nuremberg*, 1550, in-fol., veau, compart. — Exempl. de Grolier. — 4.260 fr.

165. — Frederici Nauseæ Blancicampiani eximii doctoris inclytæ eccl. Moguntinæ a sacris concionibus eminentiss. libri mirabililium... *Cologne*, 1532, in-4, mar. vert, comp. — Exempl. de Maioli. — 1.330 fr.

169. — Le Roy Modus. *Paris*, 1560, pet. in-8, mar. vert. (*Trautz*). — 330 fr.

170. — La Civilité puérile. *Lyon*, 1544, pet. in-12, mar. rouge. (*Trautz*). — 420 fr.

172. — La Cyropedie de Xenephon. *Lyon*, 1555, in-4, mar. citron, comp. — Exempl. aux armes de Catherine de Médicis, d'une fraicheur exceptionnelle. — 13.000 fr.

173. — Institutio principis ad Ludovicum XIV... 1647, in-12, mar. vert, aux armes de Louis XIV. — 900 fr.

178. — J. J. Rousseau. Emile. *La Haye*, 1762, 4 vol. in-8, mar. rouge. (*Derome*). — 915 fr.

181. — Maximi Tyrii philosophi platonici sermones a Græca in latinam linguam versi... *Paris*, 1554, in-12, mar. vert, comp. de fleurs et de feuillages. — Exempl. de Marguerite, femme de Henri IV. — 1.800 fr.

182. Marsilio Ficino sopra lo amore o ver' Convito di Platone. *Florence*, 1544, in-8, mar. bleu, comp. Aux armes de Henri, dauphin, duc de Bretagne et de Catherine de Médicis, sa femme. — 1.800 fr.

189. — Plutarque. Œuvres morales. *Paris*, 1574, 7 vol. in-8, mar. vert, riches compart. (*Aux armes de Charles IX*). — 7.800 fr.

*(A suivre).*

# A L'HOTEL DROUOT

## VENTE DE LA BIBLIOTHÈQUE

## DE FEU M. GUYOT DE VILLENEUVE

Président de la Société des Bibliophiles françois

*(Suite et fin).*

190. — Petri Alcyonii Medices legatus de exsilio. *Venise*, 1522, in-8, veau comp. (*Aux armes de François I*er). — 1.260 fr.

194. — Montaigne. Essais, 1580, in-8, 2 tom. en 1 vol. in-8, mar. doublé. (*Trautz*). — 1.825 fr.

195. — Montaigne. Essais, 1582, in-8, mar. rouge. (*Trautz*). — 360 fr.

196. — Montaigne. Essais, 1587, in-8, mar. rouge. (*Trautz*). — 310 fr.

197. — Montaigne. Essais, 1588, in-4, mar. rouge doublé, reliure de Boyet. — 4.300 fr.

198. — Montaigne. Essais, 1595, in-fol. mar. rouge. (*Trautz*). — 1.820 fr.

212. — La Rochefoucauld. Sentences et maximes de morale. *La Haye*, 1664, pet. in-8, broché. — 3.100 fr.

213. — La Rochefoucauld. Réflexions, ou sentences et maximes morales. *Paris*, 1665, in-12, mar. doublé. (*Cuzin*). — 865 fr.

216. — Même livre, édition de 1675, in-12, mar. rouge. — Exempl. aux armes du duc du Maine avec une préface imprimée seulement pour lui. — 1.700 fr.

220. — La Bruyère. Les Caractères, 1688, in-12, mar. doublé (*Trautz*). Edition originale, premier état. — 1.600 fr.

221. — La Bruyère. Les Caractères, 1688, in-12, mar. doublé (*Trautz*). Edition originale, second état. — 410 fr.

223. — Libro d'Antonio Labacco appartenente à l'architettura, 1552, in-fol., mar. vert et citron. (*Aux armes de Henri II*). 15.020 fr.

227. — Du Cerceau. Livre de grotesques, 1550, in-4, mar. bleu. (*Bozérian*). — 1.055 fr.

228. — De Architectura opus, 1559, in-fol. vélin. (*Aux armes de J.-A. de Thou*). — 4.050 fr.

229. — Le premier (et second) volume des plus excellens bastimens de France, 1576-1579, 2 vol. in-fol., veau. Aux armes de J.-A. de Thou. — 4.400 fr.

230. — Recueil de meubles, (vers 1580), in-4, veau. (*Anc. rel.*). — 1.880 fr.

234. — Vogther. Livre artificieux, 1546, in-4, goth., mar. rouge. (*Mercier*). — 700 fr.

235. — Variarum portractionum quas vulgo Maurusias vocant omnium..... 24 pièces d'ornements de Baltazar Sylvius, pet. in-fol. mar. — 1.655 fr.

236. — Daniel Mignot. Recueil d'ornements, 67 pièces en 1 vol. mar. (*Cuzin*). — 3.950 fr.

237. — Collaert. Monilium bullarum inauriumque artificiosissimae icones, 1581-1582, 20 pl. en 1 vol. in-4, mar. (*Mercier*). — 855 fr.

238. — Schopperus. Panoplia. 1568, in-8, mar. (*Capé*). — 200 fr.

240. — Boule. Nouveaux desseins de meubles, 46 pièces en 1 fol. obl., mar. (*Cuzin*). — 300 fr.

241. — Jacquinet. Plusieurs modèles... d'arquebuzerie, 1660, in-4, obl., mar. (*Cuzin*). — 295 fr.

243. — Berain. Ornements, 36 pièces en 1 vol. in-fol., mar. rouge. (*Hardy*). — 190 fr.

244. — Brisville. Diverses pièces de serruriers, in-4, mar. vert. (*Cuzin*). — 260 fr.

256. — Tapisseries de Lebrun, 31 planches. — Le Pautre, 20 pl. — En 1 vol. in-fol., mar. rouge, aux armes de Louis XIV. — 1.055 fr.

257. — Nouveaux desseins pour graver sur l'orfèvrerie, par Masson, 6 pl. in-fol., mar. (*Cuzin*). — 430 fr.

258. — Germain. Elémens d'orfévrerie, in-4, veau. — 505 fr.

259. — Forty, 48 pl. en 1 vol. in-4, demi rel. — 1.080 fr.

*Œuvre de Tory.*

262. — Heures de 1525. In-8, mar. brun. Titre et dernier feuillet refaits. — 1.010 fr.

263. — Hore in laudem beatissime Virginis Marie. 1527, in-8, imprimé sur vélin. — 8.100 fr.

264. — Horae in laudem beatiss. Virginis Mariae .1527, pet. in-8, mar. rouge (*anc. rel. ital.*). — 3.010 fr.

266. — Horae in laudem beatiss. Virginis Mariae. 1531, in-8, mar. (Trautz). — 2.000 fr.

268. — Horae in laudem beatiss. Virginis Mariae. 1542, in-8, veau fauve, comp. de couleur. (*Rel. du XVIe siècle*). — 5.290 fr.

269. — Horae in laudem beatiss. Virginis Mariae. 1543, in-4, veau (*Rel. du XVIe siècle*). — 3.705 fr.

272. — Champfleury. 1529, in-4, veau brun, aux armes de François Ier. — 1.605 fr.

275. — Le Sacre et couronnement de la Royne (et Entrée de la Royne). in-4 vélin. — 2.000 fr.

280. — Diodore de Sicile. 1535, in-4, imprimé sur vélin. — 4.300 fr.

284. — Du Saix. La Touche naifve. *Paris*, 1537, in-4, rel. du XVIe siècle. — Exemp. imp. sur vélin. — 7.550 fr.

286. — J. Bouchet. Le Jugement poetic de l'honneur feminin. *Poictiers*, 1539, in-8 goth., mar. (*Anc. rel.*). — 505 fr.

289. — Praxis criminis persequendi. *Paris, Simon de Colines*, 1541, in-fol., mar. rouge. (*Chambolle*). — 910 fr.

290. — Les dix premiers livres de l'Iliade d'Homère. 1545, in-fol., mar. brun. (*Trautz*). — 755 fr.

292. — Entrée de Henri II à Paris. 1549, in-4, mar. bleu. (*Mercier*). — 760 fr.

293. — Pauli Jovii novocomensis vitae duodecim vice comitum Mediolani principum. 1549, in-4, mar. olive, mosaïque de mar. vert. — Exemp. de Maioli. — 5.400 fr.

---

294. — La Grande danse macabre des hommes et des femmes. *Lyon*, 1499, pet. in-fol., mar. br. (*Mercier*). Inc. de 2 ff. — 3.700 fr.

295. — La Grande danse macabre. *Paris, Groulleau, s. d.*, in-16, mar. doublé. — 1.060 fr.

296. — Holbein. Simulachres de la mort. 1538, mar. doublé, riche reliure de Trautz. — 8.000 fr.

298. — Simulachres de la mort. *Paris, Denys, Janot, s. d.,* in-16, mar. rouge. (*Trautz*). — 540 fr.

299. — Mortalium nobilitas. *Anvers,* 1541, pet. in-4, mar. rouge. — 400 fr.

3C1. — Perspective de Viator. 1521, in-fol., vélin. — 1020 fr.

302. — Fasciculo de Medecina. *Venise,* 1493, in-fol., mar. brun. — 1.200 fr.

303. — De plurimis claris sceletisque mulieribus. *Ferrare,* 1497, in-fol., rel. du XVIᵉ siècle. — 885 fr.

304. — Vita epistole de Sancto Hieronimo volgare. *Ferrare,* 1497, in-fol., mar. (*rel. du XVIᵉ siècle*). — 3.750.

305. — Novellino de Masuccio. *Venise,* 1510, in-fol., mar. rouge. (*Cuzin*). — 655 fr.

307. — Hypnerotomachia Poliphili. *Venise,* 1499, in-fol., mar. rouge. — 1.555 fr.

308. — Songe de Poliphile. *Paris,* 1546, in-fol., veau fauve (*Rel. du XVIᵉ siècle*). — 830 fr.

309. — Durer. Passion de Jésus-Christ. 1507-1513, 16 pièces. — 730 fr.

310. — Durer. Apocalipsis cum figuris. Passio domini nostri Jesu. Epistome in divae Parthenices Mariae. hist. 1511, 3 ouv. en 1 vol. in-fol., veau. (*Anc. rel.*). — 12.700 fr.

311. — Durer. Passio Christi. 1511, in-4. vélin. — 2.350 fr.

313. — Holbein. Historiarum veteris testamenti icones. 1538, in-4, mar. doublé. (*Mercier*). — 4.000 fr.

314. — Même livre, édit. de 1539. in-4, mar. (*Trautz*). — 420 fr.

316. — Sebald Beham. Biblicae historiæ. 1539, in-4, mar. (*Trautz*). — 490 fr.

318. — Le Parangon des nouvelles honnêtes. 1531, pet. in-8, mar. doublé. (*Trautz*). — 415 fr.

319. — Petrarque. Les Triumphes. *Lyon,* 1531, in-8, mar. rouge. (*Padeloup*). — 430 fr.

322. — Même livre. *Paris, les Angeliers, s. d.,* in-12, mar. (*Trautz*). — 595 fr.

323. — Les Controverses des sexes masculin et féminin. *Paris,* 1538, in-16, mar. rouge. (*Padeloup*). — 450 fr.

324. — Les Diverses fantaisies des hommes et des femmes. *Denys Janot,* 1538, in-16, veau fauve. — 460 fr.

325. — Les Triumphes Petrarque. *Denys Janot*, 1539, in-8, veau fauve. — 410 fr.

326. — Métamorphose d'Ovide. *Denys Janot*, 1539, in-8, mar. doublé. (*Trautz*). — 815 fr.

327. — Corrozet. Blasons domestiques. 1539, in-16, mar. doublé. (*Cuzin*). — 565 fr.

328. — L'Amant mal traité de sa mie. 1539, in-8, mar. doublé. (*Trautz*). — 470 fr.

330. — Le Théâtre des bons engins. *Paris*, 1539, in-8, veau fauve. (*Anc. rel.*). — 505 fr.

332. — Hécatomgraphie. *Paris*, 1540, in-8, mar. rouge. (*Trautz*). — 465 fr.

333. — J. Cabosse. Miroir de Prudence. *Denys, Janot*, 1541, pet. in-8, mar. bleu. — 610 fr.

334. — Esope. *Denys Janot*, 1542, in-8, mar. rouge. — 920 fr.

335. — Esope. *Paris, Groulleau*, 1548, in-16, mar. rouge. (*Trautz*). — 640 fr.

336. — La Diffinition et perfection d'amour. *Paris, Corrozet*, 1542, pet. in-8, mar. bleu. (*Trautz*). — 430 fr.

338. — Le Tableau de Cebes. *Denys Janot*, 1543, in-8, mar. bleu. (*Trautz*). — 390 fr.

339. — L'Amour de Cupido et de Psyché. *Paris*, 1542, in-12, veau fauve. (*Rel. du XVIe siècle*). — 1520 fr.

340. — Les figures de l'Apocalypse. *Paris*, 1547, in-16, mar. doublé. (*Trautz*). — 880 fr.

342. — La Tapisserie de l'église chrestienne. *Paris*, 1549, in-16, mar. vert. (*Derome*). — 2.350 fr.

343. — Le Jardin d'honneur. *Paris*, 1550, in-16, mar. doublé. (*Trautz*). — 505 fr.

344. — Pathelin. *Paris, Groulleau, s. d.*, in-16, mar. rouge. — 328 fr.

348. — Métamorphose d'Ovide. *Paris, Groulleau*, 1554, in-16, mar. (*Trautz*). — 380 fr.

353. — Gringore. Chantz royaulx. *Paris*, 1541, pet. in-8, mar. rouge. (*Trautz*). — 400 fr.

354. — Décaméron de Boccace. *Paris*, 1545, in-fol., veau fauve. (*Rel. anc.*). — 525 fr.

355. — Delie object de plus haulte vertu. *Lyon*, 1544, pet. in-8, mar. rouge. (*Rel. anc.*). — 465 fr.

358. — Les Angoisses et remèdes d'amour. *Lyon*, 1550, in-16, mar. citron. (*Trautz*). — 400 fr.

359. — Paradin. Quadrins historiques de la Bible. *Lyon*, 1553, pet. in-8, mar. rouge. (*Du Seuil*). — 500 fr.

364. — Pourtraits divers. *Lyon*, 1557, in-8, mar. bleu (*Trautz*). — 380 fr.

368. — Hymnes du temps. *Lyon*, 1560, in-4, mar. (*Trautz*). — 405 fr.

374. — La Perrière. Morosophie. *Lyon*, 1553, in-8, mar. rouge. (*Rel. anc.*). — 390 fr.

377. — Pinax iconicus... *Lyon*, 1556, pet. in-4 obl., mar. vert. (*Bauzonnet*). — 616 fr.

378. — Henrici II Galliorum regis elogium. *Paris*, 1560, in-fol., mar. (*Cuzin*). — 360 fr.

383. — Livre de la conqueste de la Toison d'or. 1563, in-fol. obl., vélin. — 795 fr.

385. — Tableaux de Tortorel et Perissin. 1569, in-fol., vélin. 1.320 fr.

391. — Adventures de Theagènes et Chariclée. *Paris*, 1613, in-8, mar. rouge. (*Rel. anc.*). — 500 fr.

395. — Pluvinel. Maneige royal. 1624, in-fol., mar. (*Cuzin*). — 1.750 fr.

398. — Lagniet. Recueil des plus illustres proverbes. 1657, 4 part. en 1 vol. in-4. veau fauve. — 1.405 fr.

404. — Callot. Combat à la barrière. 1627, in-4, veau fauve. — 455 fr.

405. — Callot. Misères de la guerre. 1633, in-4 obl., mar. (*Cuzin*). 2ᵉ état. — 500 fr.

407. — Callot. Même livre. in-4, mar. Epreuves avant la lettre. — 950 fr.

408. — Callot. Recueil de 83 pièces, in-16 obl., vélin. — 1.105 fr.

414. — Callot. Recueil de 33 pièces, in-4 obl. mar. (*Capé*). — 470 fr.

416. — Callot. Recueil de 54 pièces en 1 vol. in-fol. obl., mar. noir. — 1.000 fr.

417. — Amours de Daphnis et Chloé. 1718, in-12, mar. rouge, riche reliure. — Remboitage. — 1.650 fr.

420. — Fannillane. 1741, in-4, mar. rouge. (*Anc. rel.*) — 1.400 fr.

423. — Boccaccio. Il Decamerone. 1757, 5 vol. in-8, mar. (*Cuzin*). Epreuves d'état. — 2.550 fr.

424. — Contes de La Fontaine. 1745, 2 tom. en 1 vol. in-12, mar. rouge. (*Anc. rel.*) — 580 fr.

425. — Contes de La Fontaine. 1762, 2 vol. in-8, mar. rouge. (*Derome*). — 1.660 fr.

426. — Zelis au bain. 1763, in-8, mar. bleu, larges dent. (*Rel. anc.*). — 1.600 fr.

428. — Contes moraux de Marmontel. 1765, 3 vol. in-8, mar. rouge, aux armes de la comtesse d'Artois. — 2.500 fr.

429. — Les Sens. 1766, in-8, mar. rouge. (*Rel. anc.*). — 500 fr.

430. — Lucrèce. *Paris*, 1768, 2 vol. in-8, mar. rouge, larges dent. (*Derome*). — 3.000 fr.

431. — Querlon. Les Grâces. 1769, in-8, mar. rouge. (*Anc. rel.*). — 545 fr.

434. — Dorat. Les Baisers. 1770, in-8, cart., non rog. — 1.500 fr.

435. — Métamorphoses d'Ovide. 1767-1771, 4 vol. in-4, mar. bleu (*Cuzin*). Figures avant la lettre et 119 eaux-fortes. — 15.000 fr.

436. — La Gerusalemme liberata. 1771, 2 vol. in-8, mar. rouge. (*Rel. anc.*). — 500 fr.

437. — Le Temple de Gnide. 1772, gr. in-8, mar. vert, larges dent. (*Derome*). — 1.850 fr.

438. — Anacréon, Sapho, Bion et Moschus. 1773, in-4, mar. rouge. (*Rel. anc.*) — 1.990 fr.

439. — Dorat. Fables nouvelles. 1773, 2 vol. in-8, mar. rouge, (*Rel. anc.*) — 2.200 fr.

440. — Gessner. Contes moraux. 1773, in-4, mar. rouge, aux armes de Madame du Barry. — 3.005 fr.

441. — Orlando furioso. 1773, 4 vol. gr. in-8, mar. rouge. (*Derome*). — 1.120 fr.

443. — Saint-Lambert. Les Saisons. 1775, in-8, mar. rouge. (*Cuzin*). Fig. avant la lettre et fleurons hors texte. — 1.465 fr.

446. — Les A-propos de Société. 1776, 3 vol. in-8, veau fauve, (*Derome*). — 885 fr.

448. — Romans de Voltaire. 1778, 3 vol. in-8, mar. (*Trautz*). Fig. avant les numéros. — 1.350 fr.

449. — Recueil des meilleurs contes en vers. 1778, 4 vol. in-18, mar. rouge. (*Anc. rel.*) — 870 fr.

452. — Chansons de Piis. 1785, in-12, mar. rouge. (*Rel. anc.*). 735 fr.

456. — Gresset. Œuvres choisies. 1794, pet. in-12, mar. bleu, (*Bozérian*). Fig. avant la lettre. — 800 fr.

459. — Temple de Gnide. 1795, in-18, mar. rouge (*Bozérian*). Fig. avant la lettre. — 435 fr.

460. — Les Liaisons dangereuses. 1796, 2 vol. in-8, mar. rouge. (*Rel. anc.*) Fig. avant la lettre et eaux-fortes. — 3.220 fr.

461. — Vadé. Œuvres poissardes. 1796, in-4, dem.-rel., non rog. — 450 fr.

462. — Lettres d'une péruvienne. 1797, 2 vol. pet. in-12, mar. rouge (*Lefèvre*). Fig. avant la lettre. — 675 fr.

463. — Œuvres de Bernard. 1797, gr. in-4, mar. rouge. (*Bozérian*). Fig. avant la lettre. — 670 fr.

464. — Paul et Virginie. 1789, pet. in-12, mar. bleu (*Bozérian*). Fig. avant la lettre. — 1.500 fr.

468. — Coypel. Suite de fig. pour Molière. in-fol. obl., cart. — 610 fr.

469. — Boucher. Fig. pour Molière. 1734, in-4, mar. (*Trautz*), 1400 fr.

471. — Anacréon, 1773. Suite des vignettes et culs-de-lampe en tirage hors texte. — 3.020 fr.

472. — 1re suite de Moreau pour Molière, 1773. Epreuves avant la lettre à toutes marges. — 4.750 fr.

472. — Suite des 25 figures de Moreau pour les chansons de Laborde. Epreuves avant la lettre à toutes marges. — 7.500.

473. — Monument du costume, 1775-1783. — Réunion des 3 suites avec le texte et à toutes marges en 1 vol. in-fol., mar. rouge. (*Cuzin*). — 21.000 fr.

475. — Seconde suite pour servir à l'histoire des modes et des costumes en France, 1776, in-8, mar. rouge. (*Cuzin*). — 905 fr.

476. — Suite d'estampes de Moreau pour les Annales de Marie-Thérèse, épreuves avant les numéros. — 925 fr.

477. — Suite d'estampes de Moreau pour J.-J. Rousseau, 1774-1783, en 1 vol. in-4, mar. rouge. (*Cuzin*). — 820 fr.

478. — Estampes de Moreau pour Voltaire, 1785. Epreuves avant la lettre dans une rel. en mar. rouge de Bradel Derome. — 4.400 fr.

479. — Amours de Psyché et de Cupidon, 1795, in-4, fig. de Moreau avant la lettre, mar. rouge. (*Bozérian*). — 1.100 fr.

480. — Histoire de Louis XV par médailles, in-fol. mar. vert.

(*Cuzin*). — 20 pièces en épreuves d'état ou d'eau-forte. — 2.365 fr.

484. — 20 figures de Fragonard pour les contes de La Fontaine, en 1 vol. mar. vert. Epreuves avant les numéros. — 1.120 fr.

491. — Œuvres de Boileau, 1747, 5 vol. in-8, mar. rouge. (*Anc. rel.*). — Exemplaire contenant les dessins originaux de Cochin. — 6.020 fr.

492. — Oudry. Recueil de 101 esquisses en 2 vol. veau. — 500 fr.

493. — 35 dessins pour les Contes bleus, in-4 mar. vert. (*Trautz*). — 3.800 fr.

494. — Eloge de la folie, 1751, in-4, mar. rouge. (*Derome*). — Exempl. contenant les 17 dessins originaux d'Eisen. — 5.000 fr.

495. — Lettres à Emilie, 1809. 6 vol. gr. in-8, mar. (*Bozérian*). — Exempl. imprimé sur vélin, contenant les 60 dessins de Moreau. — 20.500 fr.

497. — Catalogue du Prince de Conti, 1779, in-8, mar. *Cuzin*). — Exempl. contenant 275 croquis de Gabriel de Saint Aubin. — 1.855 fr.

498. — Catalogue du Comte Dubarry, 1774, in-8, mar. rouge. — Exempl. contenant 165 croquis de Gabriel de Saint Aubin. — 1.240 fr.

499. — Cochin. Peintures et sculptures qui sont dans l'église des Invalides, 1736, gr. in-fol., mar. rouge. (*Cuzin*), 52 dessins de Cochin. — 1.320 fr.

527. — Œuvre de Ficquet, 87 pièces en 2 vol. in-4, mar. rouge. — 14.000 fr.

528. — Œuvre de Grateloup, 16 portraits en 1 vol. in-4, mar. — 2.920 fr.

529. — Recueil de la diversité des habits, 1562, in-8, veau fauve. — 530 fr.

530. — Omnium fere gentium nostrae aetatis habitus..., 1563, pet. in-4, mar. (*Chambolle*). — 345.

535. — St Igny. Diversitez d'habillemens à la mode. — Le Théâtre de France, 1629-1630, in-4, veau br. — 1.610 fr.

539. — S. Le Clerc et Watteau. Figures de modes, 3 part. en 1 vol. in-8, veau fauve. — 645 fr.

541. — Recueil général de coeffures. *Paris, Desnos*, in-4, dos rog. — 900 fr.

546. — Mavelot. Nouveau livre de chiffres. — Nouveaux desseins pour la pratique de l'art héraldique, 2 part. en 1 vol.
in-4, mar. rouge. — 510 fr.

1366. — Coffret du 18e siècle, en bois recouvert de mar.
rouge avec dent. — 705 fr.

———————

# A L'HOTEL DROUOT

659. Œuvres de Ronsard. *Paris*, 1567, 6 tom. en 4 vol. vélin *(Rel. du XVIe siècle)*, 3515 fr.

661. Odes de Ronsard. *Paris*, 1550, in-8, m. n. *(Trautz)*, 850 fr.

662. Amours de Ronsard, avec les airs notés. *Paris*, 1552, in-8, m. r. *(Trautz)*, 880 fr.

663. Hymnes de Ronsard. *Paris*, 1555-1556, 3 part. en 1 vol. in-4, vélin à comp. *(Jolie reliure du XVIe siècle)*, 1520 fr.

664. Livret de folastries, par Ronsard. *Paris*, 1553, in-8, m. doublé *(Trautz)*, 1490 fr.

669. Œuvres de J. Du Bellay. *Paris*, 1574, in-8, veau fauve (**Rel. du XVIe siècle**), 310 fr.

670. Œuvres de Baïf. *Paris*, 1572-1573, 4 vol. in-8, m. r. (*Trautz*), 560 fr.

673. Œuvres de Rémy Belleau. *Paris*, 1578, in-16, vélin doré (**Rel. du XVIe siècle**), 620 fr.

676. Œuvres de Ponthus de Thyard. *Paris*, 1573, 3 part. en 1 vol. in-4, m. bleu (*Trautz*), 505 fr.

677. Erreurs amoureuses de Ponthus de Thyard. *Lyon*, 1555, pet. in-8, m. olive (*Thouvenin*), 315 fr.

682. Œuvres poétiques de Pelletier, du Mans. *Paris*, 1547, in-8, m. bleu, riche reliure de Niedrée, couverte de comp. au pointillé, 890 fr.

686. L'Olympe et le théâtre de J. Grévin. *Paris*, 1560-1562, 2 tom. en 1 vol. in-8, m. doublé (*Trautz*), 705 fr.

687. Recueil de 9 pièces en vers en 1 vol. in-4, m. v., aux armes de J.-A. de Thou, 580 fr.

688. Recueil de 11 pièces en vers en 2 vol. in-4, veau vert, aux armes de J.-A. de Thou, 895 fr.

689. Œuvres de P. de Brach. *Bordeaux*, 1576, in-4, veau fauve (*Niedrée*), 405 fr.

692. La Puce de Madame des Roches. *Paris*, 1582, in-4, m. vert (*Thouvenin*). Ex. de Nodier, 350 fr.

699. Œuvres de Passerat. *Paris*, 1606, 2 part. en 1 vol. in-8, mar. r. (*Thouvenin*). Ex. de Nodier avec la rel. dite aux écussons. 355 fr.

700. Les premières Œuvres de Philippe Desportes. *Paris*, 1600, in-8, m, bleu doublé (*Trautz*), 295 fr.

702. Œuvres de Malherbe. *Paris*, 1630, in-4, veau fauve aux armes de J.-A. de Thou. Un des rares exemplaires sur grand papier, 6,000 fr.

708. Satyres de Regnier. *Leide, Elz.*, 1652, pet. in-12, m. vert (*Derome*). 310 fr.

713. La Muse historique de Loret. *Paris*, 1656, in-4, m. r. aux armes de Mazarin, 1,210 fr.

718. La Lyre du jeune Apollon, ou la Muse naissante du petit de Beauchasteau. *Paris*, 1657, in-4, m. r. aux armes du Prince Eugène de Savoie, 290 fr.

719. La Guirlande de Julie. *Paris*. 1784, in-8, m. r. Ex. imprimé sur vélin, 400 fr.

729. Œuvres de Boileau. *Paris*, 1674, in-4, m. r. (*Thibaron-Joly*). Ex. contenant une épigramme autographe de Boileau, 400 fr.

735. La Fontaine. L'Eunuque, comédie. *Paris*, 1654, in-4, m. r. (*Mercier*), 405 fr.

736. La Fontaine. Nouvelles en vers tirées de Boccace. *Paris*, 1665, in-12, vélin. Premier essai de publication des contes de La Fontaine, 3,400 fr.

737. La Fontaine. Contes et nouvelles. *Paris*, 1665-1666, 2 part. en 1 vol. in-12, m. r. Edit. orig. des 2 parties des contes. Les 2 ff. de privilège étaient refaits, 800 fr.

741-742. La Fontaine. Contes. 3ᵉ et 4ᵉ parties. *Paris*, 1671-1674, (*Anc. reliure*), 1,705 fr.

743. La Fontaine. Contes. *Amsterdam*, 1685, 2 part. en 2 vol in-12, m. vert (*Anc. rel.*). Premier tirage deux eaux-fortes de Romain de Hooghe, 320 fr.

744. La Fontaine, Fables. *Paris*, 1668, in-4, m. r. (*Trautz*), 1,060 fr.

746. La Fontaine. Fables. *Paris*, 1678-1694, 5 vol. in-12, v. fauve (*Anc. rel.*). Ex. de premier tirage et en grande partie non cartonné. 1,550 fr,

750. La Fontaine. Amours de Psyché et de Cupidon. *Paris*, 1669, in-8, v. f. Ex. de Du Vivier, l'ami de La Fontaine, et contenant les 32 planches de Léonard Gaultier, 955 fr.

752. La Fontaine. Poème de la captivité de Saint-Malc. *Paris*, 1673, in-12, m. r. (*Trautz*), 232 fr.

754. Ouvrages de prose et de poësie de Maucroix et de La Fon-

taine. *Paris,* 1685, 2 vol. in-12, m. r. (*Excellente rel. de Boyet*), 900 fr.

755. La Fontaine. Astrée, tragédie. *Paris,* 1691, in-4, m. r., aux armes du comte de Toulouse, 370 fr.

756. La Fontaine. Œuvres posthumes. *Paris,* 1696, in-12, m. r. (*Excellente reliure de Boyet*), 650 fr.

759. La Fontaine. Œuvres. *Paris, Lefèvre,* 1827, 6 vol. gr. in-8. v. bleu. Rel. romantique de Simier. Première suite de Moreau avant la lettre, 440 fr.

763. Recueil de pièces choisies sur les conquêtes et la convalescence du Roy. *Paris,* 1745, in-8, m. bleu, aux armes de Madame de Pompadour, 1600 fr.

768. Voltaire. La bataille de Fontenoy, poème. *Paris,* 1745, in-8. m. v. (*Trautz*). *Epreuve* avec correstions autographes de Voltaire, 805 fr.

771. Rouget de l'Isle. Essais en vers et en prose. *Paris,* 1796, in-8, m. r. *(Bozérian)*. Fig. avant la lettre et à l'état d'eau-forte, 405 fr.

774. Œuvres d'A. de Musset. *Paris, Lemerre,* 1876, 11 vol., in-12, m. bl. (*Cuzin*). Ex. sur papier de Chine, 540 fr.

779. Recueil des plus beaux airs. *Caen, Mangeant,* 1615, 3 part. en 1 vol. in-12, m. cit. (*Bauzonnet*), 700 fr.

781. Le Parnasse des Muses. *Paris, Hulpeau,* 1630, 4 part. en 1 vol., in-12, m. doublé, riche rel. de Trautz, 1050 fr.

782. Chansons de La Borde. *Paris,* 1773, 4 vol. in-8, veau marb. Le dos porte les armes du marquis de Marigny, 3650 fr.

783. Chansons de Béranger. *Paris,* 1816, in-12, veau. Papier vélin, 355 fr.

784. Chants et chansons populaires de la France. *Paris, Delloye,* 1843, 3 vol. gr. in-8, demi-rel. m. br., non rog., couvertures (*Rel. de l'époque*), 455 fr.

785. Le terze rime di Dante. *Veneliis, Aldus,* 1502, in-8, m. br., comp. à la Grolier (*Trautz*), 1205 fr.

786. La Comedia di Dante. *Vinegia,* 1544, in-4, m. r. (*Trautz*), 590 fr.

788. Le satire alla Berniesca di M. Gabriello Symeoni. *Torino,* 1549, in-4, m. bleu, larges dent, *(Derome)*, 810 fr.

789. Bellez e del furioso di Lodovico Ariosto. *In Venelia,* 1574, in-12, vélin doré, aux armes de Henri III, 920 fr.

796. Plantus. *Amsl.,* 1619, in-16, m. r., rel. de Le Gascon, 250 fr.

797. Terentius. *Amsl.,* 1619, in-16, m. r., dos et plats fleurdelisés, au chiffre du duc de Verneuil, 670 fr.

798. Comédies de Térence. *Rotterdam,* 1717, 3 vol. pet. in-8, m. r. *(Derome le jeune)*, 500 fr.

804. Maistre Pierre Pathelin restitué à son naturel. *Paris, Galliot du Pré,* 1532, in-16, m. doublé *(Cuzin)*, 750 fr.

805. Les Théâtres de Gaillon, par Nicolas Filleul. *Rouen,* 1566, in-4, m. v. *(Derome)*, 1055 fr.

18

806. Œuvres de Jean et Jacques de La Taille. *Paris*, 1572-1573, 5 part. en 1 vol. in-8, mar. doublé *(Duru)*, 355 fr.

807. Phaeton. Bergerie tragique des guerres et tumultes civile. *Lyon*, 1574, in-8, m. r. doublé *(Thouvenin)*. Ex. de Nodier, rel. avec les écussons de Nodier et Thouvenin, 350 fr.

813. Ouverture du théâtre de la grande salle du Palais Cardinal. Mirame, tragi-comédie. *Paris*, 1641, in-fol., m. r. (*Anc. rel.*), 1680 fr.

818. Corneille. Œuvres, tome 1er. *Paris*, 1644, in-12, m. r. doublé, 1605 fr.

819. Corneille. Œuvres, tome 1er. *Paris, Courbé*, 1647, in-4., m. bl., *(Mercier)*, 1105 fr.

820. Œuvres de Corneille, tome II. *Paris, Courbé*, 1677, in-12, m. r., doublé *(Mercier)*, 605 fr.

821. Œuvres de Corneille. *Paris, Quinet*, 1648, 2 vol. in-12, m. r., doublé *(Motte)*, 1330 fr.

822. Le Théâtre de P. Corneille. *Paris, G. de Luyne*, 1664, 4 vol., in-8, m. r. *(Cuzin)*, 420 fr.

823. Le Théâtre de P. Corneille, *Paris*, 1682, 4 vol., in-12, m. et citron, 410 fr. Ex. très médiocre.

824. Théâtre de P. Corneille, 3 vol. in-4, m. bleu *(Anc. rel.)*. Recueil factice de 18 pièces dont 15 en éditions originales, 3000 fr.

825. Corneille. Le Cid. *Paris*, 1637, in-4, m. bl. (*Mercier*). Quatrième édition sous la date de 1637, 755 fr.

829. Les sentimens de l'Académie françoise sur la tragi-comédie du Cid. *Paris*, 1638, in-8, m. r., comp., aux armes du cardinal de Richelieu, 9420 fr.

830. Corneille, Horace. *Paris*, 1641, in-4, m. bl. *(Mercier)*. Edit. orig., 1180 fr.

831. Corneille. Cinna. *Paris*, 1643, in-4, m. bl. *(Mercier)*. Edit. orig., 900 fr.

832. Corneille. Polyeucte, in-4, même rel., édit. orig., 800 fr.

833. Corneille. La Mort de Pompée, in-4, même rel., édit. orig., 510 fr.

838. Corneille. Pertharite, in-12, cartonné, édit. orig., 140 fr.

839. Corneille. Œdipe, in-12, m. br., édit. orig., 141, fr.

842. Corneille. Sophonisbe, in-12, cart., édit. orig., 135 fr.

845. Corneille. Attila, in-12, cart., édit. orig., 125 fr.

849. Corneille. Pièces imprimées par les Elzevier, 1644-1645, pet. in-12, mar. roug., doublé *(Trautz)*. Illustre théâtre sans le titre, 500 fr.

856. Corneille. L'Imitation de Jésus-Christ. *Rouen*, 1656, in-4, m. r. *(Le Gascon)*, 1000 fr.

861. Œuvres de Molière. *Paris*, 1666, 2 vol., in-12, mar. doublé *(Mercier)*, 1860 fr.

862. Œuvres de Molière. *Paris*, 1673, 8 vol., in-12, m. r. (*Anc. rel.*). Ce recueil contient 8 pièces en édition orig., 7720 fr.

863. Œuvres de Molière. *Paris,* 1674-75, 7 vol. in-12, m. doublé *(Trautz),* 1950 fr.

864. Œuvres de Molière. *Amst.,* 1675-1684, 6 vol. pet. in-12, m. r., *(Bauzonnet-Trautz),* 660 fr.

865. Œuvres de Molière. *Paris,* 1682, m. doublé *(Bauzonnet).* Exempl. de La Reynie, non cartonné, 13,200 fr.

867. Molière. L'Etourdy, in-12, m. r. *(Capé).* Edit. orig., 485 fr.

868. Molière. Dépit amoureux, in-12, m. r. *(Trautz).* Edit. orig., 445 fr.

869. Molière. Les Précieuses ridicules, in-12, m. r. *(Mercier).* Edit. orig., 5100 fr.

872. Molière. Sganarelle, in-12, m. r. *(Cuzin).* Edit. orig., 3000 fr.

873. Molière. Sganarelle, in-12, m. r. *(Trautz).* Seconde édition, 820 fr.

874. Molière. L'Ecole des maris. in-12, m. r. *(Trautz).* Edit. orig., 960 fr.

875. Molière. Les Fâcheux, in-12, m. r. *(Motte).* Edit. orig., 560 fr.

876. Molière. L'Ecole des femmes, in-12, m. r. *(Motte).* Edit. orig., 510 fr.

877. Même pièce, in-12, m. r. *(Motte).* Seconde édition, 350 fr.

878. Molière. La Critique de l'Ecole des femmes, in-12, m. r. *(Trautz),* 450 fr.

882. Molière. Le Mariage forcé, in-12, m. r. *(Mercier).* Edit. orig., 350 fr.

883. Molière. Les Plaisirs de l'Ile enchantée, in-8, m. r. *(Mercier).* Edit. orig. de ce format, exemp. taché, 365 fr.

884. Molière. Les Plaisirs de l'Ile enchantée, 3 part. en 1 vol. in-fol., 20 pl. de Le Pautre, veau brun, 355 fr.

885. Molière. Le Tartuffe, in-12, m. r. *(Cuzin).* Edit. orig., 1220 fr.

886. Même pièce, seconde édition, in-12, m. r. *(Trautz),* 250 fr.

887. L'Homme glorieux, par P. Roullé. — Le Roi glorieux, 1664, 2 part. en 1 vol. in-12, m. r. *(Trautz),* 700 fr.

890. Molière. Le Festin de Pierre. *Amst.* 1683, pet. in-12, mar. r. *(Mercier),* 250 fr.

892. Molière. L'Amour médecin, in-12, m. r. *(Mercier).* Edit. orig., 1100 fr.

893. Molière. Le Misanthrope, in-12, m. r. *(Mercier).* Edit. orig., 535 fr.

894. Molière. Le Medecin malgré lui, in-12, m. r. *(Mercier).* Edit. orig., 960 fr.

895. Molière. Le Sicilien, in-12, m. r. *(Mercier).* Edit. orig., 300 fr.

896. Molière. Amphytrion, in-12, m. r. *(Trautz).* Edit. orig., 355 fr.

897. Molière. Georges Dandin, in-12, m. r. *(Duru).* Edit. orig., 400 fr.

898. Molière. L'Avare, in-12, m. r. *(Mercier).* Edit. orig., 730 fr.

900. Molière. Monsieur de Pourceaugnac, in-12, m. r. *(Trautz).* Edit. orig., 940 fr.

901. Molière. Le Bourgeois gentilhomme, in-12, m. r. *(Trautz)*. Edit. orig., 1060 fr.

902. Molière. Psyché, in-12, m. r. (*Cuzin*). Edit. orig., 2525 fr.

903. Molière. Les Fourberies de Scapin, in-12, m. r. (*Trautz*). Edit. orig., 500 fr.

904. Molière. Les Femmes savantes, in-12. m. r. *(Cuzin)*. Edit. orig., 530 fr.

907. Psyché. Fête de l'amour et de Bacchus, in-fol., m. r., Belle rel. anc., 415 fr.

909. Recueil de ballets et fêtes de la Cour composés par Molière, 11 pièces en 1 vol. in-4, m. r. (*Mercier*), 2405 fr.

910. Molière. Remerciment au Roy, in-4, m. r. *(Motte)*. Edit. orig., 800 fr.

911. Molière. La Gloire du Val de Grâce in-4, m. r. (*Thibaron*). Edit. orig., 1300 fr.

916. Elomire hypocondre. *Paris*, 1670, in-12, frontisp., m. r. (*Hardy*). Edit. orig., 220 fr.

(*A suivre.*)

# A L'HOTEL DROUOT

925. Œuvres de Racine. *Paris*, 1673, 2 vol. in-12, m. doublé (*Trautz*). Recueil des 8 premières pièces dont 6 en édit. orig., 1500 fr.

926. Œuvres de Racine. *Paris*, 1675-1676, 2 vol. in-12, m. r. (*Trautz*), 330 fr.

927. Œuvres de Racine. *Paris*, 1676, 2 vol.. in-12, m. bleu (*Trautz*), 415 fr.

929. Œuvres de Racine. *Paris*, 1697, 2 vol. in-12, m. doublé (*Trautz*), 1050 fr.

930. Œuvres de Racine. Esther et Athalie, *Elz.* 1678-1691, 2 vol. pet. in-12, m. doublé (*Trautz*), 300 fr.

931. Œuvres de Racine. *Amst.*, 1743, 3 vol. in-12, fig., m. r. (*Anc. rel.*), 355 fr.

932. Racine. La Thebayde, in-12, m. r. (*Trautz*). Edit. orig., 450 fr.

933. Racine. Alexandre, in-12, m. r. (*Trautz*). Edit. orig., 450 fr.

934. Racine. Andromaque, in-12, m. r. (*Trautz*). Edit. orig., 905 fr.

936. Racine. Les Plaideurs, in-12, m. r. (*Trautz*). Edit. orig., 830 fr.

937. Racine. Britannicus. même rel. Edit. orig., 259 fr.

938. Racine. Berenice, même rel. Edit. orig., 305 fr.

940. Racine. Bajazet, même rel. Edit. orig., 270 fr.

941. Racine. Mithridate, même rel. Edit. orig., 290 fr.

942. Racine. Iphigénie, même rel. Edit. orig., 255 fr.

943. Racine. Phèdre, même rel. Edit. orig., 200 fr.

945. Racine. Esther, in-4, m. r. aux armes de Madame de Maintenon avec envoi autographe de Racine sur le feuillet de garde. L'authenticité de cet autographe n'a pas été garantie, 7500 fr.

946. Racine. Esther et Athalie, en 1 vol. in-4, m. r. (*Trautz*). Edit. orig., 300 fr.

947. Racine. Esther, in-12, m. r. (*Trautz*). Ed. orig. de ce format, 100 fr.

948. Racine. Athalie, in-12, m. r. (*Trautz*). Edit. orig. de ce format, 100 fr.

949. Chœurs de la tragédie d'Esther, par Moreau. 1689, in-4, m. r. (*Trautz*), 290 fr.

950. Racine. La Nymphe de la Seine, à la Reyne Ode. *Paris*, 1660, in-4, m. r. (*Trautz*), 730 fr.

951. Racine. Cantiques spirituels, 1694, in-4, m. r. (*Trautz*), 605 fr.

952. Regnard. *Paris*, 1698-1707, 2 vol. in-12, m. r. doublé (*Cuzin*). Recueil des pièces de Regnard en éditions orig. 1505 fr.

953. Œuvres de Regnard. *Paris*, 1708-1707, 2 vol. in-12, m. r. (*Trautz*). On y a joint *Le Légataire universel* et la suite (n° 954 du catalogue), 300 fr.

957. Œuvres complètes de Regnard. *Paris*, 1789-1790, 6 vol. in-8, m. r. (*Bozérian*). Fig. de Moreau et de Marillier en épreuves avec la lettre grise, 720 fr.

962. Marivaux. Le Jeu de l'amour et du hazard. *Paris*, 1730, in-12, m. bleu (*Cuzin*), 160 fr.

963. Mustapha et Zeanzir, trag. par Chamfort. *Paris*, 1778, in-8, veau granit, aux armes de Marie-Antoinette, 540 fr.

966. Gaston et Bayard, trag. par De Belloy. *Paris*, 1770, in-8, veau, aux armes de la princesse de Lamballe, 790 fr.

977. La Celestine. *Paris*, 1578, in-16, m. bleu, fil., comp., aux chiffres de Louis XIII et d'Anne d'Autriche, 3705 fr.

980. Magnificentissimi Spectaculi, a Regina regum Matre in hortis suburbanis editi, in Henrici regis Poloniæ invictissimi nuper renunciati gratulationem. *Parisiis*, 1573, in-4, fig. sur bois, m. r. 550 fr.

981. B. de Beaujoyeulx. Balet comique de la Royne. *Paris*, 1582, in-4, fig., m. vert doublé de m. r. (*Thompson*). Ex. de Nodier, 1080 fr.

982. Mascarades et ballets de la Cour. Recueil de 73 dessins exécutés de 1572 à 1671. En 1 vol. in-fol, m. r. (*Trautz*), 3300 fr.

983. Discours au vray du ballet dansé par le Roy le 29e jour de janvier 1617, in-4, m, r. (*Mercier*), 595 fr.

985. Nouveaux desseins d'habillemens à l'usage des ballets, inventez par Gillot. *Paris*, 1725, 72 pl. en 1 vol. in-0, vélin, 1255 fr.

986. Costumes et portraits d'acteurs du XVIII° siècle, 43 dessins de Whirsker en 2 vol. petit in-4, m. bleu (*Trautz*), 1150 fr.

991. Histoires des Amans fortunez, édition originale des contes de la Reine de Navarre, in-4, m. bleu. Très riche reliure de Trautz, 6150 fr.

992. L'Heptameron des nouvelles de la Royne de Navarre. *Paris*, 1559, in-4, m. doublé (*Trautz*), 1695 fr.

993. Les nouvelles récréations et joyeux devis de feu Bonaventure des Periers. *Lyon*, 1561, in-4, m. r. (*Trautz*), 360 fr.

996. Les cent excellentes nouvelles de J.-B. Giraldy Cinthien. *Paris*, 1584, 2 vol. in-8, m. doublé. Belle reliure de Trautz, 750 fr.

997. Les facetieuses journées, par Gabriel Chappuys, de Tours. *Paris*, 1584, in-8, m. doublé. Belle rel. de Trautz, 650 fr.

998. Les neuf matinées de Cholières. *Paris*. 1585, in-8, m. r. (*Trautz*), 265 fr.

1001. Contes du sieur d'Ouville. *Paris*, 1644. 4 vol. in-8, m. r. (*Duru*), 500 fr.

1002. Roger Bontemps en belle humeur. *Cologne*, 1670, in-12, m. doublé (*Trautz*), 315 fr.

1007-1008. Rabelais. Gargantua. Pantagruel. *Lyon, François Juste*, 1542, 2 vol. in-16, m. r. (*Trautz*), 850 fr.

1009. Gargantua et Pantagruel. *Lyon, Estienne Dolet*, 1542, 2 part. en 1 vol. in-16, m. r. (*Anc. rel.*), 950 fr.

1010. Gargantua. *Valence*, 1547, 3 part. en 1 vol. in-16, fig., m. r. (*Anc. rel.*), 1350 fr.

1013. Le Tiers livre et le quart livre de Pantagruel. *Paris, Fezandat*, 1552, 2 part. en 1 vol., m. citron (*Trautz*), 485 fr.

1014. Rabelais. L'Isle sonante. *S. l.*, 1562, pet. in-8, m. r. (*Anc. rel.*). Edit. orig. des 16 premiers chapitres du cinquième livre de Pantagruel. 1100 fr.

1015. Cinquiesme livre de Pantagruel. *S. l.*, 1564, in-16, m. r. (*Chambolle*), 495 fr.

1016. Œuvres de Rabelais. *S. l.*, 1556, in-16, m. citron, mosaïque de m. bl., doublé de m. bleu (*Cuzin*), 3200 fr.

1018. Œuvres de Rabelais. *Amsterdam*, 1711, 6 tom. en 5 vol. in-8, mar. doublé (*Thibaron-Joly*), grand papier, 555 fr.

1019. Songes drolatiques de Pantagruel. *Paris*, 1565, in-8, m. r. (*Anc. rel.*), 500 fr.

1021. L'Astrée de Messire Honoré d'Urfé. *Paris*, 1618-1632, 10 vol. in-8, m. r. aux chiffres d'Habert de Montmaur, 500 fr.

1024. Les Aventures du Baron de Fæneste. *Au Désert*, 1630, in-8, m. cit. doublé de m. r. (*Cuzin*), 256 fr.

1026. Histoire de Jeanne Lambert d'Herbigny. *S. l. n. d.*, pet. in-8, m. doublé (*Cuzin*), 350 fr.

1027. Les Nouvelles françoises ou les agréables divertissemens de la Princesse Aurélie (par Segrais). *Paris*, 1656, 2 vol. pet. in-8, m. r. (*Cuzin*), 200 fr.

1028. La Relation de l'Isle imaginaire (par Mlle de Montpensier). *S. l.*, 1659, in-8, veau brun, 190 fr.

1029. Divers portraits. *Imprimé en l'année 1659*, in-4, veau fauve aux armes de Mademoiselle de Montpensier, 3200 fr.

1030. Recueil des portraits, dédié à son A. R. Mademoiselle. *Paris*, 1659, in-8 en 2 vol. in-8, m. cit. (*Trautz*), 200 fr.

1033. Scarron. Le Roman comique. *Paris*, 1651-1657, 2 vol. in-8, m. cit. (*Mercier*). Edit. orig., 600 fr.

1034. Furetière. Le Roman bourgeois. *Paris*, 1666, in-8, front. gr., m. bl. (*Trautz*), 370 fr.

1038. Lettres portugaises. *Paris*, 1669, pet. in-12, m. r. Edit. orig., 330 fr.

1042. Mad. de La Fayette. Zayde. *Paris*, 1670-1671, 2 vol. pet. in-8, m. r. doublé (*Anc. rel.*), 300 fr.

1044. Mad. de La Fayette. La Princesse de Clèves. *Paris*, 1678, 4 tom. en 2 vol. in-12, m. bl. (*Trautz*). Ex. de Mad. de Sévigné, 500 fr.

1047. Perrault. Histoires ou contes du temps passé. *Paris*, 1697, in-12, m. bl. (*Bauzonnet*). Edition orig. 820 fr.

1048. Perrault. Même ouvrage. *Amsterdam*, 1697, pet. in-12, m. bl. (*Trautz*). 265 fr.

1049. Même ouvrage. *Trevoux*, 1697, in-12, m. r. (*Trautz*). 380 fr.

1050. Même ouvrage. *Paris*, 1707, in-12, m. r. (*Trautz*). 210 fr.

1051. Même ouvrage. *Paris*, 1781, 2 vol. in-12, papier de Holl.. fig., mar. vert, dent., tr. dor. (*Anc. rel.*). 1.000 fr.

1054. Aventures de Télémaque. *Paris*, 1699, 5 vol. in-12, m. br. (*Trautz*). Edition originale fort rare. 1.460 fr.

1060. Le Sage. Le Diable boiteux. *Paris*, 1707, in-12, m. vert (*Motte*). Edit. origin. 265. fr.

1061. Le Sage. Gil Blas. *Paris*, 1715-1735, 4 vol in-12, m. r. (*Cuzin*). 620 fr.

1062. Même ouvrage. *Paris*, 1747, 4 vol. in-12, m. r, (*Trautz*). 550 fr.

1071. Mémoires et aventures d'un homme de qualité. *Amst.*, 1731, tome 7, in'12 m. doublé (*Cuzin*). 200 fr. Edit. orig. de *Manon Lescaut*.

1072. Même ouvrage. *Amst.* 1733, in-12, m. doublé (*Trautz*). 200 fr.

1074. Manon Lescaut. *Amst.* 1753, 2 vol. in-12, fig. de Gravelot et Pasquier, m. doublé, riche reliure de Cuzin, 1.720 fr.

1075. Lettres de deux amans, publiées par J.-J. Rousseau. *Amst.*, 1761, 4 vol. in-12, m. rouge dent. (*Anc. rel.*). Ex. de Rousseau avec sa devise au milieu des plats, 1780.

1080. Nouvelles de Cervantès *Paris*, 1618, 2 vol. in-8, m. bleu, dos et plats fleurdelisés. Aux armes de Louis XIV. 5.100 fr.

1081. Don Quichotte et nouvelles de Cervantès. *Amst.*, 1768, 8 vol. in-12, m. r. (*Anc. rel.*). 800 fr.

1082. Robinson Crusoé. *Amst.*, 1770, 3 vol. in-12, m. r, (*Derome*). 325 fr.

1083. Histoire de Tom Jones. *Amst.*, 1750, 4 vol. in-12, m. r. (*Anc. rel*). 295 fr.

1084. Goethe. Werther. *Paris* 1797, 2 vol. in-12, m. cit. (*Simier*), fig. avant la lettre. 200 fr.

1085. Propos rustiques de Noel du Fail. *Lyon*, 1549, in-16, m. cit. (*Anc. rel.*). 190 fr.

1096. Inventaire général des œuvres de Tabarin. *Paris*, 1622, in-12. m. r. (*Anc. rel.*). 180 fr.

1103 Recueil des Caquets de l'accouchée, 17 pièces en 1 vol. in-8, m. r. (*Mercier*). 520 fr.

1106. De la Beauté, par Gabriel de Minut. *Lyon*, 1587, in-8, m. bl. (*Cuzin*). 510 fr.

1112. Alciati Emblemata. *Lyon*, 1566, in-8, m. r. comp. de fil. Belle reliure du XVIe siècle. 1.400 fr.

1115. M. T. Ciceronis ad Titum Pomponium Atticum .....epistolarum. *Parisiis*, 1532, in-8, mar. bleu doublé de mar. cit., aux armes du Cte d'Hoym. 1.510 fr.

1116. P. Plinii secundi epistolarum. *Lugd. Bat.*, 1669, in-8, m. r, comp. aux armes et au chiff. de Du Fresnoy. 3.520 fr.

1117. Petri Bembo epistolarum Leonis decimi Pont. Max. nomine scriptarum libri XVI... *Lugduni*, 1540, in-8, m. cit. comp. (*Rel. lyonnaise du XVIe siècle*), 425 fr.

1120. Relations, lettres et discours de Sorbière. *Paris*, 1660, in-8, m. r. aux armes de Mazarin, 400 fr.

1125. Lucien. De la traduction de Perrot d'Ablancourt, 1709, 2 vol. in-12, m. r. (*Derome*). 405 fr.

1139. Lery. Hist. d'un voyage en la terre du Brésil. *Genève*, 1578, in-8, m. r. (*Trautz*). 280 fr.

1144. Appian, historien grec. *Lyon*, 1544, in-fol. m. br. (*Anc. rel.*). Aux armes du connétable Anne de Montmorency. 2.650 fr.

1145. Dictis Cretensis de bello Trojano. *Amst.*, 1631, in-16, m. r., aux armes de Richelieu. 350 fr.

1146. Paulo Orosio, tradotto in latino in volgare per Giovanni Guerini da Lanciza. *Venetia*, vers 1520, in-8, m. r., ex. de Canevarius. 2.085 fr.

1148. Les Commentaires de la Guerre gallique, publication de la Société des Bibliophiles françois. 3 vol. in-8, m, vert. 1025 fr.

1151. Cornelii Taciti opera quae extant. *Lugd. Batav.*, 1687, 2 vol. in-8, m. r. doublé, rel. de Boyet. 480 fr.

1153. Justini historiarum ex Pompeio Trogo libri 44. *Amst.*, 1628, in-16, m. r. aux armes de Richelieu. 450 fr.

1154. Le premier livre de Flavius Josephus. *Paris, Groulleau*, 1550, pet. in-4, v. f. (*Rel. du XVIe siècle*). 225 fr.

1156. Commentarii di M. Galeazzo Capella delle cose fatte per la restitutione di Francesco Sforza. *Veneliis*, 1539, in-4, m. r., comp. Ex. aux armes d'Isabelle de Médicis, femme de Jordano Orsini. 880 fr.

1157. Effigies, nomina et cognomina S. D. N. Alexandri papa VII et R. R. D. D. S. R. E. Cardd. nunc viventium... *Rome*, 1688, in-fol. m. r., aux armes de Mademoiselle de Montpensier, 1170 fr.

1159. Les Chroniques et Annales de Poloigne. *Paris*, 1573, in-4, m. bl., comp. (*Le Gascon*). Reliure dans le genre de celles exécutées pour Louis XIII et Anne d'Autriche, 2500 fr.

1160. Tyrannies et cruautez des Espagnols perpétrées ès Indes occidentales. *Anvers*, 1579, pet. in-8, vélin blanc, aux armes de J.-A. de Thou, 305 fr.

1161. Histoire de la réunion du royaume de Portugal à la Couronne de Castille. *Paris*, 1680, 2 vol. in-12, m. bleu, doublés de m. r. Aux armes et chiffre de Madame de Chamillart, 2500 fr.

1165. Abrégé chronologique de l'histoire de France, par Mezeray. *Amst.*, 1688-1732, 11 vol. pet. in-8, m. bleu (*Anc. rel.*), 1000 fr.

1169. Histoire de Louis III, duc de Bourbon, comte de Clermont. *Paris*, 1612, in-8, m. r., aux armes de J.-A. de Thou, 220 fr.

1174. Trippault. Discours du siège d'Orléans. *Orléans*, 1576, in-4, m. bleu (*Trautz*). 300 fr.

1176. Recueil de plusieurs inscriptions du pont d'Orléans. (Recueil composé par Ch. du Lys). *Paris*, 1628, in-4, vélin doré *(Anc. rel.)*. 400 fr.

1178. Le Cabinet du Roy Louis XI. *Paris*, 1661, pet. in-12, m. r. aux armes de Mademoiselle de Montpensier. 1.000 fr.

1180. Le Cabinet du Roy de France. *S. l.*, 1581, pet. in-8, m. bleu (*Padeloup*), 560 fr.

1181. Histoire des guerres civiles de France, par Davila. *Jouxte la copie à Paris*, 1657, 2 vol. pet. in-fol., m. r., aux armes de Mademoiselle de Montpensier, 2600 fr.

1188. Supplique au Roi Henri IV pour la dissolution de son mariage avec Marguerite de Valois. *S. l. n. d.*, in-8, vélin, aux armes de Henri IV, 2550 fr.

1190. Histoire du Roy Henry le Grand, par Hardouin de Perefixe. *Amst., Elzevier*, 1661, pet. in-12, m. vert (*Derome*), 300 fr.

1196. Benjamini Prioli ab excessu Ludovici XIII, de rebus Gallicis historiarum libri XII. *Caropoli*, 1665, in-4, m. r., aux armes du chancelier Seguier, 300 fr.

1199. Mémoires d'un favory de S. A. R. le duc d'Orléans. *Leyde*, 1668, pet. in-12, m. r. (*Boyet*), 299 fr.

1202. Mémoires du Cardinal de Retz, de Gui Joly et de la duchesse de Nemours. *Amst.*, 1731-1738, 7 vol. in-12, m. v. (*Derome*), 1110 fr.

1210. Etat des troupes. *S. l.*, 1760, in-12, m. bl. Manuscrit avec aquarelle d'Eisen, aux armes du Dauphin, 800 fr.

1211. Etat des troupes, 1762, in-8, m. v. Manuscrit avec aquarelle d'Eisen et relié aux armes de Madame de Pompadour, 920 fr.

1213. Almanach de Versailles année 1782, pet. in-12, m. r., aux armes de Marie-Antoinette, 710 fr.

1218. Journal de l'expédition des Portes de fer. *Paris*, 1844, gr. in-8, cart., 455 fr.

1223. Les Zouaves et les Chasseurs à pied, par le duc d'Aumale. *Paris*, 1855, pet. in-8, pap. de Holl., m. doublé, riche reliure de Capé, aux armes du duc d'Aumale, 350 fr.

1226. La Fleur des antiquitez de Paris. *Paris*, 1534, in-16, m. br. (*Trautz*), 405 fr.

1227. Corrozet. Antiquitez de Paris. *Paris*, 1550, in-8, m. r. (*Trautz*), 205 fr.

1229. Même ouvrage. *Paris*, 1586-88, 2 part. en 1 vol. in-8, m. r. (*Trautz*), 232 fr.

1230. Les Cris de Paris. *Paris*, V^ve *Bonfons*, s. d., in-32, m. r., 445 fr.

1231. Du Breul. Le Théâtre des antiquitez de Paris. *Paris*, 1612, in-4, m. v. (*Anc. rel.*), 210 fr.

1232. Malingre. Les Antiquitez de Paris. *Paris*, 1640, in-fol., m. r. (*Anc. rel.*), 305 fr.

1237. Germain Brice. Description nouvelle de Paris. *Paris*, 1706, 2 vol. in-12, m. r. (*Anc. r.*), aux armes de la comtesse de Verrue, 500 fr.

1238. Même ouvrage. *Paris*, 1725, 4 vol. in-12, m. r., aux armes d'un évêque de la famille de Nesmond, 615 fr.

1240. Dezallier d'Argenville. Voyage pittoresque de Paris. *Paris*, 1757, in-12, m. r., large dent., aux armes du duc de La Vrillière, 1100 fr.

1245. Recueil contenant les édits et déclarations du Roy sur la juridiction des consuls de France. *Paris*, 1705, in-4, m. r., semé de fleurs de lis, tr. dor. (*Anc. rel.*). 305 fr.

1248. Description des curiosités de l'église de Paris. *Paris, Gueffier*, 1763, in-12, m. r., aux armes du Dauphin, 305 fr.

1249. Chevillard. Gouverneurs, capitaines, lieutenants généraux de Paris. *Paris*, 1736, in-fol., m. r., larges dent. (*Anc. rel.*), 1095 fr.

1250. De Beaumont. Gouverneurs, lieutenants du Roy, prévôts des marchands... de Paris. *Paris* (1760), in-fol., m. r. (*Anc. rel.*), 1450 fr.

1251. Patte. Monumens érigés en l'honneur de Louis XV. *Paris*, 1765, in-fol., m. r., aux armes de Louis XV, 370 fr.

1252. Abbé de Petity. Etrennes françoises. *Paris*, 1766, pet. in-4, fig., m. r., armes, 220 fr.

1253. Description des Invalides. *Paris*, 1756, in-fol., pl. de Cochin, m. r., aux armes du comte d'Artois, 255 fr.

1257. Chastillon. Topographie françoise. *Paris*, 1641, in-fol., m. brun, 6700 fr.

1259. Vues des plus beaux lieux de France et d'Italie, par Perelle. *Paris, Langlois*, s. d., 3 vol. in-4 obl. contenant 342 pl. de Pérelle en premier tirage et 50 autres pl., veau, aux armes de France, 2320 fr.

1260. Israel Silvestre. Vues de Paris, des environs, de France et d'Italie. *Paris*, 1650-1652, 240 pl. en 2 vol. in-4 obl., m. r., 1705 fr.

1261. Israel Silvestre. Vues de Paris, des environs, de France et d'Italie. *Paris*, 1649-1656, 281 pl. en 1 vol. in-4 obl., m. r. (*Anc. rel.*), 1820 fr.

1263. Jardin de Monceau. *Paris*, 1779, in-fol., pl. de Carmontelle, demi-rel., 315 fr.

1271. Thaumas de la Thaumassière. Histoire de Berry. *Paris*, 1689, in-fol. mar. r., aux armes du comte de Montalivet, 271 fr.

1280. Vulson de la Colombière. Le vrai théâtre d'honneur et de chevalerie. *Paris*, 1698, in-fol. vélin, 400 fr.

1288. Entrée de Henri II à Paris en 1549, 2 part. en 1 vol. in-4, vélin. 1500 fr.

1289. Entrée de Henri II à Rouen en 1550. *Rouen*, 1551, in-4, veau fauve, au chiffre de Gaston d'Orléans, 5620 fr.

1291. Recueil des choses notables qui ont été faites à Bayonne. *Paris*, 1566, in-4, m. r. (*Cuzin*) 800 fr.

1292. Entrée de Charles IX à Paris en 1571, in-4, m. v. (*Koehler*). — Ex. de Charles Nodier, 1000 fr.

1293. Entrée de Henri IV à Rouen, 1596. *Rouen*, 1599, in-4, mar. brun, 3135 fr.

1294. Entrée de Henri IV à Lyon en 1595, *Lyon*, s. d., in-4, m. vert (*Anc. rel.*), aux armes de J. A. de Thou, 955 fr.

1295. Entrée du duc d'Alençon à Anvers. *Anvers*, 1582, in-fol., vélin doré, 395 fr.

1299. Sacre de Louis XIV à Reims. *Paris*, 1665, in-fol., m. vert (*Mercier*). 335 fr.

1300. Sacre de Louis XV. *Paris*, 1722, in-fol., mar. bleu, larges dent. (*Padeloup*). 1600 fr.

1301. Sacre de Louis XVI. *Paris*, 1775, in-4, mar. rouge, aux armes de Louis XVI, 705 fr.

1303. Fêtes données par la ville de Paris à l'occasion du mariage du Dauphin en 1745, in-fol., mar. rouge, larges dent., aux armes de la ville de Paris, 2420 fr.

1305. Recueil des fêtes, feux d'artifice et pompes funèbres ordonnées pour le Roi. *Paris*, 1756, in-fol., pl. de Cochin, mar. r., aux armes de Louis XV, 1620 fr.

1306. Guillielmi Budæi Parisiensis... de Asse... *Venetiis, Aldus*, 1522, pet. in-4, m. r., rel. du XVIᵉ siècle avec la devise de Laurin, 2120 fr.

1307. Ordonnances sur le faict des monnoyes. *Paris,* 1540, in-12, mar. citron, comp. (*Rel. du XVIᵉ siècle*). Ex. imp. sur vélin avec les armes peintes du Cardinal de Tournon, 2420 fr.

1312. Illustrium imagines ex antiquis marmoribus numismatib. et gemmis expressae quae extant romae major pars apud Fulvium Ursinum *Antverpiae, ex. off. Plantiniana*, in-4, m. r., aux armes de la duchesse d'Orléans, 445 fr.

1313. Vita di Ezzelino terzo da Romano.... *Venezia*, 1560, in-8, m. v., riche dor., aux armes de Henri III, 2520 fr.

1314. Principes Hollandiae et Zelandiae domini Frisiae auctore Michaele Vosmero... *Anvers*, 1578, pet. in-fol., vélin, aux armes de J. A. de Thou, 375 fr.

1315. Œuvres de Brantôme : Les Dames galantes, les hommes illustres. *Leyde*, 1666, 6 vol. in-12, m. bleu, non rog. (*Trautz*), 505 fr.

1317. Vasari. Le Vite dè piu eccellenti pittori scultori e architettori. *Florence*, 1568, 2 tom. en 3 vol. in-4, m. r. (*Padeloup*), 260 fr.

1320. Perrault. Les Hommes illustres qui ont paru en France pendant ce siècle. Paris, 1676-1700, 2 tom. en 1 vol. in-fol., m. La Vall. (*Thibaron*), 265 fr.

# CATALOGUE

## DE LA

# BIBLIOTHÈQUE

### DE FEU

## M. GUYOT DE VILLENEUVE

Président de la Société des Bibliophiles François.

———

### PREMIÈRE PARTIE.

———

## PARIS
—
1900

# CATALOGUE

DES

# LIVRES MANUSCRITS ET IMPRIMÉS

DU CABINET

## DE FEU M. GUYOT DE VILLENEUVE.

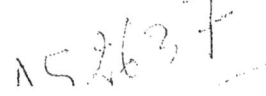

# CATALOGUE

### DES

# LIVRES MANUSCRITS ET IMPRIMÉS

#### DU CABINET

## DE FEU M. GUYOT DE VILLENEUVE.

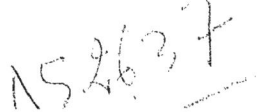

# LA VENTE AURA LIEU

## *Du Lundi 26 Mars au Samedi 31 Mars 1900*

A DEUX HEURES PRÉCISES

### HOTEL DES COMMISSAIRES-PRISEURS

RUE DROUOT, 9

SALLE N° 2 AU PREMIER

Par le ministère de M. MAURICE DELESTRE, commissaire-priseur,

RUE SAINT-GEORGES, 5

Assisté de M. Ed. RAHIR, libraire,

PASSAGE DES PANORAMAS, 55

---

EXPOSITION PARTICULIÈRE : *Du lundi 19 Mars, au Vendredi 23 Mars, à la librairie D. Morgand, 55, Passage des Panoramas, de deux heures à six heures.*

EXPOSITION PUBLIQUE : *Le dimanche 24 Mars, Hôtel Drouot, salle N° 2, de deux heures à six heures.*

---

## CONDITIONS DE LA VENTE

La vente se fera au comptant.

Les acquéreurs paieront 5 p. 100 en sus des enchères, applicables aux frais.

Les livres devront être collationnés sur place dans les vingt-quatre heures de l'adjudication. Passé ce délai ou une fois sortis de la salle de vente, ils ne seront repris pour aucune cause.

MM. RAHIR et C^ie rempliront les commissions des personnes qui ne pourraient assister à la vente.

---

# CATALOGUE

## DES

# LIVRES MANUSCRITS ET IMPRIMÉS

### DES DESSINS ET DES ESTAMPES

#### DU CABINET

## DE FEU M. GUYOT DE VILLENEUVE,

Président de la Société des Bibliophiles François.

#### PREMIÈRE PARTIE.

## PARIS

LIBRAIRIE DAMASCÈNE MORGAND

ÉDOUARD RAHIR ET Cⁱᵉ, SUCCESSEURS

*LIBRAIRES DE LA SOCIÉTÉ DES BIBLIOPHILES FRANÇOIS*

55, Passage des Panoramas, 55.

### 1900.

La collection de livres dont ce catalogue donne la description a été commencée en 1854. J'ai acheté mon premier volume à la vente Renouard : c'est le n° 430. J'avais l'amour du livre. Mais l'amour du livre ne suffit pas pour faire un Bibliophile. Il faut au débutant des initiateurs qui dirigent ses recherches et forment son goût. J'ai eu l'heureuse fortune de rencontrer ces guides bienveillants parmi quelques amateurs de la vieille école, clients habituels du libraire Potier. C'étaient Victor Cousin, le Marquis de Ganay, le Comte de Lurde, M. Taschereau, et surtout le bon Cigongne. Celui-ci avait à sa disposition une admirable leçon de choses. Il vous ouvrait ses armoires ! Je n'oublierai jamais les heures délicieuses passées dans le petit appartement de la rue de Provence, au milieu de ces livres exquis que j'eus, après sa mort, la joie de voir entrer en bloc dans la Bibliothèque du Duc d'Aumale.

C'est sous ces influences que j'ai conçu le programme dont j'ai patiemment poursuivi l'achèvement.

Pour en assurer le succès, j'ai du m'enfermer dans un cadre étroit où la littérature française des XVI$^e$, XVII$^e$ et XVIII$^e$ siècles et les arts consacrés à l'ornement du livre pendant ces trois siècles ont pris la plus grande place.

Certaines séries sont fort riches : ce sont celles qui comprennent les éditions originales des grands écrivains français, les livres à figures et les provenances historiques. Au contraire les grandes divisions où se placent les éditions gothiques du XV$^e$ siècle, les littératures anciennes, les littératures étrangères, et l'Histoire, ne figurent guère que pour mémoire.

Ma collection forme donc un cabinet, au vieux sens du mot, et n'a pas la prétention d'être une Bibliothèque.

J'ai suivi la classification en usage dans la plupart des catalogues depuis les frères De Bure. Je l'ai modifiée toutefois en un certain point.

Au lieu de répartir les ouvrages d'un même écrivain, d'un même artiste, d'une même école, dans les différents chapitres affectés à chaque genre, je les ai groupés de manière qu'il est facile de saisir d'un regard l'œuvre de l'écrivain, du graveur ou de l'école.

Les exemplaires ont été choisis avec soin : un grand nombre sont en reliure ancienne et se recommandent par des provenances illustres, Rois, Princes, Amateurs célèbres, de façon que l'art de la reliure aux trois époques est convenablement représenté.

J'ai fait mon catalogue par mesure d'ordre et en prévision de la vente aux enchères que la marche des années rend inévitable à une date plus ou moins prochaine. J'aurais pu laisser ce soin au libraire expert, mais, cédant à une tendresse posthume, j'ai tenu à présenter mes vieux amis aux amateurs qui les recueilleront après moi, et je souhaite à ceux-ci de trouver dans leur compagnie tout le plaisir que j'y ai pris moi-même pendant plus de quarante ans.

Janvier 1898.

# TABLE DES PROVENANCES CÉLÈBRES

Aguesseau (Chancelier d'),761.
Agut (J.-B. d'), 1231.
Amelot, 1079.
Artois (Comte d'), 1212, 1253.
Artois (Comtesse d'), 428.
Aumale (Duc d'), 578, 1167, 1204, 1223, 1224. 1225.
Aumont (Duc d'), 764, 1203.
Autriche (Anne d'), 148, 977.
Averne (Ferrand d'), 135.

Baizé, 1250.
Bavière (Charlotte-Elisabeth de), 582, 1312.
Bavière (Marie-Anne-Christine de), 581.
Beauveau, 46.
Berry (Dsse de), 157.
Bignon (J.), 1319.
Bossuet (J.-B.), évêque de Meaux, 115, 117, 124, 575.
Bossuet, (J.-B.), évêque de Troyes, 97, 125.
Boucicaut (Maréchal de), 2.
Bourbon (Charles de), 80.
Bourbon (Fr. de), 280.
Bourbon (Henri de), 797.
Bourgogne (Duchesse de), 123, 128.
Bouillon (Duc de), 94, 98.
Bractiano (Duchesse de),1156.
Bullion (Marquis de), 15.

Canevarii (D.), 1146.
Chamillart (Mme de), 1161.
Charles IX, 62, 189.

Choiseul (Duc de), 965.
Clément XI, 129.
Coislin (Marquis de), 635.
Colbert (J.-B.), 68, 183, 1142.
Condé (Prince de),96,108,309.
Condé (Princesse de), 354.
Conrart (V.), 394.
Crémilles (Boyer de), 325.

Dauphin (Louis),21,1210,1248.
Desportes (Philippe), 12.
Du Barry (Comtesse), 440.
Du Fresnoy (Elie), 1116.
Du Saix (Ant.), 284.

Elisabeth (Mme), 67.
Entragues (Cremeaux d'),698, 725.
Eu (Comte d'), 132.

Fouquet (Nic.), 25.
François Ier, 9, 190, 272.
Francois II, 330.

Granvelle (Cardinal de),1147.
Grolier (J.), 152, 160, 591.

Henri II, 141, 223, 599.
Henri III, 789, 1313.
Henri IV, 79, 1188.
Hoym (Comte d'), 65, 176, 604, 629, 960, 1094, 1107, 1115.

Innocent XI, 109.

Jacques II, 76.

Lamballe (Princesse de), 966.
Lamoignon (Chancelier), 576.

LA REYNIE, 192, 722.
LAURIN (Marc), 1306.
LA VIEUVILLE (Marquis de), 387
LA VRILLIÈRE (Duc de), 35, 1240.
LE GANGNEUR, 11.
LE ROY (Allard), 730.
LESDIGUIÈRES (Duchesse de), 60
LE TELLIER (Maurice), 66.
LE TELLIER (Michel), 119.
LONGEPIERRE, 82, 588, 589.
LORRAINE (Duc de), 1175.
LORRAINE (Marie de), 58.
LOUIS XIII, 150, 977.
LOUIS XIV, 110, 111, 153, 173, 256, 1080.
LOUIS XV, 34, 133, 140, 1251, 1252, 1300, 1305.
LOUIS XVI, 67, 923, 1301.
LOUIS-PHILIPPE, 1195, 1216, 1289.

MACHAULT d'Arnouville, 1057.
MAINE (Duc du), 114, 216.
MAINTENON (M^{me} de), 83, 92, 118, 127, 145.
MAIOLI (Thomas), 165, 293, 569.
MARIE-ANTOINETTE, 963, 1213.
MARIGNY (Marquis de), 782.
MARTEL, 31.
MAZARIN (Cardinal), 713, 1120.
MÉDICIS (Catherine de), 172, 182.
MÉNARS (Marquis de), 359.
MONTALIVET (Comte de), 793.
MONTAUSIER (Duc de), 112.
MONTESPAN (Marquise de), 149.
MONTMOR (Habert de), 590, 1021.
MONTMORENCY (Anne de), 9, 1144.
MONTPENSIER (Mlle de), 89, 1029, 1157, 1178, 1181.
MORNAY, (Ph. de), 40.

NESMOND (P. de), 1238.

NIVERNOIS (Duc de), 1063.
NOAILLES (Cardinal de), 156.
NULLY (Estienne de), 142.

O (Gabrielle Cl. d'), 704.
ORLÉANS (Duc d'), 131, 769, 800.
ORLÉANS (Gaston d'), 1290.

PÂRIS DE MONMARTEL, 8.
PEIRESC (Fabri de), 167.
PHILIPPE V, 1152.
PICHON (Baron J.), 724, 777.
POMPADOUR (Marquise de), 763, 1211.

RICHELIEU (Cardinal de), 69, 829, 1145, 1153.
RICHELIEU (duc de), 90.
RIEUX (Bernard de), 607.
ROUSSEAU (J.-J.), 1075.

SAINT-SIMON (duc de), 95.
SAINTE-MAURE (Louis de), 574.
SANUDO (André), 23.
SAVOIE (Prince Eugène de), 718.
SAVOIE (Jeanne de), 1.
SÉGUIER (Chancelier), 1196.
SOUBISE (Prince de), 178, 1025.
SULLY d'Enrichemont, 188.
STANISLAS Leczinski, 132.

TENARRE de Montmain, 399.
THOU (de), 24, 59, 184, 228, 229, 389, 397, 601, 603, 606, 687, 688, 702, 1126, 1160, 1169, 1294, 1309, 1314.
TOULOUSE (Comte de), 130.
TOURNON (Cardinal de), 1307.
TURENNE (Antoinette de), 2.
TURENNE (Charlotte de Caumont), 70.

URBIN (Duchesse d'), 304.

VALOIS (Marguerite de), 54, 181.
VERRUE (Comtesse de), 351, 717, 959, 1237.

# NOMENCLATURE DES PRINCIPAUX OUVRAGES

Monsieur Guyot de Villeneuve en rédigeant, avec autant de savoir que d'exactitude, le Catalogue de ses livres manuscrits et imprimés n'a guère laissé à l'expert, chargé de la vente aux enchères de sa bibliothèque, que le soin de rédiger une liste des morceaux plus particulièrement importants de cette remarquable collection.

La première partie seule en sera vendue en 1900. Elle comprend les manuscrits et autographes, les imprimés et les dessins originaux reliés ; ce sont les numéros 1 à 556 du Catalogue général de la bibliothèque classés sous les titres : *Théologie, Jurisprudence, Sciences et Arts* et *Beaux-Arts*.

Nous signalerons plus particulièrement à l'attention des amateurs les numéros suivants :

MANUSCRITS. — 2. *Heures du Maréchal de Boucicaut*, précieux manuscrit du XIV° siècle orné de 44 miniatures des plus remarquables au point de vue artistique et au point de vue historique ; elles renferment une série de portraits originaux des grands personnages du temps. Ce volume, dont l'équivalent ne se rencontre plus que dans les bibliothèques publiques, a appartenu à Diane de Poitiers, à Henri IV, à la marquise de Verneuil et au lieutenant de police La Reynie. — 7. *Livre de prières*, manuscrit du XVI° siècle, orné de 42 miniatures, un des plus beaux manuscrits à peintures qui existent successivement considéré comme la perle des collections de Girardot de Préfond, de Gaignat, de La Vallière, de Beckford et de Hamilton.

15. *Preces christianæ* un chef-d'œuvre du calligraphe *Jarry*, dans un chef-d'œuvre du relieur *Le Gascon*. — 23. *Statuts des conseillers de Venise*, précieux spécimen des reliures orientales du XVI° siècle. — 24. *Mémoire justificatif de de Thou*, important document historique, accompagné de lettres autographes, parmi lesquelles la dernière lettre écrite par de Thou, l'infortuné compagnon de Cinq-Mars. — 28. *Lettre*

*autographe de Fénelon à Louis XIV*, sur la politique du royaume, signalée pour la première fois par d'Alembert. — 29. *Lettres autographes* de divers personnages célèbres dont la très remarquable lettre de soumission de Fénelon à Bossuet. — 31. *Instructions pour les conseillers de la ville de Paris*, belle reliure du XVIII° siècle, reproduite dans le Catalogue.

THÉOLOGIE. — 44 à 52. *Livres d'Heures* publiés par Verard, Pigouchet, Vostre, Kerver, etc. — 54. *Office de la Vierge Marie*, reliure à la *fanfare*, aux chiffres de Henri de Bourbon et de Marguerite de Valois. — 62. *Denys l'Aréopagite*, exemplaire aux armes du roi CHARLES IX. — 79. *J. Boniface. Histoire de la Vierge Marie*, 1604, exemplaire aux armes du roi HENRI IV. — 92 à 101. Ouvrages divers sur le Quiétisme.

102 à 137. Les œuvres complètes de Bossuet en éditions originales dans des reliures aux armes de Bossuet, de M^{me} de Maintenon, de la duchesse de Bourgogne, du Grand Condé, etc., parmi lesquelles : 109. *Discours sur l'Histoire universelle*, exemplaire en GRAND PAPIER, présenté au pape INNOCENT X; 117, un précieux exemplaire de l'*Histoire des Variations des églises protestantes* annoté et revu par l'auteur, dans une belle reliure portant ses armoiries.

JURISPRUDENCE. — 138. *De l'Esprit des loix* par Montesquieu, exemplaire richement relié par *Padeloup*. — 142. *Ordonnances de la ville de Paris*, 1582, superbe reliure de la Renaissance aux armes de ETIENNE DE NULLY, prévôt des Marchands.

SCIENCES ET ARTS. — 152. *Paul Jove*, 1535, exemplaire de GROLIER. — 153. *Discours de l'amitié et de la haine entre les animaux*, 1667, exemplaire de LOUIS XIV, relié par *Le Gascon*, reliure reproduite dans le Catalogue. — 160. *H. Cardanus*, 1550, exemplaire de GROLIER. — 165. *F. N. Blancicampianus*, 1532, exemplaire de Th. MAIOLI. — 172. *La Cyropedie* de Xénophon, 1555, splendide reliure aux armes de CATHERINE DE MÉDICIS, reproduite dans le Catalogue. — 181. *Maxime de Tyr*, 1554, exemplaire de MARGUERITE DE VALOIS. — 182. *Marsilio Ficinio*, 1544, curieuse reliure aux armes et emblèmes de CATHERINE DE MÉDICIS, alors duchesse de Bretagne. —

189. *Œuvres morales de Plutarque*, 1574, exemplaire dans une riche reliure des *Eve* aux armes du roi CHARLES IX.

194 à 222. Les Œuvres des moralistes : Montaigne, La Rochefoucaud, La Bruyère en éditions diverses parmi lesquelles : 194, la première édition des *Essais* de 1580 ; 197, le *Montaigne* de 1588, première édition complète, superbe exemplaire dans une excellente reliure de *Boyet* ; 198, le *Montaigne* de 1595, rarissime exemplaire non cartonné ; 212. *Maximes de La Rochefoucauld*, première et précieuse édition imprimée en 1664 par les *Elzevier* de Leyde, connue depuis une vingtaine d'années seulement ; 220. *Caractères de La Bruyère*, 1688, un des deux ou trois exemplaires connus, *non cartonnés*.

BEAUX ARTS. — 223. *Labacco, Archittettura*, 1552, splendide reliure aux armes du roi HENRI II.

226 à 233. Ouvrages divers de Du Cerceau, les *Livres d'Architecture*, 1559-1561, et les *Excellents bastiments de France* aux armes de J.-A. de Thou. — 230. *Recueil des Meubles*.

234 à 261. Recueils d'ornements de *Daniel Mignot, Collaert, Bérain, Boulle, Le Pautre, Forty*, etc.

262 à 293. La plupart des livres publiés, imprimés et illustrés par *Geofroy Tory*, dans leur reliure du temps : les Heures de 1525, de 1527, exemplaire imprimé sur VÉLIN, de 1531, de 1543 ; le *Champfleury* de 1529, exemplaire de FRANÇOIS Iᵉʳ ; l'*Entrée de la reine Eléonore à Paris*, 1531 ; le *Diodore* de 1535, exemplaire sur VÉLIN ; la *Touche naïve* de Du Saix, exemplaire de l'auteur imprimé sur VÉLIN ; les *Vies des ducs de Milan* de P. Jove, 1549, exemplaire de Thomas MAIOLI.

294. *La Danse macabre* de Lyon, 1499, un des deux exemplaires connus. — 296. *Les Simulachres de la mort d'Holbein*, 1538. — 307. *Le Songe de Poliphile*, 1499. — 310. *La Passion de Jésus-Christ*, l'*Apocalypse* et la *Vie de la Vierge*, trois suites de figures sur bois par *Albert Dürer* dans leur première reliure.

313 à 382. Série unique des nombreux ouvrages illustrés publiés à Lyon et à Paris au XVIᵉ siècle, livres remplis de bois des *Bernard Salomon*, des *Moni*, des *Woeiriot*, des *J. Cousin*, des *Delaune*, etc.

385. Estampes historiques de *Tortorel* et de *Perissin*.

395. Le *Maneige royal* de Pluvinel, première édition avec figures de *Crispin de Pas*.

399 à 416. Œuvres de *Callot*, contenant toutes les belles gravures de l'artiste.

417 à 465. Collection très complète des livres illustrés du siècle dernier en condition exceptionnelle et suité de figures célèbres parmi lesquels : 423, le *Décameron de J. Boccace*, 1757, avec les figures en épreuves d'artiste ; 435, les *Métamorphoses d'Ovide*, 1767-1771, avec les figures AVANT LA LETTRE et 120 EAUX FORTES ; 434, les *Baisers*, 1770, exemplaire *non rogné* ; 439, les *Fables* de Dorat, 1773, exemplaire en vieux maroquin ; 437, le *Temple de Gnide*, 1772, figures avant les numéros, reliure de *Derome* avec dentelles ; 460, les *Liaisons dangereuses*, 1796, figures AVANT LA LETTRE et EAUX FORTES ; 472, figures de *Moreau* pour *Molière*, épreuves AVANT LA LETTRE ; 473, figures de *Moreau* pour les *Chansons de La Borde*, épreuves AVANT LA LETTRE ; 474, les *Suites d'estampes pour servir à l'histoire des mœurs et du costume en France*, 1775-1783, avec les 36 estampes de *Freudeberg* et de *Moreau* en épreuves AVANT LES NUMÉROS et *avec le privilège*.

DESSINS ORIGINAUX. — 491. *Œuvres de Boileau*, 1747, avec 6 dessins de *Cochin*. — 492. Recueil de dessins par Oudry ; portraits de personnages connus du siècle dernier, et quatre études faites pour le portrait de Pierre le Grand. — 493. *Fables* avec 35 dessins par *Oudry*. — 494. L'*Eloge de la folie*, 1751, avec 18 dessins par *Eisen*. — 495. *Les Lettres à Emilie sur la mythologie*, 1809, exemplaire imprimé sur vélin avec 60 dessins de *Moreau* et 14 dessins de *Lebarbier*. — 497-498. Deux catalogues avec croquis de *Gabriel de Saint-Aubin*.

527. *Œuvre de Ficquet*, en 87 pièces, la plupart en épreuves d'artiste. — 528. *Œuvre de Grateloup*.

529 à 541. Recueils de costumes de *Bertellius, Vecellio, J. Amman, Saint-Igny, Watteau*, etc. — 542 à 552. Chiffres de *Mavelot, Desmarets*, etc. etc.

# ORDRE DES VACATIONS

## PREMIÈRE VACATION

### *Lundi 26 Mars.*

| | Numéros |
|---|---|
| SUPPLÉMENT ...... ............................ | 1341 — 1366 |
| THÉOLOGIE. (Denis l'Aréopagite, exemplaire de CHARLES IX. — Jean Boniface, exemplaire de HENRI IV.—Imitation de Jésus-Christ, exemplaire de LONGEPIERRE)... | 55 — 91 |
| — *Quiétisme* .............................. | 92 — 101 |
| — *Liturgie*. (Heures de Verard, de Pigouchet, de Vostre, de Kerver).................. | 39 — 54 |
| — OEUVRES DE BOSSUET. (Discours sur l'Histoire universelle, exemplaire en GRAND PAPIER aux armes du pape Innocent XI. — Oraisons funèbres de la princesse Palatine et du Grand Condé, exemplaires en GRAND PAPIER)...................... | 102 — 116 |
| — Histoire des Variations des Églises protestantes, exemplaire annoté par BOSSUET, dans une reliure à ses armes........... | 117 |

## DEUXIÈME VACATION

### *Mardi 27 Mars.*

| | |
|---|---|
| SUPPLÉMENT ........... ....................... | 1331 — 1340 |
| JURISPRUDENCE............................. ........... | 143 — 151 |

Numéros.

SCIENCES ET ARTS. (P. Jove, exemplaire de GROLIER.
— Cardanus, exemplaire de GROLIER.
— Blancicampianus, exemplaire de
MAIOLI)............................... 152 — 171
BEAUX-ARTS. *Architecture*........................ 224 — 225
— ŒUVRE DE DU CERCEAU ................. 226 — 233
— *Ornements.* (Sylvius, Mignot, Collaert,
Boulle, Berain, Le Pautre, Germain,
Forty)............................... 234 — 261
— L'Architecture de Labacco, exemplaire de
HENRI II............................... 223


# TROISIÈME VACATION

*Mercredi 28 Mars.*

SCIENCES ET ARTS. *Éducation. — Économie domes-
tique*................................. 173 — 180
— *Philosophie et Morale.* (Maxime de Tyr,
exemplaire de MARGUERITE DE VALOIS.
— Ficinus, exemplaire de CATHERINE
DE MÉDICIS. — Plutarque, exemplaire
de CHARLES IX.—Alcyonus, exemplaire
de FRANÇOIS 1er)....................... 181 — 193
— MONTAIGNE, LA BOÉTIE, Mlle DE GOURNAY. 194 — 211
— LA ROCHEFOUCAULD, LA BRUYÈRE....... 212 — 222
BEAUX-ARTS. ŒUVRE DE GEOFROY TORY. (Champ-
fleury, exemplaire de FRANÇOIS 1er. —
Sacre et Entrée de la reine Éléonore à
Paris, 1531. — Diodore de Sicile, exem-
plaire sur VÉLIN. — La Touche naïve de
Du Saix, exemplaire sur VÉLIN. — P.
Jove, exemplaire de MAIOLI)........... 270 — 293
— *Danses macabres*........................ 294 — 300
— ŒUVRE DE GEOFROY TORY. (Heures de 1525,
1527, 1531, 1542 et 1543)............. 262 — 269
SCIENCES ET ARTS. La Cyropédie de Xenophon,
exemplaire de la reine CATHERINE DE
MÉDICIS............................... 172

## QUATRIÈME VACATION

### Jeudi 29 Mars.

| | Numéros |
|---|---|
| BEAUX-ARTS. *Calligraphie.* — *Recueils de chiffres*.. | 542 — 556 |
| THÉOLOGIE. ŒUVRES DE BOSSUET.................. | 118 — 137 |
| JURISPRUDENCE. (Esprit des lois. — Ordonnances de la ville de Paris, exemplaire d'ESTIENNE DE NULLY)............................ | 138 — 142 |
| MANUSCRITS. (Manuscrits de Jarry, Rousselet, Gilbert. — Lettres autographes de Bossuet, Fénelon, Voltaire)..................... | 8 — 38 |
| — Livres de prières, etc................... | 3 — 6 |
| — Preces piæ, manuscrit daté de 1524, attribué à Geofroy Tory........................ | 7 |
| — Heures de Savoie........................ | 1 |
| — Heures du maréchal de BOUCICAUT........ | 2 |

## CINQUIÈME VACATION

### Vendredi 30 Mars.

| | |
|---|---|
| BEAUX-ARTS. *Livres à figures du XVI$^e$ siècle*........ | 343 — 390 |
| — *Livres à figures du XVII$^e$ siècle*........... | 391 — 398 |
| - ŒUVRE DE JACQUES CALLOT. ............. | 399 — 416 |
| — *Livres à figures de XVIII$^e$ siècle.* (Daphnis et Chloé, 1718. — Decameron de Boccace 1757. — Contes moraux de Marmontel). | 417 — 434 |
| Métamorphoses d'Ovide, 1767-1771, figures AVANT LA LETTRE et EAUX-FORTES....... | 435 |
| — *Dessins originaux reliés*.................. | 496 — 499 |
| — — (Dessins de *Cochin* pour les œuvres de Boileau. — Dessins d'*Oudry* pour les Contes bleus)........ | 491 — 493 |
| — L'Éloge de la folie, avec les dessins originaux d'Eisen...... .................... | 494 |
| — Lettres à Émilie de Demoustier, exemplaire sur vélin avec 60 dessins originaux de *Moreau* et 14 dessins de *Lebarbier*....... | 495 |

# SIXIÈME VACATION

## *Samedi 31 Mars.*

| | | Numéros. |
|---|---|---|
| BEAUX-ARTS. *Recueils de Costumes* | | 529 — 541 |
| — ŒUVRE DE FICQUET | | 527 |
| — ŒUVRE DE GRATELOUP | | 528 |
| — *Livres à figures des XV<sup>e</sup> et XVI<sup>e</sup> siècles.* (Perspective de Viator. — Epîtres de Saint-Jérôme. — Songe de Poliphile, 1499, 1546. — Œuvre de Dürer | | 301 — 342 |
| — *Livres à figures du XVIII<sup>e</sup> siècle* | | 475 — 486 |
| — — Temple de Gnide. — Fables de Dorat. — Liaisons dangereuses. — Paul et Virginie) | | 436 — 471 |
| — Figures de Moreau pour Molière, épreuves AVANT LA LETTRE | | 472 |
| — Figures de Moreau pour les Chansons de La Borde, épreuves AVANT LA LETTRE. | | 473 |
| — Suites d'estampes pour servir à l'histoire des mœurs et du costume en France, avec 36 planches de Freudeberg et de Moreau | | 474 |

Les N<sup>os</sup> 30, 457, 555 et 556 ne seront pas vendus.

Les N<sup>os</sup> 13, 487-490, 500 à 526, omis dans le Catalogue, feront partie d'une vente ultérieure comprenant les gravures et dessins encadrés.

# CATALOGUE

## DES

# LIVRES MANUSCRITS ET IMPRIMÉS

## DES DESSINS ET DES ESTAMPES

### DU CABINET

## DE M. G. DE VILLENEUVE.

---

## MANUSCRITS.

**1. HEURES DE SAVOIE.** Pet. in-4 relié en velours rouge.

Ces Heures exécutées dans le premier quart du XIVe siècle contiennent 152 ff. d'un VÉLIN très fin. Elles sont décorées de 12 miniatures pour le Calendrier, de 24 grandes miniatures pour les différents offices, de 20 moins grandes pour les suffrages, de 24 grandes capitales placées au dessous des 24 grandes miniatures, en tout, 80 miniatures. Dans l'intérieur des grandes capitales, l'artiste a peint des personnages. Dans quatre d'entre elles, dont la première, on voit une jeune fille en prière : c'est le portrait de la princesse pour laquelle le manuscrit a été exécuté. Le bas des marges est orné de scènes où figurent des personnages peints *en blanc et noir* d'une merveilleuse élégance. Dans la marge de la première page, on voit un chevalier portant sur son écu les armes de Savoie et monté sur un coursier dont la housse est également blasonnée de Savoie Les armes de Savoie se retrouvent dans six endroits différents. Toutes les pages sont encadrées par des rinceaux de feuilles de houx dans lesquels se jouent des êtres fantastiques ou grotesques. Le texte est rempli d'une multitude de capitales dans l'intérieur desquelles l'enlumineur a peint des figures humaines ou des animaux. On compte de nombreuses rubriques en or et couleurs.

L'aspect du manuscrit est d'une grande richesse et son exécution d'une finesse et d'une perfection qui le placent au rang des plus beaux manuscrits du même temps.

En comparant les peintures de ces heures à celles des manuscrits conservés à la Bibliothèque nationale sous les nos 2.090 f. français, la Vie de St-Denis, 10.483 et 10.484 f. latin, Bréviaire de Belleville, et surtout à celles de la Bible qui porte le no 11.935 f. latin, on peut affirmer qu'elles sont l'œuvre des artistes dont M. L. Delisle a découvert les noms dans les interlignes de la souscription du scribe qui a écrit cette Bible et qui a signé Robert de Billyng. On y trouve une inscription microscopique qui ne se voit qu'au moyen d'une loupe et qui peut se lire ainsi. « *Jehan Pucelle, Anciau de Cens, Jacquet Maci, il hont enluminé ce livre ci. Ceste lingue de Vermeillon que vous vées fù escrite en l'an de grâce 1327 en un jeudi darrenier jour d'avril* ». (Cab. des manus. de la B. N., t. Ier, p. 18.)

Cette constatation nous permet donc d'attribuer les heures que nous venons

1

an [sic] haut [sic] de robec . | près le moulin sainct Viden ... | ( marque de Jeha[n] Bruges )

In - 4 . Goth . 78 ffnc . . ( A - 5⁴ T⁶

2 . P. 16 : II Cy fine le geant

Mr. Henri, de Savoie — Mme Ansie — membre Beckford

de décrire à Jehan Pucelle, Anciau de Cens et Jacquet Maci ; la preuve est faite par le rapprochement avec les trois manuscrits cités plus haut.

Ce manuscrit a été exécuté pour Jeanne de Savoie, fille d'Edouard, Comte de Savoie et de Blanche de Bourgogne ; elle épousa en 1329 Jean III, Duc de Bretagne. Elle était née en 1309. On conserve dans la bibliothèque de l'Université à Turin (cod. lat. 852), un livre d'heures dont les miniatures sont également dans le style de l'école de J. Pucelle et Jacquet Maci ; il a été fait pour Blanche de Bourgogne, la mère de Jeanne de Savoie.

Les peintures de Jehan Pucelle étaient fort admirées et dans l'inventaire des manuscrits du Duc J. de Berry, nous voyons figurer un article désigné ainsi « *Unes petites heures de Notre-Dame nommées les heures de Pucelle enluminées de blanc et noir à l'usage des frères prescheurs.* »

## 2. HEURES DE BOUCICAUT. In-fol. relié en velours rouge, fermoirs en vermeil.

Manuscrit sur VÉLIN de 219 ff. Il est orné de 44 miniatures de la grandeur des pages Le texte est en lettres de forme noires et rouges, encadré de feuillages en or et couleurs et décoré de 513 lettres capitaires très riches et d'un nombre plus considérable encore de petites capitales et de rubriques en or et couleurs.

Le Calendrier est spécial aux diocèses du Midi. On y trouve les différents saints particuliers à la région qui s'etend de la Provence à la Gascogne : il n'a pas de miniatures.

A la suite du Calendrier vient la commémoration des saints   27 miniatures.

Puis les heures de Notre-Dame.......................... 9    »
      les heures de la Croix......................... 1    »
      les heures du St-Esprit....................... 1    »
      les heures de la Trinité .... ............... 1    »
      les psaumes de la Pénitence. ............... 1    »
      l'office des morts........................ 1    »
      le Psautier de St Jérôme.................... 1    »
      la messe de St Grégoire.... ............... 1    »
      les instruments de la Passion................ 1    »
                                      **44**

Ce manuscrit a été exécuté à la fin du XIVme siècle pour le Maréchal de Boucicaut et sa femme Antoinette de Turenne. La plupart des miniatures et les grandes capitales portent les armes de Boucicaut, *d'Argent à l'aigle éployée de gueules membrée et becquée d'azur,* avec la devise du Maréchal : *Ce que vous voudrez.*

Ces armes de Boucicaut ont été après coup surchargées ou écartelées de Poitiers, *d'azur au chef d'or chargé de six besans d'argent,* par l'ordre du Cte Aymar de Poitiers, héritier du dernier des Boucicaut. La devise, *Ce que vous voudrez,* a été également remplacée en beaucoup d'endroits par celle du Cte Aymar. *Sans nombre.* Dans les capitales, on a peint des Aigles qui portent un collier de sinople et d'argent auquel pend un cartouche échiqueté de même. Le sinople et l'argent sont les couleurs des Boucicaut.

Les miniatures de ce manuscrit peuvent être comptées parmi les plus remarquables qui aient été peintes sous Charles VI. En outre, plusieurs d'entre elles sont d'un grand intérêt historique Elles nous offrent une galerie de portraits de personnages du XIVème siècle liés au Maréchal de Boucicaut par l'amitié ou la parenté.

La première miniature qui frappe le regard en ouvrant le volume, quoique n'étant pas du même temps que le manuscrit, est cependant l'une des plus curieuses par les souvenirs qu'elle évoque. Sur ce premier f. sont peints les armes et chiffre de Henriette de Balzac d'Entragues, Marquise de Verneuil, à qui le manuscrit fut donné par Henri IV. Au verso de ce f. on trouve un précieux autographe. Henry IV a inscrit de sa main la date de la naissance du second enfant de la marquise, Mlle de Verneuil. « *Ce vint et unième jour de Janvier, feste de St-Agnès mille six cent deux nacquit à Paris mademoiselle de Verneuil à dix heures du soir.* »

Les Heures de Boucicaut étaient devenues le livre de raison de la maîtresse du Roi. Car déjà une autre main y avait inscrit la naissance de son premier enfant, Gaston Henri de Bourbon, duc de Verneuil, et comme son état civil était encore incertain, on le nomme « *le petit monsieur.* »

Dans la première miniature de la commémoration des Saints, on voit St Léonard, patron des chevaliers captifs, tenant en mains des chaînes auxquelles sont liés deux personnages entièrement nus. L'auteur du *Livre des faits* du bon Maréchal de Boucicaut nous donne l'explication de cette singularité dans son récit de la bataille de Nicopolis. Au lendemain de la défaite, Boucicaut et la Trémoille confondus dans la foule des captifs étaient conduits au lieu où on égorgeait les chrétiens. « *A cette piteuse procession,* « *dit le chroniqueur, fut mené le Maréchal de France Boucicaut, tout nud fors* « *ses petits draps.* » Le duc de Nevers qui se trouvait auprès de Bajazet avec les seigneurs réservés pour la rançon, lui signala l'importance des captifs et ils furent « *répités.* » Le Maréchal est à la droite du Saint et la Trémoille à la gauche.

La 13ème miniature est la plus importante au point de vue historique. Elle nous donne les portraits authentiques de Boucicaut et de sa femme, Antoinette de Beaufort, Vicomtesse de Turenne. Ils sont à genoux l'un en face de l'autre, en prière devant l'image de Notre-Dame qui apparaît dans le ciel. Le Maréchal est revêtu de son armure de guerre et d'une cotte blasonnée. Un ange derrière lui porte son casque et tient sa bannière : les plumes du casque et la bannière sont à ses couleurs, sinople et argent. Antoinette de Turenne est, comme le Maréchal, revêtue d'une jupe blasonnée aux armes de Boucicaut écartelées de Turenne, surchargées de Poitiers dans le manuscrit, mais intactes dans le vitrail de St-Martin de Tours.

Cette miniature avait été reproduite sur les vitraux de la chapelle disposée dans St-Martin de Tours, pour recevoir les tombeaux de Boucicaut et d'Antoinette. Ils n'existent plus, mais Baluze en avait fait prendre un dessin au 17ème siècle. Il se trouve dans ses recueils conservés à la Bibliothèque Nationale, T. 76, page 412.

La 21ème miniature nous représente Honorat Durand, moine du Carmel, chapelain du Maréchal et auteur du *Livre des faits*, sous la figure de St Honorat. Il est crossé, mitré et revêtu d'une chape blasonnée de Boucicaut.

La 23ème nous donne le portrait de Geoffroy le Meingre, frère du Maréchal. Il est à genoux en prière devant une apparition de Ste Catherine.

Dans la 24ème, la Princesse peinte sous la figure de Ste-Marguerite sortant de la Tarasque est Marguerite de Beaufort, sœur du Vicomte de Turenne, dame de Coesme et tante de la Maréchale de Boucicaut.

La 33ème, qui est l'adoration des Mages, nous donne les portraits des trois oncles de Charles VI, les Ducs de Bourgogne, d'Orléans et de Berry, tous trois amis et protecteurs du Maréchal. Le Duc d'Orléans porte au col son ordre du Bâton noueux.

La 43ème a été peinte à la fin du XVème siècle et ajoutée au manuscrit par le dernier des Boucicaut, Jean le Meingre, fils de Geoffroy et héritier du Maréchal. Ce seigneur a voulu que son portrait figurât dans les Heures de Boucicaut à côté des portraits de son père et de son oncle. Ce portrait est une œuvre remarquable et on est disposé à l'attribuer à Jean Fouquet qui l'aurait peinte à son passage à Avignon, quand il se rendait à Rome.

Ces Heures ont été exécutées par les soins et sous la surveillance d'Antoinette de Turenne. Elles ont date certaine et se placent entre la bataille de Nicopolis 1396 et la mort d'Antoinette 1416. Les miniatures sont toutes de la main du même artiste. Il n'a pas encore été possible de découvrir son nom.

En sortant de la Maison de Boucicaut, à la mort de Jean le Meingre, elles sont entrées dans la Maison de Poitiers par le Cte Aymar, héritier des Boucicaut. Après la mort de Diane de Poitiers, Duchesse de Valentinois, la dernière descendante du Cte Aymar, elles passent, par la grâce du roi Henri IV, aux mains de la marquise de Verneuil. Après la mort de son fils, Henri de Bourbon, duc de Verneuil, on les trouve dans la bibliothèque du lieutenant de Police La Reynie, dont l'ex libris est placé sur la garde intérieure du volume. Depuis cette époque, on en perd la trace jusqu'au jour où un amateur anglais me les a cédées en 1887.

Pour de plus amples détails, consulter une publication de la Société des Bibliophiles françois : *Les Heures de Boucicaut*, Paris, Damascène Morgand, 1889.

M. L. Delisle, en rendant compte de cet ouvrage dans le Bibliothèque de l'Ecole des Chartes, Paris 1890, T. 51, p. 145, porte sur le manuscrit que nous venons de décrire le jugement suivant : « *Manuscrit précieux à plus « d'un titre et qui, grâce aux recherches dont il vient d'être l'objet, doit être « désormais qualifié d'important monument historique.* »

3. BENEDICTI MAFFEI EPITOMA in libros Plinii historie naturalis. Pet. in-4, peau de truie, doublé de vélin blanc, aigles à l'intérieur, tr. dor. (*Trautz-Bauzonnet.*)

> Manuscrit italien du XVe siècle, sur VÉLIN. 59 feuillets, avec lettres initiales en or et en couleurs. La première page, contenant une épître dédicatoire à D. Oliverio, cardinal-évêque de Sabine, est dans un encadrement, délicatement peint en miniature, avec arabesques et figures d'anges. Au bas de la page sont les armoiries du cardinal.
> De la bibliothèque du marquis de GANAY. *n. 67 : 220 fr. à Villeneuve*

4. PRECES PIÆ CUM CALENDARIO. Pet. in-8 , mar. rouge. (*Rel. anc.*)

> Manuscrit sur VÉLIN de 205 ff. Il est orné de 11 grandes miniatures, de 85 petites et d'un certain nombre de lettres ornées. 38 pages sont entourées de bordures variées représentant des emblèmes, des fleurs, des fruits et des animaux peints sur fond d'or.
> Manuscrit flamand du XVème siècle, école de Bruges.

5. PRECES PIÆ CUM CALENDARIO. 1 vol. in-8, mar. rouge (*Le Gascon.*)

> Manuscrit sur VÉLIN de la fin du XVème siècle.
> Ces Heures contiennent 12 miniatures de petite dimension, mais d'une très belle exécution et qui peuvent être attribuées à un des maîtres de l'école de Tours.
> Elles représentent : St Jean, St Mathieu, St Luc et St Marc.
> La Vierge et l'enfant Jésus.
> La Visitation.
> La Pentecôte.
> La Crèche.
> L'Annonciation.
> L'Adoration des mages.
> La Présentation.
> Le Couronnement de la Vierge.

6. LIVRE DE LORDRE DE TRESCRESTIEN ROY DE FRANCE LOYS XI a lonneur de monsieur saint Michel. Pet. in-4, relié en velours cramoisi, tr. dor. (*Bauzonnet.*)

> Très beau manuscrit du xve siècle, sur VÉLIN, orné de trois miniatures avec de riches bordures composées de fleurs et de fruits, et d'initiales en or et en couleurs.
> Ce manuscrit a été fait pour Jean II de Bourbon, beau-frère du roi Louis XI et l'un des chevaliers de l'ordre à sa création.
> Le portrait de ce prince est répété deux fois. M. Durrieu attribue les miniatures à Jacques Besançon.

7. Preces piæ cum Calendario. Grand in-8, mar. rouge, dentelles, tr. dor. (*Derome.*)

Manuscrit de 113 ff. de 23 l. à la page, écrit en lettres rondes sur un vélin d'une finesse et d'une blancheur exceptionnelles. Il est orné de 16 miniatures à pleine page et de 26 plus petites placées dans la commémoration des saints. En regard des 16 grandes miniatures, le texte est entouré d'une bordure de fleurs ou d'ornements. On compte en tout cinquante-huit peintures. Les 16 grandes miniatures sont placées dans des encadrements en or et couleurs d'un très beau caractère architectural. On compte, en outre, plus de mille grandes et petites capitales également peintes en or et en couleurs.

Ce manuscrit d'une conservation parfaite a passé successivement dans les ventes Girardot de Préfond, n° 42, Gaignat, n° 194, La Vallière, n° 303, et Hamilton, n° 58. Il est cité dans la Bibliographie instructive de De Bure, sous le n° 219. Dans les Catalogues Girardot de Préfond et Gaignat, il est signalé comme étant « *d'une beauté parfaite et très bien conservé* ».

Voici dans quels termes M. De Bure qui a rédigé le catalogue du duc de La Vallière, le présente aux amateurs. « *Manuscrit magnifique sur vélin, exécuté en Italie en 1524. Il est impossible de rien voir de plus beau et de plus achevé que ces Heures. Le peintre et le calligraphe ont concouru à l'envi à les rendre un morceau des plus précieux en ce genre. La finesse et la blancheur du vélin, la justesse et la netteté des caractères, la belle composition des sujets de peinture, la fraîcheur et la richesse de leurs couleurs, tout y est porté au plus haut degré de recherche et de perfection* ».

Les amateurs ratifièrent le jugement de M. De Bure, car ils firent par leurs enchères monter le manuscrit au prix de 1499 l., un des plus élevés qui aient été atteints dans cette vente qui se composait des livres les plus précieux. Vingt numéros seulement dépassèrent le prix de 1499 l.

M. De Bure donne à ce manuscrit une origine italienne. Nous ne partageons pas son opinion et nous pensons que nous sommes en présence de l'œuvre d'un artiste français qui avait été en Italie s'inspirer de la Renaissance italienne. Sur cette question d'origine, les critiques d'art ont donné des solutions différentes. M. Duplessis, conservateur du Cabinet des estampes, a prononcé le nom de Clouet quand il fut consulté par le libraire Trübner. M. Durrieu, conservateur au musée du Louvre, dans une notice sur les manuscrits de la collection Hamilton publiée dans le bulletin de la Société Nationale des Antiquaires de France, Paris, 1889, enregistre l'attribution à Geofroy Tory sans prendre parti, et fait entre notre manuscrit et le manuscrit des Commentaires de la Guerre Gallique un rapprochement qui n'a plus sa raison d'être depuis que l'auteur des peintures de ce dernier est connu (voir l'*Aperçu historique* placé en tête des *Commentaires de la Guerre Gallique*, publiés par la Société des Bibliophiles François, Paris 1894.)

M. Seidlitz (*Repertorium Kunstwissenschtaff*, VIII, 104), attribue le manuscrit à Lucas de Leyde.

Un rédacteur du *Bibliographer, Londres, décembre 1882*, y voit l'œuvre d'un artiste français pénétré de l'art italien.

M. le docteur Springer, directeur-adjoint du musée de Berlin qui a fait la description des manuscrits pour le catalogue du musée et qui a secondé M. Trübner dans la rédaction du catalogue Hamilton, n'hésite pas à attribuer ces heures à Geofroy Tory. Il fonde son opinion, *sur la conformité des dessins et des ornements du manuscrit avec ceux des livres d'Heures imprimés par lui.* Ce sont les termes mêmes d'une lettre du D<sup>r</sup> Springer à M. Trübner.

En dirigeant nos recherches dans le sens que nous indiquaient l'écrivain du *Bibliographer* et le docteur Springer, nous sommes sorti du domaine de l'hypothèse et arrivé à réunir un certain nombre de preuves matérielles qui confirment leur opinion.

1° La composition du texte des Heures est identique à celle du livre d'Heures édité par Tory et daté 1524 comme le manuscrit.

2° La première miniature du manuscrit représentant St-Jean l'évangéliste se retrouve gravée dans les Heures de Tory de 1543, f. 8 verso.

3° Les belles architectures qui encadrent les miniatures et celles qui entourent les gravures de ces mêmes Heures, semblent sorties de la même inspiration et dessinées par la même main.

4° Dans la figure qui représente la Salutation angélique, le peintre a tracé légèrement sur le banc où est assise la Vierge, la croix que Tory adopta pour signer ses bois.

5° Dans la miniature du Portement de croix, on voit un guerrier et un bouclier que Tory a mis dans la gravure du *Champfleury* de 1529, f° III.

6° La date de 1524 inscrite sur la miniature qui représente Job, semble écrite par la même main qui a gravé la date de 1526 sur le bois du f° 111 du *Champfleury*.

7° Dans la miniature qui représente la crèche, la Vierge en adoration devant l'enfant divin a la même attitude que la Vierge gravée par Tory dans les petites Heures de 1527, page II.

8° Enfin, on ne saurait trop insister sur la ressemblance des fonds meublés de ruines antiques, de fûts de colonnes brisées, de portiques écroulés, qui ornent les compositions du manuscrit et celles des Heures gravées, aussi bien que sur la disposition et le style des encadrements qui servent aux miniatures du manuscrit et aux gravures sur bois des Heures imprimées. M. Bernard, dans la Biographie de Geofroy Tory nous apprend que vers 1514 il alla faire en Italie un second voyage et qu'il en revint pour s'établir à Paris en 1518. Il ajoute qu'à son retour, « *Tory qui était sans fortune dut songer à utiliser ses talents pour vivre. Sa principale ressource paraît avoir été la peinture des manuscrits, autrement dit, la miniature. G. Tory, Paris 1865, p. 14.* » M. Bernard avait cru pouvoir lui attribuer les *Commentaires de la Guerre Gallique* et le frontispice du *Diodore de Sicile* de la bibliothèque Hamilton. Une découverte récente a rendu à Gotofredus Batavus les *Commentaires de la Guerre Gallique* et de savants critiques d'art se sont efforcés de démontrer que le frontispice de *Diodore* ne pouvait être attribué à Tory.

Il ne restait plus rien pour appuyer l'opinion émise par M. Bernard, *que Tory a été peintre*, quand le manuscrit dont nous venons de donner la description sortit de la célèbre bibliothèque où il dormait depuis la vente La Vallière, à côté du Diodore, qui l'y avait rejoint en 1811 après la vente Firmin Didot.

Nous trouvons entre le manuscrit Hamilton, le frontispice du Diodore et toute l'œuvre de Tory une si étroite parenté, que nous croyons pouvoir en appeler d'un arrêt qui lui enlève ces deux œuvres importantes sans donner une autre attribution certaine et dégagée d'hypothèses, et nous préférons nous ranger à l'opinion du docteur Springer qui, d'accord avec les bibliographes anglais, n'hésite pas à reconnaître dans ces belles peintures l'œuvre de Geofroy Tory.

8. TRENTE PSEAUMES DE DAVID mis en françoys selon la vérité hébraïcque, par C. Marot. In-8, mar. vert, fil., tr. dor. (*Rel. anc. dans un étui en mar. vert, aux armes de Pâris de Montmartel.*)

Superbe manuscrit du XVIe siècle, sur VÉLIN très blanc et très fin, contenant 158 feuillets nettement écrits en lettres rondes, à longues lignes. Il est enrichi de huit délicieuses miniatures bien dessinées et bien composées, remarquables par l'éclat et la vigueur du coloris et par une belle conservation. Chacune de ces miniatures a en hauteur 188 mill.; elles sont placées dans des encadrements en forme de portiques peints au bistre et rehaussés d'or. Les pages qui font face aux miniatures sont entourées de riches bordures, où se détachent, sur un fond d'or, des fruits, des fleurs et des insectes enluminés avec une exquise délicatesse. Toutes les pages sont encadrées de filets ou de cordelières en or. De nombreuses initiales en or et couleur sont répandues dans tout le volume.

A la suite des 30 *Pseaumes de Marot* se trouvent les *Proverbes*, l'*Ecclésiaste*, le *Livre de la Sagesse* et le *Cantique des cantiques*, le tout en latin.

Les sujets des miniatures sont : *David agenouillé devant l'arche d'alliance, la Dédicace du temple de Salomon, le Couronnement de Salomon, le Jugement de Salomon, la Reine de Saba offrant des présents à Salomon,* etc.

Ce beau manuscrit provient de la bibliothèque du duc de LA VALLIÈRE, n° 3,036 vendu 230 fr. à sa vente, et 375 fr. à la vente de Pâris faite à Londres en 1791.

9. CE LIVRE CONTIENT UNG PETIT TRAICTE DE ALKIMIE tourne de langue hebraïque en langue francoyse. In-8, mar. olive, tr. dor. (*Rel. anc.*).

Manuscrit du XVI° siècle écrit en lettres rondes et composé de 75 ff. Sur le titre sont peintes les armes de Montmorency avec l'épée de Connétable.

Il est revêtu d'une reliure aux armes de FRANÇOIS I°ʳ frappées à froid sur le plat recto.

Sur le plat verso on lit ces mots tirés des actes des apôtres « *Quod habeo, hoc tibi do* » également frappés à froid au milieu d'un semis d'alérions.

Ce manuscrit exécuté pour le Connétable de Montmorency a été donné par lui au Roi François après qu'il l'eût fait relier aux armes Royales.

Par la citation tirée des actes des apôtres, *Quod habeo, hoc tibi do*, qu'il a fait frapper sur le plat verso, le Connétable a trouvé une manière originale de rappeler au Roi le souvenir du présent qu'il lui avait fait.

*Voir une note du baron Pichon sur la garde du volume.*

10. MINIATURE attribuée à Jean Cousin.

Cette miniature représente au recto les armes du cardinal de Lorraine, peintes sur fond d'or, entourées d'arabesques, et au verso une pyramide, surmontée d'un croissant, autour de laquelle s'enroule un lierre; au-dessous la devise : « *Te Stante Virebo.* » Cet emblème est placé dans un très bel ornement.

Elle a été détachée d'un manuscrit qui a appartenu à Paignon-Dijonval et a figuré sous le n° 3307 du catalogue de la vente Morel-Vindé (Paris, de Bure, 1822). Elle y était accompagnée d'une autre miniature portant au recto les armes du roi Henri II et au verso le croissant et la devise « *Donec totum impleat orbem* ». Voir le catalogue de la vente des dessins de Destailleur. Paris, 1896. Le manuscrit contenait : « *Déclaration et confirmation faite des privilèges des notaires et secrétaires du Roy.* » Il avait été présenté au Roi. La description du libraire De Bure nous donne l'idée d'un manuscrit magnifique. Il n'a pu être mutilé que par un voleur.

11. LES QUATRAINS DE PYBRAC en françois, en latin et en grec. — EX VIDI FABRI PIBRACII gallicis, latina et græca tetrasticha, authore Florente Christiano, a Guillelmo Le Gangneur Andegavensi descripta, ordinario cameræ Regis secretario. (*Vers* 1594). In-4 obl., mar. olive, riches compart. à petits fers, tr. dor. (*Rel. du* XVI° *siècle*.)

Précieux manuscrit d'une remarquable exécution, écrit en or, azur et autres couleurs, et avec de jolis ornements à la plume. Le français est en gothique et le latin en italique. Les lettres grecques ne le cèdent pas en beauté aux autres caractères. En tête du volume se trouve une lettre de Le Gangneur, dans laquelle il offre à M. Lasnier, sieur de Leffrelture, conseiller du roi, ce « *petit labeur de sa plume pour intérêts de sa dette* ». En regard, on voit un très beau portrait de l'auteur, qui doit être de Thomas de Leu. Le Gangneur, Angevin, célèbre calligraphe et écrivain du roi Henri IV, a publié plusieurs volumes sur la calligraphie, qui sont très rares et recherchés aujourd'hui.

Ce volume est revêtu d'une charmante reliure de l'époque, entièrement couverte sur les plats de compartiments à petits fers, aussi riches qu'élégants, et au centre desquels, dans une couronne de laurier, se trouve le chiffre

---

*Handwritten annotations:*

*(left margin, near item 9)* Morgand

*(right margin, near item 9)* 5000 fr. Bull. Morgand II, 20 (janv. 1920) p. 3, n. 8. C. F. Bishop

*(right margin, lower)* Vente Pichon 1897, n. 315 — 2375 fr. à Morgand

*(left margin, near item 10)* p. 150 — 7 n. 745

*(right margin, near item 10)* De la vente Didot 1884, n. 89 — 400 fr. à G. de Villeneuve

*(left margin, near item 11)* 2700 — Pearson

*(bottom)* Vente du comte de Ma..., Paris, 16 nov. 1863, p. 45 n. 429 : 425 fr. à Caen

de Le Gangneur, d'un côté en lettres romaines et de l'autre en lettres grecques. Cette reliure est d'une conservation parfaite.

Exemplaire du baron J. Pichon. *1869, n° 548 : 1000 fr.*

**12.** Orationi Diversi. In-12, mar. rouge, doré en plein. (*Rel. anc.*)

Manuscrit autographe d'une traduction en italien des prières et méditations chrétiennes de Ph. Des Portes, par M. de Dampierre, qui en fait hommage à Des Portes, dans une épître dédicatoire placée en tête du volume.

Dans cette dédicace, Dampierre dit qu'il a été engagé par sa mère, Madame de Retz, à faire cette traduction et à la dédier à Des Portes.

Madame de Retz était Catherine de Clermont, épouse en secondes noces de Albert de Gondy, maréchal de Retz.

Le fils de son premier mariage, M. de Dampierre, le traducteur de ces prières, fut le dernier des seigneurs de Dampierre en Poitou. La reliure à compartiments porte sur ses plats le double Φ qui se trouve sur les volumes qui ont appartenu à Des Portes.

Ces prières et méditations en français se trouvent imprimées à la suite de la traduction des Pseaumes par Ph. Des Portes, publiée à Rouen, chez Raphaël du Petit Val en 1593.

Ce manuscrit a fait partie de la Bibliothèque du Collège des Jésuites de Paris et porte le paraphe de la saisie qui suivit l'arrêt d'expulsion de 1762.

**13.** Portrait de Louis XIII. Miniature sur vélin peinte par Daniel Rabel.

Le Roi a la tête couronnée de lauriers et est revêtu d'une cuirasse damasquinée sur laquelle est passée l'écharpe blanche. Le portrait est placé dans un ovale formé par des trophées guerriers.

H. 28 c. L. 22 c. Encadré.

**14.** Petit office en l'honneur de la Sainte Vierge Marie. Petit in-12, mar. rouge. (*Rel. anc.*)

Manuscrit sur papier, assez bien écrit pour pouvoir être attribué à Jarry. Il ne porte ni date, ni signature. L'amateur qui l'a fait relier l'a orné des planches gravées par Callot, pour la vie de la Vierge ; en tête du volume se trouve un chiffre formé des lettres C et B enlacées ; à la fin, les armes du personnage pour lequel il a été écrit, *de gueules au coq d'or, membré, cretté, au chef d'argent, deux lions pour supports.*

**15.** Preces christianæ cum parvo officio beatæ Virginis Mariæ. *Nic. Jarry. Paris, Scribebat,* 1652. In-12 de 87 ff. dont quatre blancs, mar. rouge, comp. à petits fers, doublé de mar. rouge, compart., tr. dorée, fermoirs en or. (*Rel. de Le Gascon.*)

Manuscrit sur vélin exécuté en lettres romaines et italiques, en noir, en rouge et en or. Le frontispice est décoré d'un encadrement formé de fleurs et de fruits finement miniaturés ; de nombreuses initiales également peintes, sont répandues dans tout le volume. Chaque feuillet est encadré d'or. La reliure est décorée de compartiments dorés aux petits fers et au pointillé qui sont répétés sur la doublure. C'est une des plus parfaites reliures sorties de l'atelier de Le Gascon, comme les pages qu'elle recouvre sont l'un des plus excellents ouvrages de Nicolas Jarry, dans son meilleur temps.

Ce manuscrit a figuré aux ventes Gaignat (cat. n° 204), Mac-Carthy (n° 427) et Hamilton (n° 91). M. Beckford, sur la garde a écrit au crayon en lettres microscopiques sa provenance et le prix qu'il l'avait payé à la vente Mac-Carthy en 1817, 1210 f.

Il avait été fait par Jarry pour le marquis de Bullion dont les armes sont peintes sur le dernier feuillet : *Ecartelé au 1er et IVe, d'azur aux trois fasces ondées d'argent, au lion issant d'or, qui est Bullion, au IIe et IIIe d'argent à la bande de gueules accompagnée de six coquilles en orbe, qui est Vincent.*

Le libraire Potier a décrit un manuscrit de Jarry identiquement pareil à celui-ci, moins les armes de Bullion qui établissent la provenance. Mais en l'indiquant comme ayant passé par les ventes Gaignat et Mac-Carthy, il a été trompé par la ressemblance extérieure. Ce manuscrit figurait dans la vente d'un lot de livres précieux appartenant à une dame de Rougé et venant de la duchesse de Chastillon, parmi lesquels se trouvaient les fameuses Heures de Bussy. Il fait maintenant partie de la Bibliothèque Rothschild, n° 84 du catalogue.

16. PRIÈRES SAINTES ET CHRESTIENNES, tirées de l'Ecriture et des Pères de l'Eglise. (A la fin : *Jarry Parisinus scribebat* ) 1662. In-12, chagrin noir, tr. dor., avec fermoirs en or. (*Rel. anc.*)

*Hoe II, 2481*

Manuscrit sur VÉLIN très fin, écrit en lettres romaines. Il se compose de 162 pages, dont chacune est encadrée de filets d'or. Il est en outre enrichi de grandes lettres en or et en couleurs, et de plusieurs fleurons et autres ornements, au nombre desquels on remarque deux couronnes de roses peintes en miniature et d'une exquise délicatesse.

Ce précieux manuscrit, aussi remarquable par sa conservation que par son exécution, est renfermé dans un sac de soie brodé en argent, sur lequel se trouve le chiffre d'Elisabeth de Montmorency, Duchesse de Chastillon, qui se compose des lettres E. M. C. entrelacées et surmontées d'une couronne.

17. PRIÈRES DE LA MESSE ÉCRITES PAR ROUSSELET. In-8, mar. noir, doublé de mar. rouge, dorûres à petits fers et au pointillé, gardes de pap. doré, tr. dor.

Manuscrit écrit en lettres romaines, orné de miniatures, vignettes et culs-de-lampe très finement peints, et de nombreuses initiales sur fond d'or.

Quand j'achetai ce manuscrit, un des mors de la reliure en maroquin noir était cassé. Je le donnai à Trautz pour le réparer. On n'avait pas encore à cette époque perfectionné l'art de la réparation et Trautz trouvant qu'il ne ferait rien de solide, cassa tout simplement la vieille reliure et la refit à neuf en conservant la doublure : on a dans ce volume une reliure de Trautz et une dorure de Padeloup.

18. PRIÈRES DE LA MESSE. ÉCRITES PAR ROUSSELET. *A Paris.* In-12, rel. en maroquin rouge, dent., tr. dor. (*Rel. anc.*)

Manuscrit en lettres romaines, sur papier.

Ce petit volume, d'une fraîcheur exquise et d'une conservation parfaite, est orné de deux miniatures de la grandeur des pages exécutées en camaïeu.

Le titre, écrit en or, bleu et carmin, est placé dans le même encadrement que les grandes miniatures. Il y a en plus deux en-têtes et deux culs-de-lampe également en camaïeu et deux grandes capitales très riches, or et couleurs. Chaque page est encadrée d'un filet d'or, et les lettres capitales sont également en or et en couleur.

Les manuscrits écrits par Rousselet sont presque tous sur papier, ce qui pourrait expliquer pourquoi ils sont plus rares que ceux écrits par Jarry qui sont presque tous écrits sur vélin.

19. PARAPHRASE DU PSEAUME MISERERE. *C. Gilbert, Paris.* scrib., 1663. In-8 carré, mar. r., fil., tr. dor. (*Rel. anc.*)

Charmant manuscrit sur VÉLIN, d'une remarquable exécution, écrit en bâtarde par C. Gilbert, célèbre calligraphe et maître d'écriture du Dauphin ; avec un frontispice, un fleuron et deux culs-de-lampe, dessinés à la plume avec une très grande finesse par le même. Le texte, en vers français, est encadré de deux filets en or et en rouge.

De la bibliothèque du baron J. Pichon *(1869, n. 10: 210 f. et Lignerolles 1894, n. 27: 125 f.)*

*[marginal notes: Vente Chardin (1823), Claudin]*

**20.** PRIÈRES CHRÉTIENNES pour Monsieur de Bonneil, ecuyer ordinaire de Madame la Dauphine, *C. Gilbert scrib.* 1689. In-12, mar. bleu, doublé de vélin blanc, compart. à la du Seuil, dos orné, tr. dor. (*Trautz-Bauzonnet.*)

Ces prières écrites par Gilbert sur un VÉLIN très fin, ont un frontispice et un titre peints en miniature, 168 pp. chiffrées entourées d'un filet d'or, quatre grandes miniatures, huit en-têtes de chapitre et lettres ornées, plus deux tableaux, dont l'un donne les fêtes pendant trente ans et l'autre le lever du soleil pour tous les jours de l'année.

Les quatre grandes miniatures sont d'un artiste nommé Garnerey qui a signé au titre. Les en-têtes et lettres ornées sont de Patel le père, le précurseur de Blarenberghe.

Les heures de Gilbert peuvent rivaliser avec les mieux écrites et les plus riches de Jarry.

L'exemplaire est d'une fraîcheur parfaite.

**21.** RECUEIL DE MOTS USUELS en latin et en français, composé pour l'éducation du dauphin. *Escrit par E. Damoiselet à Paris,* 1666. In-16, mar. rouge à comp., fleurs de lis sur le dos et sur les plats, tr. dor. (*Rel. anc.*)

Charmant manuscrit sur VÉLIN, en encre rouge et noire et avec initiales en or. Les armes et le chiffre du Dauphin, délicatement peints en or et en couleurs, ornent le premier et le dernier feuillet. Chaque page est encadrée de filets d'or.

Exemplaire du GRAND DAUPHIN, fils de Louis XIV.

*[marginal notes: Pearson, J. P. Morgan 22]*

**22.** COPIE DE LA GRAMMAIRE LATINE de Monseigneur le Dauphin pour Monseigneur le duc de Bourgogne. In-4 de 103 pp., mar. rouge, fil. et comp., fleurs de lis sur le dos et aux angles des plats, tr. dor. (*Rel. anc.*)

Manuscrit sur VÉLIN, avec ornements à la plume. Il est signé à la fin : *Gilbert, Paris, pingebat,* 1690.

Ce beau livre provient de la vente AIMÉ-MARTIN. *1847, n. 37: 256 f.*

**23.** STATUTS DES CONSEILLERS D'ÉTAT DE VENISE ou l'on voit les devoirs et obligations de leur charge. *Venise,* 1578. In-4, mar. rouge. (*Rel. orientale.*)

Manuscrit italien donné par Marino Grimani, Doge et Duc de Venise au Conseiller d'État Jo. Andrea Sanudo.

Ce manuscrit écrit sur un vélin très fin compte 60 feuillets.

Sur le premier feuillet en regard du texte on a peint une très belle miniature au milieu de laquelle sont les armes de Sanudo.

La première page est ornée d'une élégante bordure.

La reliure, d'une conservation parfaite et sur laquelle se trouvent au recto le Lion de St-Marc et au verso l'écu de Sanudo poussés en relief, est en maroquin rouge à compartiments creux, dorés en plein.

Elle est l'œuvre de ces ouvriers turcs ou persans si habiles à travailler le cuir.

De la bibliothèque de Lord ORFORD.

*[marginal notes: Behn; Londres 10 juin 1895]*

24. **MÉMOIRES ET INSTRUCTIONS** pour servir à justifier l'innocence de messire François-Auguste de Thou, conseiller du Roi en son conseil d'Estat par Pierre Dupuy. Manuscrit in-fol. de 221 feuillets, veau fauve. (*Rel. anc.*)

Manuscrit original et autographe de l'auteur. Les nombreuses additions et corrections interlinéaires et marginales, sont de la même main que le texte, ce qui prouve que ces Mémoires ont été entièrement écrits par Pierre Dupuy.

C'est l'exemplaire de la famille de Thou. Il porte, sur les plats de la reliure, les armes de Jacques-Auguste de Thou, baron de Meslay, président au Parlement de Paris, frère de François-Auguste de Thou.

Ce manuscrit important acquiert le plus haut intérêt, par l'insertion dans le volume, de trois lettres autographes de François-Auguste de Thou, adressées à son cousin Pierre Dupuy : la première le 16 juin de Terault, près Montpellier, la deuxième le 21 juin du château de Tarascon et la troisième de Lyon le 12 septembre 1642, quelques heures avant son exécution. Cette troisième lettre, qui commence ainsi : « Je vous fais ce mot, avant que de mourir », est l'expression de ses dernières volontés.

Après la mort de Richelieu, Jacques-Auguste de Thou, conseiller et depuis président au Parlement, présenta une requête pour obtenir la réhabilitation de son frère ; mais elle fut rejetée dans la crainte qu'en reconnaissant son innocence on n'autorisât dans l'avenir la non-révélation des complots tramés contre l'État. Cette requête au roi est, après la préface, la première pièce du manuscrit.

Ce précieux volume a figuré à la vente LA VALLIÈRE sous le n° 5.207.

25. **LA MUSE EN BELLE HUMEUR**, ou l'histoire de l'Entrée de leurs majestés dans leur bonne ville de Paris, suivant l'ordre donné à MM. de Rhodes et de Saintot, Grand Maître et Maître des Cérémonies ; présenté à Monseigneur le Procureur-général. In-fol., mar. rouge, fil. à comp., tr. dor. (*Rel. anc.*)

Manuscrit inédit. C'est un poème en vers burlesques, sur l'Entrée de Louis XIV et de la Reine Marie-Thérèse dans la ville de Paris, le 26 août 1660. Il porte l'ex-libris de Mr de la Michodière, Prévôt des Marchands.

Ce manuscrit signé Parent dans la lettre de dédicace adressée à Fouquet, est intéressant par la nomenclature des grands officiers, seigneurs et magistrats qui défilèrent devant le Roi à la barrière du Trône.

Aux armes de FOUQUET.

26. **ABRÉGÉ D'UN MÉMOIRE** qui contient le moyen d'augmenter le revenu du Roy en soulageant ses sujets. In-4, rel. en velours bleu.

Très beau manuscrit sur VÉLIN, dont les pages sont encadrées de filets d'or ; les titres, les lettres initiales et les fleurons sont peints en or et en couleurs. Le texte, occupant 52 pages, est suivi de 4 tableaux gr. in-fol. pliés, également sur vélin, et ornés comme les autres parties de l'ouvrage.

Cette brillante expédition, réduite à ce qu'il y avait d'essentiel dans le travail de l'auteur, pour être soumise à Louis XIV, paraît avoir été exécutée vers 1690-1692, par *Gilbert*, le plus habile calligraphe de la fin du dix-septième siècle, dont la main fut souvent employée au service de la cour. On y trouve beaucoup de documents curieux sur l'état et les sources du revenu public en France, des tableaux statistiques, et, entre autres, le dénombrement des évêchés, des paroisses, des chefs de famille et l'état des revenus de tous les princes contemporains d'Europe. Quant à l'autorité de ce mémoire, il pourra suffire de savoir que l'auteur, de Launay-Duplessis, dont il porte le nom (f° 24), avait toute la confiance du grand Colbert, et qu'en s'occupant de ce travail, il n'a fait que déférer à l'expresse recommandation de ce ministre qui l'en avait chargé quelque temps avant sa mort. (Voir *Catal. Leber, 1860, n° 477*).

Exemplaire de M. LEBER.

*et de Pichon 1869, n. 981 : 200 fr.*

27. DE L'INSTRUCTION DE MONSEIGNEUR LE DAUPHIN au Pape Innocent XI, 1679. Manuscrit sur papier de 34 pages. In-4, mar. bleu. (*Mercier*.)

Ce manuscrit est la copie de la traduction française de la lettre écrite en latin par Bossuet au pape Innocent XI, en 1679.

La lettre en latin et la traduction ont été publiées par le neveu de Bossuet, évêque de Troyes, et placées en tête de l'ouvrage intitulé : « *La Politique tirée de l'Écriture Sainte. Paris, 1709, in-4°.* »

Cette copie écrite par un secrétaire contient plus de cent corrections autographes de Bossuet et sur la première page une note de l'abbé Ledieu.

28. MINUTE D'UNE LETTRE DE M. L'ABBÉ DE FÉNELON AU ROY. Manuscrit autographe de 24 pages. — Lettre de Fénelon à Louis XIV. *Paris, Renouard*, 1825, grand papier. Deux parties en 1 vol. in-4, mar. violet, comp. gaufrés à froid et dorés. (*Thouvenin*.)

Ce précieux autographe a été acheté par M. Renouard en 1825, à la vente des livres de M. Gentil. Jusqu'à cette époque, on en avait nié l'existence quoique d'Alembert eût affirmé le l'avoir vu.

Il porte en tête de la première page, une note du Marquis de Fénelon, le petit-neveu de l'archevêque et l'éditeur de ses œuvres. Cette note est ainsi conçue : « Minute d'une lettre de M. l'abbé de Fénelon au Roy à qui elle fut remise dans le temps par M. le D. de B. (le duc de Beauvilliers), et qui, loin de s'en indisposer, choisit au contraire quelque temps après cet abbé pour précepteur des princes, ses petits-enfants. Cette minute est toute de l'écriture de M. l'Abbé de Fénelon, depuis Archevêque de Cambray. »

Cette lettre et la note qui la précède soulèvent des questions intéressantes. A quelle époque la lettre a-t-elle été écrite ? A-t-elle été remise au Roi ? Sur le premier point, on est d'accord pour reconnaître que la note est erronée. En effet, si l'on s'en rapportait à ses indications, la lettre serait antérieure à 1689, époque à laquelle Fénelon fut nommé précepteur du duc de Bourgogne. Or, les événements auxquels elle fait allusion sont postérieurs à 1689. M. Renouard pense qu'elle a été écrite en 1694.

A-t-elle été remise au Roi comme l'affirme la note ? M. de Boislisle, dont on connaît la haute compétence en tout ce qui touche au siècle de Louis XIV, dans une intéressante communication faite à propos de cette lettre célèbre à la Société de l'Histoire de France, démontre qu'elle n'a pu être remise au Roi par le Duc de Beauvilliers ; que sans doute elle a été communiquée au Duc de Chevreuse comme une autre lettre non moins violente à la date de 1710 et qu'elle a été écrite par Fénelon « à la fois pour décharger sa conscience de prêtre, de patriote, de précepteur des princes, pour dégager sa responsabilité, et aussi pour stimuler le zèle du Duc de Chevreuse qui ne craignait pas de dire au Roi les vérités les plus sévères. » (*Bulletin de la Société de l'Histoire de France, année 1885, p. 53*). — Voir aussi *Correspondance de Fénelon. Paris, 1827, T. 2, pp. 329-332 et T. 1er, pp. 387-398*).

Théophile Lavallée dans la « *Correspondance générale de Mad. de Maintenon, T. IV, p. 45-46* », après discussion et comparaison de textes et de dates exprime une opinion contraire dans les termes suivants : « Il est impossible de douter que Louis XIV ait reçu, gardé et fait lire, au moins à Mad. de Maintenon, la lettre de Fénelon. » L'indulgence du Roi en présence d'une pareille lettre est interprétée par Lavallée « comme un acte de patience, d'oubli des injures, de résignation et d'humilité chrétienne, dont il y a peu d'exemples dans l'histoire. »

Ce volume qui vient de la bibliothèque de Renouard a été acheté à sa vente par M. le Comte de Montalivet en 1854.

On a ajouté au volume un billet de Fénelon à Mad. de Montbron, du 7 novembre 1703.

29. RECUEIL DE LETTRÉS AUTOGRAPHES. Dans un portefeuille en mar. rouge, doublé de tabis, dentelles sur les plats, aux armes du Dauphin, père de Louis XVI. *Le portefeuille : 205 f.*

Ce recueil contient 14 lettres dont le détail suit :

1º Lettre de Charles IX à nos très chers et bien aimés les Prevost des marchands et echevins de notre bonne ville de Paris. 10 mars 1563. Signature.

2º Lettre de Catherine de Médicis à nos srs les Prévost des marchands et echevins de Paris. 4 juillet 1571. Signature.

3º Lettre de Henri III à nos chers et bien aimés les Prévost des marchands et echevins de notre ville de Paris. 16 novembre 1580. Signature.

4º Lettre de Henri IV à nos amez et Feaux les Prevost des marchands et echevins de notre bonne ville de Paris. huit décembre 1599. Signature.

5º Lettre de Marie de Médicis au Duc de Bouillon pour le remercier de son offre de cession de la place de Sedan. 1632. — Entièrement de la main, adresse de la main. Contre-signée, La Reyne mère. Double cachet et fils de soie.

6º Lettre de Louis XIV à l'archevêque d'Aix. Remerciements à l'assemblée des communautés de Provence. 6 décembre 1706, entièrement de la main, fils de soie, double cachet aux armes de France.

7º Lettre de Turenne au cardinal de Bouillon à propos du chevalier de Lillebonne. Sans date, entièrement de la main, avec adresse et cachet aux armes.

8º Lettre de la Duchesse de Bouillon au Prince de Turenne. 16 mai 1686, entièrement de la main, adresse et cachet.

9º Lettre du cardinal de Bouillon à M. Erard. 23 août 1696, entièrement de la main.

10º Lettre du duc de Bouillon à M. Faure, son intendant, datée de Navarre, 27 mai 1705, entièrement de la main, adresse et cachets.

11º Lettre du duc du Maine à M. de Bonrepos, ambassadeur en Hollande, datée de Versailles, 29 août 1698, entièrement de la main, adresse et cachet.

12º Lettre de Bossuet à M. de Chamillart. Fontainebleau, 26 octobre 1698, entièrement de la main.

13º Lettre de Fénelon au marquis son petit-neveu, datée du 27 décembre 1704. Adresse et cachet.

14º Lettre de Fénelon à Bossuet, du 12 décembre 1694. Très importante lettre de soumission, entièrement de la main. Cette lettre a été écrite au moment de la censure des livres de Mad. Guyon, prononcée par Mgr. l'archevêque de Paris. Fénelon avait pris vivement parti pour les doctrines de cette dame. (Voir *Relation du quiétisme*, 1732, par l'abbé Phélipeaux). La lettre de Fénelon y est reproduite, T. 1er, p. 147. Sa soumission était feinte, car trois ans après, Fénelon publiait son livre « *Explication des maximes des saints* ».

Ce lot sera divisé.

30. NOTICE SUR LE MANUSCRIT DES ŒUVRES DE VATEL. 1 vol. in-4, mar. rouge jans.

Ce volume contient le manuscrit autographe de Mgr. le duc d'Aumale écrit par lui avec un soin tout particulier pour être reproduit par la photogravure. L'opération faite, le Prince a bien voulu me permettre de le conserver comme souvenir.

31. RECUEIL POUR LA COMPAGNIE de messieurs les conseillers du roy quartiniers de la ville de Paris, contenant diverses instructions, édits, déclarations, arrêts du Conseil et autres titres sur leur origine, fonctions, prerogatives et réglements. Formé en 1770 par les soins de messieurs l'Empereur. Martel et Levé de la Compagnie de messieurs les Conseillers du Roi Quartiniers. In-4, mar. rouge, large dentelle sur les plats, portant d'un côté les armes de la ville de Paris, de l'autre celles de M. Martel, poussées sur mosaïque de m. vert, doublé de tabis. (*Rel. anc.*)

Ce manuscrit très bien calligraphié, et dont le titre et les pages sont entourés d'ornements à la plume, est très intéressant pour l'histoire de Paris. Il est maintenant unique : il en existait un autre pareil dans la bibliothèque de la ville, il a été détruit par l'incendie de la Commune.
Ce manuscrit me vient de mon bisaïeul à qui M. Martel l'avait légué.
On y a placé le plan de Lattré donnant la division de Paris en 16 quartiers.

32. LETTRES DE VOLTAIRE A MADAME D'EPINAY. In-4, cuir de Russie, compart., tr. dor. (*Purgold.*)

Ce recueil se compose de :
10 lettres entièrement de la main de Voltaire.
4 billets          id.
7 lettres écrites par le secrétaire avec une apostille plus ou moins longue de la main de Voltaire à la fin de la lettre.
7 lettres écrites par le secrétaire signées V.
7 lettres écrites par le secrétaire sans aucune signature.
5 billets écrits par le secrétaire.
Soit en tout 31 lettres et 9 billets.
Des Bibliothèques de RENOUARD et du baron PICHON.

33. MANUSCRIT AUTOGRAPHE de M. Le Chevalier de Florian. Il est intitulé : *Fables dont je puis tirer partie.* In-4, mar. rouge jans. (*Duru.*)

Florian passe en revue les fabulistes de tous les temps et de tous les pays, et il en extrait les sujets qui lui plaisent. Il porte son jugement sur plusieurs, et quand il arrive à Dorat il écrit sous son nom : *tout est détestable.*

34. VOYAGES DU ROY AU CHATEAU DE CHOISY, avec les logements de la cour et les menus de la table de Sa Majesté. 177e à 184e ; du 22 février au 16 octobre 1755. In-4, v. marb., dos et coins fleurdelisés, gardes de papier doré, tr. dor.

Ce curieux manuscrit, composé de 38 feuillets, a été écrit et dessiné par F.-P. Brain. Il indique le nom des personnages qui accompagnaient le roi dans ses voyages, les logements qu'ils occupaient au château de Choisy, et le détail complet des menus qui composaient les soupers de Sa Majesté.
Aux armes du roi Louis XV.

35. LE BIENFAITEUR, comédie en prose et en un acte. 1767. In-4, mar. rouge, large dentelle, doublé de tabis., tr. dor. (*Derome.*)

Aux armes de Louis Phelypeaux, COMTE DE SAINT-FLORENTIN, DUC DE LA VRILLIÈRE.

N.º 31

La reliure est fort belle, la dentelle à petits fers qui couvre les plats est semée des maillets des Mailly et des hermines des Phelypeaux.

Manuscrit présenté au comte de St-Florentin, ministre et secrétaire d'état par le chevalier d'Arc qui a signe la dédicace.

Le titre est entouré d'un ornement à la plume dans le style de Moreau le jeune, et en tête de la dédicace, la même main a dessiné un en-tête où sont les armes des Phelypeaux. Toutes les pages du manuscrit, encadrées d'un double filet vert, sont très bien calligraphiées.

Ce chevalier d'Arc était un bâtard du comte de Toulouse. Favori de la marquise de Langeac, maîtresse du duc de la Vrillière, il exploita si impudemment la faveur de ces deux personnages, que le scandale força le ministre à s'en débarrasser par une lettre de cachet. (Voir : *Vie privée de Louis XV. Londres 1785. T. IV, p. 301*).

On a ajouté à ce volume le portrait du duc de la Vrillière par Moreau le jeune.

36. LIVRE DES PLANS, coupes et profils des étangs, retenues. aqueducs, rigolles et de tous les réservoirs qui fournissent les eaux a Versailles. Avec une carte générale du département de Trapes et de Saclé, fait par le s' Gravois, inspecteur duditDepartement, d'aprèscelui deM de Marne, Contrôleur, et sous ses ordres. 1774. In-8, mar. rouge. (*Rel. anc.*)

Manuscrit sur papier de 72 pages fort bien calligraphié et donnant les plus curieux renseignements sur le service des eaux de Versailles.

Le titre est entouré d'un élégant ornement à l'encre de Chine. Il y a sur les plats des armes inconnues.

37. LE LIVRE D'HEURES DE HENRI II. Pour la Société des Bibliophiles François. *Paris*, 1890. Grand in-8, mar. brun. (*Mercier.*)

Ce volume est orné des neuf plus belles miniatures du manuscrit de la Bibliothèque Nationale, copiées par M. Guerrier, très habile miniaturiste qui a travaillé aux publications de la Société des Bibliophiles François.

38. L'IMITATION DE JÉSUS-CHRIST, traduction de Lamennais. *Gruel Engelmann, 418, rue St-Honoré, Paris.* — Historique de l'ornementation des manuscrits et explication des planches, par H. Michelant. *Gruel Engelmann, Paris.* 2 parties en 1 vol. in-fol., mar. La Vallière jans. (*Cuzin.*)

Exemplaire de souscription au nom du Comte de MONTALIVET.

# IMPRIMÉS.

## THÉOLOGIE.

### *Écriture sainte.*

39. LA BIBLE qui est toute la Saincte Escriture : contenant le Vieil et le Nouveau Testament. Autrement la vieille et nouvelle Alliance. Avec argumens sur chacun livre, figures, cartes tant chorographiques qu'autres. *S. l. (Genève), de l'Imprimerie de François Estienne*, 1567. 4 parties en 1 vol. in-8 à 2 col., fig. et cartes sur bois, mar. brun, tr. dor. (*Trautz-Bauzonnet.*)

> Édition imprimée en très petits caractères ornée de figures gravées par les artistes de l'école lyonnaise qui travaillaient pour les de Tournes.
> Cette traduction des livres saints était à l'Index.

40. P. P. DE LATINIS S. S. BIBLIORUM interpretibus sententia. Nicephori C. P. patriarchæ canon scripturarum. Cum Anastasii. S. R. E. bibliothecarii latina interpretatione. 1590. — P. Historia controversiœ veteris de processione spiritus sancti. 1590. *S. l.* Deux parties en 1 vol. in-8, vélin doré. (*Rel. anc.*)

> Ces deux traités sont de Pierre Pithou.
> Le dos et les plats sont semés du double Φ de Philippe de Mornay et de l'S barrée.

41. PSALTERIUM DAVIDIS, Ad Exemplar Vaticanum Anni 1592. *Lugduni, Apud Joh. et Dan. Elsevirios, anno* 1653. Pet. in-12, titre gravé, mar. rouge, doublé de mar. rouge, dent. (*Rel. de Boyet.*)

42. PSEAUMES DE DAVID mis en vers français, par Philippe Desportes, abbé de Thiron, avec quelques œuvres chrestiennes et prieres du même auteur. *A Rouen, chez Raphaël du petit Val, devant la grand porte du palais* 1593, *avec privilège du roy.* In-12, mar. vert. (*Rel. du XVIᵉ siècle.*)

> Sur les plats ornements de feuillages et lambdas renversés et accouplés. Aux angles les mêmes lambdas. Provenance inconnue.

43. Les Proverbes ou notables dits de Salomon, réduis en vers François, par Paul Perrot de la Sale. Au Roy. *A Tours, chez Maurice Bouguereau, imprimeur et libraire, avec Privilège*, 1594. Pet. in-12, vélin. (*Rel. anc.*)

Frontispice gravé dans le style de Delaulne ou de Du Cerceau.
4 ff. préliminaires pour le titre et la dédicace de l'imprimeur au Roy.
5 cahiers A par 4 ff. B. C. D par 12. E par 8.
Brunet ne cite de ce livre qu'une édition in-12. Paris, Cl. Monstrœuil, 1595.

*Liturgie.*

44. Heures. — A la louenge de Dieu de sa tres saincte et glorieuse mere et a ledification de tous les bons catholiques. furent commencees ces presentes heures par le commandement du roy nostre sire pour Anthoine Verard libraire demourant a Paris sur le pont nostre dame a lymage saint Jehan leuangeliste ou au palais au premier pilier devant ou on chante la messe de messeigneurs les presidents, *s. d.* (calendrier de 1488 à 1508). In-8 goth. de 112 ff., mar. La Vallière, fil. à froid, larges bandes d'entrelacs, tr. dor. (*Trautz-Bauzonnet.*)

Imprimé sur papier.
Sign. 14 cahiers par 8 ff.
Le titre commence au-dessous de neuf lignes de texte.
Les pages de ces Heures sont bordées d'encadrements avec figures sur bois représentant les Sibylles, les Prophètes et d'autres histoires. Entre les figures, il y a un texte en Latin et en Français, en prose et en vers.
Il est orné de 18 grandes figures, et dans la partie réservée à la Commémoration des saints, de 18 figures plus petites.
Parmi les figures, on doit remarquer : 1° celle qui se trouve au v° du titre et qui, d'après M. Renouvier, représente Vérard en prières et le Roi faisant abattre un arbre pour lui fournir le bois nécessaire à ses gravures ; 2° celle du f° f. 7 v°, planche où la Mort entraîne un pape dans la ronde macabre.
Au v° du dernier feuillet, on voit la marque de Vérard.
Ces Heures portent la même date que les grandes Heures de Vérard, in-4. Les bois sont du même style et de la même facture. La composition du titre et du dernier feuillet est pareille, ainsi que la grande figure où se voit Vérard agenouillé.
Il est probable que Vérard a donné en même temps une édition in-4 et une édition in-8. Cependant, il faut remarquer que la composition des deux textes n'est pas la même ; il y a mis d'autres poésies parmi lesquelles certaines fort curieuses, qui semblent échappées à Villon. (*Voir cahier M. ff. 5, 6, 7, 8. Oraison très dévote à Nostre-Dame.*)
Ces Heures in-8 sont fort rares. Elles n'ont été décrites par aucun bibliographe et je n'ai jamais vu que le présent exemplaire qui vient de la vente Bancel.

45. Heures. — A la louenge de Dieu de sa tres saincte et glorieuse mere et à ledification de tous bons catholiques furent commencees ces presentes heures pour Anthoine Verard libraire demourant sur le pont notre Dame a lymaige saint Jehan levangeliste, ou au palais au premier pilier devant la Chapelle ou on chante la messe de messeigneurs

2

les Présidents à Paris. — A la fin : — *Ces présentes heures à l'usage de Rome furent achevees le cinquiesme jour d'aout, l'an mille quatre cent quatre vingt dix-huit* [1498]. In-4, demi-rel. mar. rouge.

Imprimé sur VÉLIN.

Coll. 84 ff. Sign. A-H par 8 ff., I par 4 ff., K par 6 ff. Almanach de 1488 à 1508.

Le titre porte la marque de Vérard.

Ces Heures sont ornées de 17 grandes planches et de 30 autres plus petites. Chaque page a un encadrement où figurent les prophètes, les sibylles et les évangélistes.

Les capitales sont peintes en or et couleurs.

Les figures ne sont plus celles des anciennes Heures de Vérard ; elles sont la copie des figures employées par Simon Vostre dans ses Heures de 1497. On pourrait en conclure que Pigouchet travaillait pour les deux libraires, Vérard et S. Vostre.

Cette édition n'a pas été décrite par Brunet.

46. HORÆ AD USUM PARISIENSEM. — ( Au recto du dernier feuillet : ) *Ces présentes heures à lusaige de Paris furent acheuées le premier jour de décembre mil quatre centz quatre vingtz et unz* [1491] *par Philippe Pigouchet imprimeur demeurant en la rue de la harpe deuant saint Cosme en lostel du colliege de Dinuille, qui en vouldra auoir il en trouuera audit lieu et deuant saint Yues a lenseigne du pelican en la rue saint iaques*. In-8, veau brun, fil., milieu orné des emblèmes de la passion, tr. dor. (*Rel. anc.*)

Imprimé sur VÉLIN.

Coll. 92 ff. sign. A.-L par huit. M. par quatre ff. Almanach de 1488 à 1508. Ces heures contiennent 19 grandes figures et 32 petites. Chaque page est entourée de bordures représentant des sujets tirés de l'Ancien et du Nouveau Testament. La marque de Pigouchet occupe tout le premier feuillet au-dessus des mots *Ad usum Parisiensem* qui forment le titre.

La souscription est couverte par le blason de la famille de Beauvau peint en or et couleurs sur champ d'argent avec la devise « *sans départir* ». Le Baron Pichon dans une note écrite sur la garde du volume indique le procédé par lequel il est arrivé à la faire réapparaitre.

Les rubriques et les capitales grandes et petites, sont décorées en or et couleurs. On ne connaît de ces heures que l'exemplaire de la Bibliothèque de Lord Spencer et l'exemplaire incomplet de la Bibliothèque nationale, elles sont donc d'une grande rareté et d'un grand intérêt, car elles commencent la série des heures de Pigouchet et nous donnent toute la suite des planches archaïques qui disparaitront quand Pigouchet imprimera pour Simon Vostre. Ces heures sont d'une parfaite conservation.

Exemplaire du Baron PICHON.

47 CES PRÉSENTES HEURES a lusaige de Rõme furẽt acheuez le iiii iour de Nouẽbre, Lan. M.CCCC.iiii xx et XVII [1497], pour Simon Vostre Libraire demourant à la rue neuue nostre dame a lenseigne sainct Jean leuãgeliste. [Sur le titre la marque de Philippe Pigouchet. Almanach de 1488 à 1508]. Pet. in-4 de 70 ff. non chiffrés, caract. goth., mar. rouge jans., doublé de vélin. blanc, tr. dor. (*Motte*.)

Imprimé sur VÉLIN.

Signature A-H par 8 et I par 6 ff. Le 6e f. du cahier I, au recto, a quatre lignes de plus que les autres feuillets, soit 37 au lieu de 33.

Il y a dix-huit grandes figures y compris la marque de Pigouchet sur le titre, l'homme anatomique, et le St-Graal. Les bordures contiennent la danse des morts en 31 sujets, la vie de la Vierge, la vie de Jésus, l'histoire de Suzanne, l'enfant prodigue, les 15 signes.

Les capitales et les rubriques sont en or et couleurs. Cet exemplaire imprimé sur un vélin très fin et très blanc est grand de marges. Il a 230ᵐ de H. sur 150 de L.

Exemplaire de M. de LIGNEROLLES.

48. **Ces presentes Heures** a lusaige de Rome söt au lõg sãs reqrir et ont este faictes pour Symon Vostre libraire : demourant a Paris a la rue neuve Notre dame a l'enseigne Sainct Jehan Levangeliste par Philippe Pigouchet.... [Sur le titre la marque de Simon Vostre]. *S. d.* In-4, velours rouge, fermoirs en vermeil.

Imprimé sur VÉLIN.

Sign. A-L par 8 ff., M par 10 ff., 98 ff. L'Almanach est de 1502 à 1520.

Ces heures sont ornées de 24 figures sans y comprendre le titre et l'homme anatomique. Toutes les pages sont encadrées de bordures où sont représentées l'histoire de Joseph, la vie de la Vierge, la vie de Jésus, l'histoire de Suzanne, l'Enfant prodigue, les 15 signes, la Danse des morts en 66 sujets avec quatrains en français, les Vertus cardinales, les Sibylles. Les deux derniers ff. sont occupés par l'Horloge de la Passion en vers français.

Ces heures sont les plus belles qui aient été imprimées par Pigouchet pour Simon Vostre. Elles sont particulièrement intéressantes parce qu'elles réunissent les trois principaux types de figures qui succédèrent dans les Heures de Simon Vostre aux figures archaïques de 1488.

Dans cet exemplaire, les capitales et les rubriques sont en or et couleurs. H. 250. L. 158.

49. **Ces Presentes Heures** a lusaige Dorleans au long sans riẽs requerir avec les miracles nostre Dame et les figures de l'Apocalipse et des triũphes de Cesar. [Marque de Simon Vostre, calendrier de 1510 à 1530.] Grand in-8, mar. rouge, comp. à la Du Seuil. (*Rel. anc.*)

Imprimé sur VÉLIN.

Sign. a, b par huit, c par quatre, d, k par huit, a, e, i par huit, o par six. 106 feuillets. 29 lignes à la page.

24 figures, la marque de S. Vostre, l'homme anatomique, 8 figures deja parues dans les éditions antérieures, 14 grandes figures qui composent la suite complète des figures ornant les éditions sur lesquelles a disparu le nom de Pigouchet et qui marquent la fin de sa collaboration avec Simon Vostre. Dans les encadrements se suivent, l'histoire de Joseph, les Sibylles, l'Apocalypse, les Vertus cardinales, l'histoire de Suzanne, l'Enfant prodigue, les 15 signes, la Danse des morts en 66 sujets, les triomphes de César, les miracles Nostre Dame.

Ce volume appartenait à un amateur nommé Denys Aze qui a fait dorer son nom au verso des couvertures dans la bordure de maroquin.

50. **Hore dive vḡinis Marie** sẽdm veṭẽrum usum Romanũ cum aliis multis folio sequenti notatis : una cum figuris apocalipsis post figuras biblie recenter insertis. — In fine : — *imp̃ssũ Parisiis Anno dñi millesimo quĩgẽtisĩmo quĩto* [1505] XVI *Kalẽdas Januarii. Opera Thielmani Kerver Venale que supra pontem Sãti Michaelis in intersigno unicornis.*

In-8, mar. noir,  comp., doublé de mar. citron. (*Rel. du XVI° siècle.*)

Sign. A-N par huit. 104 ff. Vingt grandes figures, la marque de Kerver et l'homme anatomique compris. Encadrements à toutes les pages renfermant diverses histoires. Imprimé en rouge et noir, lettres rondes, sur papier.

La reliure est en maroquin noir ciselé, champlevé et rehaussé d'or, les arabesques qui ornent les plats sont du plus pur style arabe. Elle est doublée de mar. citron. Les reliures doublées au XVI<sup>me</sup> siècle sont fort rares, La mode de doubler les reliures, si répandue depuis le XVII<sup>e</sup> siècle, semble nous venir d'Orient.

Cette reliure a été faite à Venise au commencement du XVI<sup>e</sup> siècle par un artiste persan. On s'est demandé par quel procédé on a pu obtenir ces délicates et élégantes arabesques qui semblent ciselées dans le métal.

On suppose qu'elles l'ont été par la pression. Il y avait à la vente Piot un lot de matrices gravées dans de la peau de chameau que cet amateur avait rapportées de Venise. Cette peau aussi dure que la corne, mais plus élastique, peut supporter de hautes pressions sans se briser ou sans couper le cuir comme aurait pu le faire une plaque de métal. Ces matrices servaient aux ouvriers arabes pour produire ces reliefs d'une finesse extraordinaire.

Cet exemplaire, qui est signalé par Brunet, vient de la vente GANAY.

**51.** HORE DIVE VGINIS MARIE Sĉdm usum Romanum cum aliis multis folio sequĕti notalis : una cũ figuris biblie apocalyptis. Chorea Lethi novisque effigiebus decorate. — In fine : —Finit officiũ beate marie virginis secundũ usum Romanum cum missa ejusdem. Et septẽ psalmis penitẽtialibus, cum officio mortuo-rum sancte crucis et sancti Spiritus... *Parisiis impressum. Anno domini Millesimo quingentesimo decimo quarto* [1514], *die autem XXIX mensis may. Opera Thielmani Kerver commorantis in vico sancti Jacobi ad intersignium Craticule.* In-8, mar. La Vallière. (*Trautz-Bauzonnel.*)

Sign: A-N par huit, O par quatre, 108 ff. Imprimé en rouge et noir sur papier, lettres rondes. Almanach de 1506 à 1530.

21 figures à pleine page et encadrements avec des ornements élégants à fonds criblés, ou contenant la Danse des morts en 66 sujets et différentes histoires.

**52.** HEURES a lusaige de Romme tout au long sans rien requerir, avec la destruction de Jerusalem : et les figures de la vie de l'homme et plusieurs autres belles figures. *S. d.* — A la fin : — *Les presentes heures a l'usage de Rome ont ete imprimees a Paris par Gillet Hardouyn demeurant au bout du pont Notre-Dame devant St Denis de la Chartre, a l'enseigne de la Roze d'Or.* — Au verso : — Bon ordre et bonne correction Verrez en cette impression. Tout pour le mieux. — Grand in-8, mar. rouge, comp., dorure au pointillé. (*Rel. du XVI° siècle.*)

Imprimé sur VÉLIN.

A-L par huit. 82 feuillets. Almanach de 1515 à 1530.

21 grandes planches compris le titre, la marque de Hardouyn et l'homme anatomique. 22 petites figures dans le texte. Dans les bordures, la Danse des morts est en 32 sujets qui se répètent et qui sont d'un caractère différent de celles qui décorent les Heures de S. Vostre.

Toutes les figures, grandes et petites, ont été coloriées et rehaussées d'or, pour imiter les miniatures des manuscrits.

La reliure est à compartiments dorés et peints dans le style de Grolier. Elle est d'une conservation parfaite. Cet exemplaire qui vient de la vente Libri est signalé dans Brunet, T. V, p. 1680.

53. Officium beate Mariæ Virginis, Pii V pont. max. jussu editum. *Antverpiæ, ex officina Plantiniana,* 1622. In-4, réglé, mar. rouge, comp. de mosaïque en mar. vert, tr. dor., doré en plein au pointillé sur les plats et le dos. (*Reliure de Le Gascon.*)

Ce volume d'une exécution typographique très remarquable est orné de 95 figures et fleurons d'un grand style parfaitement gravés. Mallery a signé deux planches, pp. 142 et 216.

Il provient des bibliothèques de Mac-Carthy et de La Bédoyère.

54. L'Office de la Vierge Marie à l'usage de l'église Romaine avec plusieurs belles prières chrestiennes et catholiques, revues et corrigées de nouveau à Paris. *A Paris, par Jean Houzé, en la galerie du Palais près la Chancellerie,* 1588. In-8, mar. vert, compartiments de fleurs et feuillages. (*Rel. du XVIᵉ siècle.*)

Ces Heures sont remarquables par le frontispice, les vignettes du Calendrier et les 20 grandes gravures qui les décorent et qui sont l'œuvre de Thomas de Leu. Dans l'exemplaire que nous décrivons, les figures sont enluminées et rehaussées d'or. Au bas du frontispice, l'adresse de J. Houzé a été remplacée par les armes de France et de Navarre sommées de l'H couronnée et peintes en miniature.

La reliure, couverte de marguerites, d'œillets, de pensées et de St-Esprit, porte sur le plat recto le chiffre de Marguerite de Valois et sur le plat verso celui de Henri de Bourbon son mari.

La reliure de ces heures qui ont appartenu à la Reine Marguerite, est reproduite dans *Les Femmes bibliophiles de M. Quentin-Bauchart. Paris, 1886.*

55. Officium Beatæ Mariæ Virginis nuper reformatum, et Pii V pont. max. Jussu editum. Hymni plures græcè translati et piis numeris restituti. Antiph. collectæ et preces SS. PP. adjunctæ ac recognitæ per Feder. Morellum. *Parisiis in officina H. de Marnef, apud Dyonisiam Cavellat, sub pelicano, monte D. Hilarii,* 1616. *Cum privilegio,* fig. sur bois. In-12, mar. rouge comp., doublé de mar. rouge, compartiments à petits fers, dorure au pointillé, tr. dor. (*Rel. anc.*)

Très belle reliure de Le Gascon.

56. Parva christianæ pietatis officia, per christianissimum regem Ludovicum XIII ordinata. *Parisiis, e Typographia Regia,* 1642. In-16, titre gravé, vign.. mar. rouge, fil. (*Rel. anc.*)

Ce petit office a été composé et mis en ordre par Louis XIII. L'impression étant terminée, on apporta de l'Imprimerie royale quelques exemplaires au roi, comme il était alité et qu'il se mourait. Il en donna de sa main un exemplaire au P. Dinet, son confesseur, pour qu'il lui fît la lecture du premier pseaume de matines dans l'office des apôtres, puis du pseaume de nones dans l'office des mystères de N.-S. (Voir l'*Idée d'une belle mort dans le récit de la fin de Louis XIII, tiré des Mémoires du P.-J. Dinet, par le P. Girard, Paris, 1656, in-fol.*).

A la fin, une table manuscrite. Le propriétaire du livre, au bas de l'avant-dernier feuillet, a mis le compte suivant. Le 10me d'avril 1643 : 2 fr. en Blanc, 4 fr. pour Reliure. Ainsi, en 1643, on payait 4 fr. pour une bonne reliure en mar. Je crois que cette reliure est de Le Gascon.

57. L'OFFICE DE LA SAINTE VIERGE. Accompagne de Prieres, Meditations et Instructiõs Chrestiennes, tant en vers qu'en prose. Par F. l'Hermite (Tristan). Enrichy de figures, dessinées par le sr Stella et gravées à l'eau forte par A. Bosse. *S. l. (Paris), de l'imprimerie de Pierre Des-Hayes,* 1646. Pet. in-12, mar. rouge, compartiments, semis de flammes, dos orné, tr. dor. (*Rel. anc.*)

    Reliure de Le Gascon.

58. L'OFFICE DE LA FESTE DE NOEL, selon le bréviaire Romain, Latin Français. Traduction nouvelle. *A Paris, chez Christophle Remi, rue St-Jacques, au Grand St-Remy,* 1681, *avec privilège.* In-12, mar. rouge, doublé de tabis, dos et coins ornés de la croix de Lorraine. (*Boyet.*)

    Exemplaire de dédicace présenté à MARIE DE LORRAINE, duchesse de GUISE.

### Saints Pères.

59. CONCIONES GRÆCORUM patrum a Petro Pantino Tiletano nunc primum græcè editæ latineque conversæ. *Antverpiæ apud Joachinum Trognæsium,* 1604. Pet. in-8, mar. rouge, fil., tr. dor. (*Rel. anc.*)

    Aux troisièmes armes de J.-A. DE THOU.

60. LES ASCETIQUES, ou Traitez spirituels de saint Basile le Grand, traduits en françois par Godefroy Hermant. *A Paris, chez Ant. Dezallier,* 1679. In-8, mar. rouge, tr. dor.

    Aux armes de la Duchesse DE LESDIGUIÈRES.

61. AURELII AUGUSTINI LIBRI XIII Confessionum. *Lugduni apud D. Elzevirium,* 1675. Pet. in-12, titre gr., mar. rouge, filets, dos orné, tr. dor., doublé de tabis. (*Derome.*)

    Haut. 131 millim.
    Exemplaire du Marquis DE GANAY.

62. Georgii Pachymeræ paraphrasis in omnia Dyonisii Areo-pagitæ, Athenarum episcopi, opera quæ extant. *Parisiis 1561, excudebat Guil. Morellus in græcis typographus regius.* In-8, mar. vert, dos orné, comp., semis de fleurs de lys, armes de France peintes au milieu des plats, double C couronné sur le dos et sur les plats, tr. cis. et dor. (*Rel. du XVIᵉ siècle.*)

> Sur le titre, la signature de Renouard et la date 1798. Ce volume figure dans son catalogue de 1819, page 68, tome 1ᵉʳ. Il a passé ensuite chez Beckford.
> Aux armes peintes du Roi Charles IX.

### Théologie morale, polémique et mystique.

63. Démonstration de l'Existence de Dieu, tirée de la connoissance de la nature, et proportionnée à la foible intelligence des plus simples (par Fénelon). *A Paris, chez Jacques Estienne,* 1713. In-12, mar. rouge, fil., dos orné, gardes de pap. doré, tr. dor. (*Rel. anc.*)

> Édition originale.

64. De la vérité de la religion Chrestienne, contre les Athées, Epicuriens, Païens, Juifs, Mahumedistes et autres infidèles, par Philippe de Mornay, sieur du Plessis-Marly. Revue par l'Autheur, avec une table très ample. *A Paris, chez Jean Richer, libraire rue St-Jean de Latran, à l'Arbre Verdoyant,* 1585, *avec privilège,* 16 ff. lim., 603 pp. chiffrées, 16 ff. de table. In-12, vélin à recouvrement. (*Rel. anc.*)

65. Pensées diverses écrites à un docteur de Sorbonne, à l'occasion de la comète qui parut au mois de décembre 1680 (par P. Bayle). *Rotterdam, Reinier Leers,* 1683. In-12, mar. rouge, fil., dos orné, tr. dor. (*Rel. anc.*)

> Ce livre par lequel Bayle, réfugié en Hollande, prélude à son dictionnaire philosophique, a exercé une grande action sur le mouvement de révolte qui entraînait les esprits à la fin du XVIIᵉ siècle. Jurieu en mesura la dangereuse portée et rejeta Bayle du sein de l'Eglise réformée.
> Aux armes du Comte d'Hoym.

66. De la Tolérance des Religions. Lettres de M. Leibniz, et Reponses de M. Pellisson, ou quatrième partie des Réflexions sur les differends de la Religion. *A Paris, chez Jean Anisson,* 1692. 2 parties en un vol. in-12, mar. rouge, fil., dos orné, tr. dor. (*Rel. anc.*)

> Aux armes de Ch. Maurice Le Tellier, archevêque de Reims.

67. La Religion vengée de l'incrédulité par l'incrédulité elle-même. Par M. l'Evêque du Puy (J. Georges Lefranc de

Pompignan). *A Paris, chez Humblot, libraire, rue St-Jacques,*1772. *Avec privilège.* In-12, mar.rouge.(*Rel. anc.*).

Aux armes de Madame ELISABETH et du roi LOUIS XVI.
Les armes de Mad. Elisabeth sont sur le plat recto et les armes du Roy sur le plat verso. A l'intérieur, l'ex-libris de Madame Elisabeth. Les livres de cette provenance sont rares.

68. INSTRUCTION DU CHRESTIEN par Mgr. le Cardinal-Duc de Richelieu. *Paris, impr. royale du Louvre,* 1642. In-fol., front., mar. rouge, dos orné du chiffre de Colbert, tr. jasp. (*Rel. anc.*)

Aux armes de J.-B. COLBERT.

69. TRAITTÉ qui contient la méthode la plus facile et la plus assurée pour convertir ceux qui se sont séparez de l'Eglise. Par le Cardinal de Richelieu. Seconde édition. *A Paris, Chez Sebastien et Gabriel Cramoisy,* 1657. In-4, mar. rouge, fil., dos orné, tr. dor. (*Du Seuil.*)

Aux armes du Cardinal DE RICHELIEU.

70. RÉPONSE SOMMAIRE au livre de Monsieur le Cardinal de Richelieu intitulé Traité pour convertir ceux qui se sont séparés de l'Eglise, par le sieur R. de la Ruelle. *A Groningue pour Jean Gillot, marchand libraire,* 1664. In-4, mar. rouge, dos orné, tr. dor. (*Rel. anc.*)

Exemplaire de dédicace aux armes de CHARLOTTE DE CAUMONT, femme du grand Turenne.

71. PENSÉES DE M. PASCAL sur la religion et sur quelques autres sujets, qui ont esté trouvées après sa mort parmi ses papiers. *Paris, Guillaume Desprez,* 1670. In-12, mar. rouge jans., dent. intér., tr. dor. (*Cuzin.*)

Edition originale. Elle se compose de 365 pages, de 41 feuillets prél. et de 10 feuillets de table. La privilège porte : *achevé d'imprimer pour la première fois le 2 janvier* 1670 ; il y a un errata au verso.
Il existe au moins quatre éditions des Pensées de Pascal sous la date de 1670 et portant le nom de Desprez. Celle-ci est la première, on ne peut avoir de doute à cet égard quand on l'a confrontée avec celle dont un exemplaire unique à la date de 1669 se conserve à la Bibliothèque nationale. Les deux éditions n'en font évidemment qu'une seule. Le nombre des pages, les caractères, les fleurons, les dispositions typographiques, sont identiquement les mêmes. L'exemplaire de 1669 diffère seulement de ceux de 1670 par le titre et parce qu'il n'a pas été cartonné, c'est-à-dire qu'il n'a pas subi les suppressions ou modifications qui furent exigées par l'archevêque de Paris. Ces changements ayant apporté un retard dans la publication, le volume ne put paraître en 1669, et l'on fit un nouveau titre daté de 1670. (Cat. Potier, 1870)

72. PENSÉES DE M. PASCAL... *Paris, Guill. Desprez.* 1670. 1 vol. in-12, mar. rouge jans., dent. intér., tr. dor. (*Trautz-Bauzonnet.*)

C'est ici la deuxième édition ; les pages sont irrégulièrement chiffrées et la dernière est cotée 384. Comme le titre ne l'indique pas, elle a été souvent donnée comme la première, même par M. Brunet.

73. LES PROVINCIALES ou les Lettres escrites par Louis de Montalte à un provincial de ses amis et aux RR. PP. Jésuites sur le sujet de la morale et de la politique de ces Pères. *A Cologne, chez Pierre de la Vallée, 1657.* In-4, mar. brun jans., tr. dor. (*Trautz-Bauzonnet.*)

> Édition originale.
> Chacune des XVIII lettres est paginée séparément. Les dates sont du 23 janvier 1656 au 24 mars 1657. Le titre et les préliminaires, imprimés après coup, portent la date de 1657. La XVII<sup>e</sup> Lettre est de 8 pages.
> Cet exemplaire renferme, outre les XVIII Lettres, les pièces suivantes :
> 1. Lettre au R. P. Annat sur son escrit qui a pour titre : *La bonne foy des Jansénistes,* etc, (15 janvier 1657).
> 2. Advis de Messieurs les Curez de Paris... (8 pp.).
> 3. Table des propositions contenues dans l'Extrait de quelques-unes des plus dangereuses propositions de la Morale. . . *l'Extrait* (20 pp.) ; *Suite de l'Extrait (Paris,* 1656) titre et 8 pp.
> 4. Principes de la probabilité expliqués par Caramouel et extrait des propositions de Mascarenhas, 18 pp.
> 5. Extrait de plusieurs dangereuses propositions des Nouveaux Casuistes.
> 6. Sommaire de la harangue de Messieurs les Curez de Paris, prononcée par M. Rousse... *Paris,* 1656, de 6 pp.
> 7. Lettres écrites par Messire Jacques de Boonen, archevêque de Malines.
> 8. Lettre d'un ecclésiastique de Rouen à un de ses amis...
> 9. Lettre d'un curé de Rouen à un curé de la campagne (*Paris.* 1656.)

74. LES PROVINCIALES ou les Lettres Escrites par Louis de Montalte à un Provincial de ses amis et aux RR. PP. Jésuites, sur le sujet de la Morale, et de la Politique de ces Pères. *A Cologne, Chés Pierre de la Vallée (Amsterdam, Louis et Daniel Elzevier),* 1657. Pet. in-12, mar. rouge jans., dent. int., tr. dor. (*Trautz-Bauzonnet.*)

> Exemplaire du premier tirage.
> 12 ff. liminaires, 392 pp. chiffrées pour les 18 lettres. 1 f. blanc, 111 p. chiffrées pour l'Advis des curés de Paris, et autres pièces.
> H. 182<sup>m</sup>.

75. TRAITÉ DE LA SITUATION du Paradis terrestre. Par Messire P. Daniel Huet, évêque d'Avranches. *Paris, J. Anisson,* 1691. Pet. in-8, front. et carte, mar. rouge, dos orné, fil., tr. dor. (*Derome.*)

> De la bibliothèque de W. BECKFORD.

76. CONDUITE CHRÉTIENNE, adressée à S. A. R. Madame de Guise, par le Rév. P. Dom Armand-Jean (de Rancé). *Paris, Florentin, P. Delaulne et D. Mariette,* 1697. In-12, mar. rouge, fil., tr. dor. (*Rel. anc.*)

> Aux armes de JACQUES II.

77. SERMONS pour les grandes fêtes de l'année. *A Bruxelles.*

*chez Eug. Henry Frickx derrière l'Hôtel-de-Ville*, 1692.
In-12, mar. brun jans., tr. dor. (*Trautz-Bauzonnel*.)

> Edition originale des Sermons de Bourdaloue. Cette première édition
> furtive publiée sous le voile de l'anonyme, quoique portant la rubrique de
> Bruxelles a été imprimée à Chartres.
> 2 ff, liminaires. 804 pp. pour le texte.

78. SERMONS DE MASSILLON, évêque de Clermont. Petit Carême.
*A Paris, chez la veuve Estienne*, 1768. In-12, mar. rouge,
fil., tr. dor. (*Rel. anc.*)

79. JOANNIS BONIFACII e Societate Jesu historia Virginalis
de beatissimæ Mariæ perpetuæ virginis matris prepotentis
Dei Vita et Miraculis, ad utranque hominum sanitatem
pertinentibus, tam publicæ concioni quam privatæ cujusque
lectioni fructuosa. Ad Gymnasia Societatis. *Parisiis, apud
Michaelem Sonnium via Jacobea sub scuto Basiliensi*,
1604, In-8, mar. vert, doré en plein (*Rel. anc.*)

> Cette reliure est d'une merveilleuse conservation et d'une très grande
> élégance. Une note sur la garde nous apprend que le volume a appartenu
> au Cardinal Fesch.
> Aux armes du roi HENRI IV.

80. TRES THOMÆ, Seu de S. Thomæ apostoli rebus gestis, de
S. Thomæ archiepiscopo cantuariensi et martyre, de Thomæ
Mori angliæ quondam cancellarii vita, authore Thoma
Stapletono anglo S. Theolog, doctore. *Duaci, ex officina
Joannis Bogardii*, 1588. Pet. in-8, mar. vert, fil., tr. dor.
(*Rel. anc.*)

> Les reliures du Cardinal de Bourbon, dont la Ligue avait fait le Roi
> Charles X, sont rares ; presque tous ses livres sont entrés à la Bibliothèque
> du Roi.
> Aux armes du cardinal DE BOURBON.

81. THOMÆ A KEMPIS De Imitatione Christi libri quatuor.
*Lugduni, apud Joh. et Dan. Elzevirios, s. d.* [1652]. Pet.
in-12, front. gravé, vélin. (*Rel. de l'époque.*)

82. DE L'IMITATION DE JÉSUS-CHRIST, traduction nouvelle par
le Sr de Beuil, prieur de St-Val. *A Paris, chez Charles
Savreux, au pied de la tour de Nostre-Dame*, 1665.
In-12, mar. bleu, fil., doublé de mar. rouge, tr. dor. (*Rel.
anc.*)

> Front. et figures gravés. Edition dédiée à S. A. R. Mademoiselle.
> Aux insignes de LONGEPIERRE.

83. DE L'IMITATION DE JÉSUS-CHRIST, traduction nouvelle, par

l'abbé de Choisy. *Paris, A. Dezalier.* In-12, **v. m.**, tr. dor. (*Rel. anc.*).

> Ce livre est une rareté quand on y trouve la figure représentant madame de Maintenon dans la chapelle de Versailles ; en haut de cette figure on lit : *Audi, filia.*
> Comme elle prêtait aux allusions en complétant le texte cité du Psalmiste... *et vide... et concupiscet rex decorem tuum,* elle a été supprimée dans beaucoup d'exemplaires.
> Sur le feuillet de garde, Mad. de Maintenon a écrit de sa main un envoi à Mad. de St-Pars, maîtresse des sœurs converses et cinquième dame de St-Louis. Les plats portent la croix de la maison de Saint-Cyr.
> De la bibliothèque de YEMENIZ.

84. INTRODUCTION A LA VIE DÉVOTE du bienheureux François de Salles. Dernière édition. *A Paris, Chez Georges Josse, rue St-Jacques, à la Couronne d'espines,* 1642. Pet. in-16, mar. brun, reliure molle (*Trautz-Bauzonnet.*)

85. INTRODUCTION A LA VIE DÉVOTE du Bienheureux François de Sales, evesque et prince de Genève, instituteur de l'Ordre de la Visitation de Saincte Marie, revue par l'Autheur avant son deceds et augmentée de la manière de dire dévotement le Chapelet et de bien servir la V. Marie. Dernière édition. Vive Jésus. *A Paris, Chez Gabriel Clopeiau, rue St-Jacques, à l'Annonciation,* 1648. *Avec approbation.* In-8, mar. rouge, compart. dor. au pointillé, tr. dor. (*Rel. de Le Gascon.*)

> Portrait de François de Sales, par Matheus.

86. TRAICTÉ DE L'AMOUR DE DIEU, par François de Sales, évesque de Genève. *Lyon, P. Rigaud,* 1617, in-8, réglé, mar. vert, dos et coins ornés, fil., tr. dor. (*Rel. anc.*)

> Edition originale.

87. LES ÉPITRES SPIRITUELLES du Bienheureux François de Sales, évesque et prince de Genève, fondateur de l'Ordre de la Visitation Saincte Marie. Divisées en 7 livres, recueillies par Messire Louis de Sales, prevost de l'Eglise de Genève. Seconde édition augmentée de plusieurs épistres tant en Latin, Italien qu'en Français. *A Lyon, par Vincent de Cœursilly, et se vendent à Paris chez Sébastien Huré, rue Sainct Jacques, au Cœur bon,* 1629. *Avec privilège,* In-4, mar. rouge, dor. en plein (*Rel. anc.*)

> Coll. 4 ff. préliminaires pour le faux titre, le titre et les dédicaces à l'Evêque de Genève et aux religieuses de la Visitation, 1234 pp. chiffr. 16 feuillets pour la table, l'approbation et le privilège en date du 4 août 1625.
> Sur les plats, on lit : au recto, ESTIENETTE, et au verso, MALEVAL.
> Riche et curieuse reliure.
> Brunet n'a vu que la 4me édition. Ce recueil est très rare.

**88.** Sermons du bienheureux François de Sales Evesque et prince de Genève, instituteur des Religieuses de la Visitation. Nouvellement revus, corrigez et augmentez de quelques Sermons, avec une explication mystique sur le Cantique des Cantiques. Seconde édition. *A Paris,* 1643. *Avec approbation et privilège.* In-4, mar. rouge, compartiments. (*Du Seuil.*)

> Le privilège est accordé aux Dames de la Visitation. Il n'y a pas de nom d'imprimeur. Ce recueil est très rare.
> Sur la garde, le nom de Bussi.

**89.** La Voix du ciel adressée au peuple de Dieu. *A Paris, de l'imprimerie de Laurent Boudet, rue St-Jacques,* 1668. In-12, mar. rouge, tr. dor. (*Rel. anc.*)

> Aux armes de Mademoiselle de Montpensier.

**90.** Ouvrages de Piété (de Jean Desmaretz, abbé de Saint-Sorlin). *S. l.,* 1680. In-12, mar. rouge, fil., tr. dor. (*Anc. rel.*)

> Recueil d'opuscules en vers et en prose, imprimés avec les caractères de la Bible de Richelieu, de 1656, caractères que l'on a dit avoir été d'argent. Ce recueil comprend : *Les Délices de l'esprit,* 209 pp. — *Le Chemin de la paix,* 55 pp. — *Recueil de poésies chrestiennes,* 12 pp. — *Abraham,* 34 pp. — *Les sept vertus chrestiennes,* 30 pp.
> Au chiffre de Jean Armand, Duc de Richelieu.

**91.** Réflexions sur la miséricorde de Dieu, par une Dame Pénitente, [Mademoiselle de La Vallière]. *A Paris, chez Antoine Dezallier,* 1680. In-12, réglé, mar. brun jans., doublé de mar. citron, fil., tr. dor. (*Trautz-Bauzonnet.*)

> Exemplaire de l'édition originale, auquel on a ajouté un portrait de Louise de la Miséricorde, gravé au XVII° siècle.
> Coll. 6 ff. liminaires pour le titre, l'avertissement, la table et l'approbation des docteurs ; 199 pp. chiffrées. Le privilège au verso de la page 199.
> De la bibliothèque de M. de Lignerolles.

## Quiétisme.

**92.** Réfutation des principales erreurs des Quiétistes contenues dans les livres censurez par l'ordonnance de Monseigneur l'Archevêque de Paris, du 16 octobre 1694 (par Pierre Nicole). *A Paris, chez G. Desprez,* 1695. In-12, mar. rouge, fil., dos orné, tr. dor.

> Cette Réfutation faite à la sollicitation de Bossuet, est le dernier ouvrage sorti de la plume de Nicole.
> Aux armes de Madame de Maintenon.

**93.** Explication des maximes des saints sur la vie intérieure, par Fr. de Salignac Fénelon. *Paris, Auboin*, 1697. In-12, mar. rouge, fil., dos orné, tr. dor. *(Rel. anc.)*

Edition originale.
Provient des bibliothèques de Ch. Nodier et Silvestre de Sacy.

94. Instruction pastorale de Messire François de Salignac de la Mothe Fénelon, Archeveque, Duc de Cambray, Prince du St Empire, Comte du Cambresis, precepteur de Messeigneurs les ducs de Bourgogne, d'Anjou et de Berry. *A Cambray, chez Gaspard Mairesse imprimeur ordinaire de Monseigneur l'Archevêque*, 1697. In-4, veau fauve.

On a ajouté à la fin trois pièces :
1° Damnatio propositionum M. de Molinos.
2° Les articles arrêtés à Issy.
3° La lettre de M. de Cambray au pape et le Bref du pape à M. de Cambray.
Aux armes du Duc de Bouillon.

95. Instruction pastorale de Monseigneur l'archevesque de Paris (Louis Antoine de Noailles), sur la Perfection chrétienne et sur la vie intérieure contre les illusions des faux mystiques. *A Paris, chez Louis Josse*, 1698. In-12, réglé, mar. rouge, doublé de mar. rouge, dent., tr. dor. *(Boyet.)*

Reliure au chiffre du Duc de Saint-Simon.

96. Lettre pastorale de Mgr l'évêque de Chartres au Clergé de son Diocèse sur le livre intitulé Explication des maximes des saints, etc., et sur les explications différentes que M. l'Archevêque de Cambray en a données. *A Paris, Antoine Dezallier, rue St-Jacques, à la Couronne d'or*, 1698. *Avec privilège*. In-4, mar. rouge, comp. à la Du Seuil. *(Rel. anc.)*

A la fin du volume, on a ajouté la première réponse donnée par l'Archevêque, Duc de Cambray, aux difficultés de Mgr l'Evêque de Chartres (Desmarais) sur le livre de l'Explication des maximes des Saints.
Aux armes du Prince de Condé.

97. Relation des actes et délibérations concernant la constitution en forme de bref de N. S. P. le pape Innocent XII, du douzième mars 1699, portant condamnation et prohibition du livre intitulé, Explication des maximes des saints sur la vie intérieure, par Messire François de Salignac Fénelon, archevêque de Cambray ; avec la délibération prise sur ce sujet le 23 juillet 1700 dans l'assemblée générale du Clergé de France, à St-Germain-en-Laye. *A Paris, chez Firmin Muguet, premier imprimeur du Roy et du Clergé de France, rue de la Harpe*, 1700. *Avec privilège*. — Déclaration du Roy qui ordonne l'exécution de la constitution de N. S. P. le pape, en forme de bref du 12 mars 1699, portant condamnation d'un livre intitulé, Explication des maximes

des saints sur la vie intérieure, par M$^{gr}$ l'Archevesque de Cambray, donnée à Versailles, le 4 août 1699. Registrée au Parlement. *A Paris, chez F. Muguet*, 1699. — Arrest de la Cour du Parlement portant enregistrement des lettres patentes du Roy pour l'exécution de la constitution de N. S. P. le pape, au sujet de la condamnation du livre intitulé les Maximes des saints......, du quatorzième d'août 1699. *Paris, F. Muguet*, 1699. Trois parties en un vol. in-4, mar. rouge, tr. dor.(*Rel. anc.*)

Avec une longue note de l'abbé Ledieu sur la garde.
Aux armes de Bossuet, évêque de Troyes.

98. RELATION DES ACTES concernant la constitution du Pape, contre le livre de M$^r$ de Cambray, intitulé Explication des maximes des saints. Avec plusieurs procès-verbaux des archevesques. — Mandement de Messire François de Salignac la Mothe Fénélon, Archevesque Duc de Cambray, prince du St-Empire, Comte du Cambraisis, etc. Donné à Cambray, le 9 avril 1699. — Procès-verbal de l'Assemblée que les évêques de la province de Cambray, qui sont sous la domination du Roy, ont tenue par les ordres de Sa Majesté à Cambray, dans le Palais archiepiscopal, les Lundi 25 et Mardi 26 May de l'année 1699. 3 parties en un vol. in-4, veau fauve.

Les deux dernières pièces, le Mandement où Fénelon informe les fidèles de son diocèse de la condamnation de son livre en faisant acte de soumission, et le Procès-verbal de l'assemblée des évêques suffragants du diocèse de Cambray, réunis pour enregistrer le bref du Pape, sont deux pièces très intéressantes. Elles marquent la fin du long débat qui a divisé Bossuet et Fénelon, et qui se termine par l'humiliation de Fénelon dans son diocèse et dans son propre palais.
Aux armes du DUC DE BOUILLON.

99. DIALOGUES POSTHUMES DU SIEUR DE LA BRUYÈRE sur le Quietisme. *A Paris, chez Ch. Osmont*, 1699. In-12, mar. rouge, fil., dos orné, tr. dor. (*Rel. anc.*)

Edition originale d'un ouvrage laissé inachevé par l'auteur, mais terminé et publié par Louis Ellies Du Pin.

100. RECUEIL DE DIVERS TRAITEZ DE THÉOLOGIE MYSTIQUE, qui entrent dans la célèbre dispute du Quiétisme, par Mad. Guion. *Cologne, J. de la Pierre*, 1699. In-12, veau fauve. (*Anc. rel.*)

Avec la signature de F. de Lamennais sur la garde.
Ce volume contient :
1° Le moyen court et facile de faire oraisons.
2° L'explication du cantique des cantiques.

101. RELATION DE L'ORIGINE, DU PROGRÈS ET DE LA CONDAMNATION

DU QUIÉTISME répandu en France. 1732. 2 vol. in-12, veau brun, tr. rouge.

> Cet ouvrage est de Phélipeaux, docteur de Sorbonne, qui a été attaché à la personne de Bossuet. Il est mort en 1708 et son livre n'a été publié que longtemps après sa mort. Il contient des documents précieux sur la querelle de Bossuet et de Fénelon. On y trouve, entre autres, une lettre de Fénelon à Bossuet, dont je possède l'original (voy. n° 29 de ce catalogue).

---

### OEUVRES DE BOSSUET.

102. REFUTATION DU CATÉCHISME DU Sr PAUL FERRY, Ministre de la Religion Pretendue reformée. Par Jacques-Benigne Bossuet, Docteur en Théologie de la faculté de Paris. Chanoine et Grand Archidiacre en l'Eglise Cathédrale de Metz. *A Metz, par Iean Antoine*, 1655. In-4, mar. rouge jans.

> Édition originale.
> C'est le premier ouvrage imprimé pour Bossuet.

103. RÈGLEMENT DU SÉMINAIRE des Filles de la Propagation de la foy établies en la ville de Mets par M. l'abbé Bossuet, docteur en Théologie et supérieur de la maison. *A Paris, de l'Imprimerie de F. Muguet, rue de la Harpe à l'Adoration des Trois Rois*, 1672. Pet. in-12, veau brun. (*Rel. anc.*)

> Coll. 72 pp. chiffr. 3 pp. non chiffr.
> L'œuvre de la propagation de la foi avait été fondée à Metz pour recueillir les jeunes Israélites qui venaient d'abjurer le judaïsme.
> Ce règlement rédigé par Bossuet, supérieur de la maison, est un des premiers écrits sortis de sa plume quoiqu'il n'ait été imprimé qu'en 1672. Il est du même temps que la Réfutation du Catéchisme du Sr Ferry. Le mandement qui lui donne force exécutoire est daté de 1658, on lit à la page 68 « arresté et statué à Mets le cinq novembre 1658, ainsi signé à l'original, Bedacier, Evêque d'Auguste.
> Ce volume est d'une extrême rareté. Il a été réimprimé dans l'édition de Lebel. Mais il a échappé à tous les bibliographes et l'abbé Bourseaut lui-même, le dernier bibliographe de Bossuet, qui le cite comme étant de format in-8, ne l'a évidemment jamais vu.

104. ORAISON FUNÈBRE DE M° NICOLAS CORNET, grand Maître du College de Navarre. Prononcée dans la Chapelle du collège où il est inhumé, le 27 juin 1663, par Messire Jacques-Benigne Bossuet. *A Amsterdam, Chez Henry Wetstein*, 1698, in-12, mar. rouge jans. (*Trautz-Bauzonnet.*)

> Cette édition est la seule qui ait été donnée de cette Oraison funèbre, la première prononcée par Bossuet qui ne la fit jamais imprimer. Ce fut le neveu de Cornet qui la fit imprimer à un petit nombre d'exemplaires.
> L'exemplaire complet doit contenir 96 pages numérotées, plus deux feuillets

préliminaires non chiffrés pour l'épitre de l'éditeur à Bossuet et une page d'errata. Sign. A-F par huit feuillets.
De la bibliothèque de M. DE LIGNEROLLES.

105. ORAISON FUNÉBRE de Henriette Marie de France, Reine de la Grand'Bretagne, prononcée le 16 novembre 1669 en l'Eglise des Religieuses de Sainte-Marie de Challiot, par M l'abbé Bossuet, nommé à l'Evesché de Condom. *A Paris, Chez Seb. Mabre-Cramoisy*, 1669. In-4, mar. noir. (*Mercier.*)

Édition originale.

106. ORAISON FUNEBRE de Henriette Anne d'Angleterre, duchesse d'Orléans, prononcée à Saint-Denis le 21ᵉ jour d'Aoust 1670, par messire J.-B. Bossuet, Eveque de Condom. *A Paris, Chez Seb. Mabre-Cramoisy*, 1670. In-4, mar. noir. (*Mercier.*)

Édition originale.

107. EXPOSITION DE LA DOCTRINE de l'Eglise catholique sur les matieres de controverse. Par Mʳᵉ Jacques-Benigne Bossuet, Evêque et Seigneur de Condom. *A Paris chez Sebastien Mabre-Cramoisy*, 1671. In-12, mar. rouge, fil., dos orné, tr. dor. (*Du Seuil.*)

Édition originale. — Exemplaire de premier tirage, avant les changements dans les pages 87, 146 et 185.
Page 87 ed. or. « en disant ton fils est vivant » dans l'édition suivante « en disant *à son père*, ton fils est vivant ».
Page 146 à la ligne 22 ed. or. *croyance* dans l'ed. suivante : *créance*.
Page 135 ligne 4 ed. or. chef établi de Dieu ; ce que... ed. suivante.
Chef établi de Dieu, *pour conduire tout le troupeau dans ses voies ;* ce que.
Cet exemplaire faisait partie de la bibliothèque léguée par Huet évêque d'Avranches aux pères Jésuites. Il porte son ex libris.

108. EXPOSITION DE LA DOCTRINE de l'Église catholique, par Jacques-Bénigne Bossuet, avec un avertissement sur cette nouvelle édition. *Paris, Sébastien Mabre-Cramoisy*, 1679. In-12, mar. rouge, fil., dos fleurdelisé, tr. dor. (*Rel. anc.*)

Aux armes du GRAND CONDÉ.

109. DISCOURS SUR L'HISTOIRE UNIVERSELLE, à monseigneur le Dauphin, pour expliquer la suite de la religion et les changemens des empires depuis le commencement du monde jusqu'à l'empire de Charlemagne, par messire Jacques-Bénigne Bossuet. *A Paris, chez Seb. Mabre-Cramoisy*, 1681. In-4, mar. rouge, larges dentelles, dos orné, tr. dor. (*Rel. anc.*)

Édition originale. Exemplaire en GRAND PAPIER.
Exemplaire d'hommage au Pape Innocent XI. Je l'ai trouvé à Rome dans la boutique d'un libraire de la Via Condotti, nommé Petrucci, en 1856. Il y

a dans ma collection un autre livre de Bossuet, *La Politique tirée de l'Ecriture sainte*, qui a été également présenté au Pape régnant. Ni l'un ni l'autre n'ont pris place dans la Bibliothèque du Vatican. Il ne semble pas que les Papes aient accueilli avec faveur les hommages du grand Evêque.
Aux armes du Pape INNOCENT XI.

110. SERMON presché à l'ouverture de l'assemblée générale du clergé de France, le 9 novembre 1681, dans l'église des Grands-Augustins, par M. Jacques-Bénigne Bossuet, évêque de Meaux. *A Paris, chez Fréd. Léonard*, 1682. In-4, vignette gravée par Edelinck d'après Watelé, mar. rouge, fil. à la Du Seuil, dos orné, tr. dor. (*Rel. anc.*)

Édition originale.
Aux armes du roi Louis XIV.

111. CONFÉRENCE AVEC M. CLAUDE, ministre de Charenton, sur la matière de l'Eglise, par messire Jacques-Bénigne Bossuet. *Paris, Sébastien Mabre-Cramoisy*, 1682. In-12, mar. vert, fil., dos orné, tr. dor. (*Rel. anc.*)

Édition originale.
Aux armes du roi Louis XIV.

112. TRAITÉ DE LA COMMUNION sous les deux espèces, par messire Jacques-Bénigne Bossuet. *Paris, Sébastien Mabre-Cramoisy*, 1682. In-12, mar. rouge, dos orné, fil., tr. dor. (*Rel. anc.*)

Édition originale.
Aux armes du Duc DE MONTAUSIER.

113. ORAISON FUNEBRE de Marie-Therese d'Austriche, infante d'Espagne, Reine de France et de Navarre, prononcée à Saint-Denis le premier de Septembre 1683, par Messire J.-B. Bossuet, Evesque de Meaux. *A Paris, Chez Seb. Mabre-Cramoisy*, 1683. In-4. — ORAISON FUNEBRE de Tres-Haute et Tres-Puissante Princesse Anne de Gonzague de Cleves, Princesse Palatine, prononcée dans l'Eglise des Carmelites du fauxbourg Saint Iacques le 9 Aoust 1685, par Messire J.-B. Bossuet, Evesque de Meaux. *A Paris, Par Seb. Mabre-Cramoisy*, 1685. In-4. — ORAISON FUNEBRE de Tres-Haut et Puissant Seigneur, Messire Michel le Tellier, Chevalier, Chancelier de France; prononcée dans l'Eglise paroissiale de Saint-Gervais, le 25 janvier 1686, par Messire J.-B. Bossuet, Evesque de Meaux. *A Paris, Par Seb. Mabre-Cramoisy*, 1686. In-4.— ORAISON FUNEBRE de Tres-Haut et Tres-Puissant Prince, Louis de Bourbon, Prince de Condé, Premier Prince du sang, prononcée dans l'Eglise de Nostre-Dame de Paris, le 10. jour de Mars 1687, par Messire J.-B. Bossuet, Evesque

de Meaux. *A Paris, Chez Seb. Mabre-Cramoisy*, 1687. —
Quatre parties en un vol. in-4, mar. noir. (*Mercier.*)

Éditions originales.

114. ORAISON FUNEBRE de Tres-Haute et Tres-Puissante Princesse
Anne de Gonzague de Cleves, Princesse Palatine, prononcée
dans l'Eglise des Carmelites du fauxbourg Saint Iacques le
9 Aoust 1685, par Messire J.-B. Bossuet, Evesque de Meaux.
*A Paris, Par Seb. Mabre-Cramoisy*, 1685. In-4, mar.
noir. (*Rel. anc.*)

Édition originale. Exemplaire en GRAND PAPIER.
Aux armes du DUC DU MAINE.

115. ORAISON FUNÈBRE de très-haut et puissant prince, Louis
de Bourbon, prince de Condé, prononcée dans l'église de
Nostre-Dame de Paris le 10 mars 1687, par messire Jacq.-
Bénigne Bossuet, évesque de Meaux. *Paris, Séb. Mabre-
Cramoisy*, 1687. In-4, mar. noir, fil. tr. dor. (*Rel. anc.*)

Édition originale. Exemplaire en GRAND PAPIER.
On lit sur le titre : *Ex libris Bibliothecæ reginæ Navarræ. Ex dono ill͞mi ac
R͞mi episc. Meld.* 1704.
Aux armes de BOSSUET.

116. CATÉCHISME du diocèse de Meaux, par Messire Jacques-
Benigne Bossuet. *A Paris, chez Sébastien Mabre-Cramoisy*,
1687. 3 parties en 1 vol. pet. in-12, mar. rouge jans., tr. dor.
(*Reliure molle de Trautz-Bauzonnet.*)

Édition originale.

117. HISTOIRE DES VARIATIONS des églises protestantes, par
messire Jacques-Bénigne Bossuet. *Paris, veuve de Sébastien
Cramoisy*, 1688. 2 vol. in-4. — Premier (2ᵉ, 3ᵉ, 4ᵉ, 5ᵉ et 6ᵉ)
Avertissement aux protestants sur les lettres du ministre
Jurieu contre l'Histoire des variations, par J.-B. Bossuet.
*Paris, veuve de Séb. Cramoisy*, 1689. In-4. Ens. 3 vol. mar.
rouge, fil., tr. dor. (*Du Seuil.*)

Édition originale.
Ce précieux exemplaire, parfaitement conservé, est celui de Bossuet. Ses
armes sont sur les plats, et on lit ces mots écrits sur le titre : « *Cet exemplaire a esté reveu et corrigé par l'auteur.* » On remarque, en effet, dans les
trois volumes, de nombreuses corrections et additions de la main de l'illustre
auteur, notamment dans le tome II.
Cet exemplaire appartenait à M. d'Haubersaert, le Conseiller d'état.
Ses héritiers le donnèrent à vendre au libraire Potier qui le mit dans la
vente Germeau. Il fut acheté par l'abbé Bossuet, curé de St-Louis en
l'île et membre de la société des Bibliophiles. Après sa mort, le libraire
acquéreur de sa bibliothèque me l'a cédé dans un échange.
Aux armes de BOSSUET.

118. EXPLICATION de quelques difficultés sur les prières de

la Messe à un nouveau catholique, par messire Jacques-
Bénigne Bossuet, évêque de Meaux, Conseiller du Roy en ses
Conseils, ci-devant précepteur de Monseigneur le Dauphin,
premier aumosnier de Madame la Dauphine. *A Paris, chez
la veuve Sébastien Mabre-Cramoisy, imprimeur du Roy,
rue St-Jacques aux Cigognes*, 1689. *Avec privilège de Sa
Majesté.* In-12, mar. rouge, comp., tr. dor. (*Rel. anc.*)

> Édition originale.
> Exemplaire portant la croix de St-Cyr.

119. L'APOCALYPSE avec une explication. Par Messire Jacques-
Benigne Bossuet. *A Paris, chez la V° de Seb. Mabre-Cra-
moisy,* 1689. In-8, mar. rouge, fil., dos orné, tr. dor.
(*Du Seuil.*)

> Édition originale.
> Aux armes de FR. MICHEL LE TELLIER, marquis de LOUVOIS.

120. RECUEIL D'ORAISONS FUNÈBRES Composées Par Messire
Jacques-Bénigne Bossuet Evesque de Meaux, Conseiller du
Roy en ses Conseils, cy-devant Précepteur de Monseigneur
le Dauphin, Premier Aumosnier de Madame La Dauphine.
*A Paris, chez la Veuve de Sébastien Mabre-Cramoisy,*
1689. In-12, mar. brun jans., dent. int., tr. dor. (*Trautz-
Bauzonnet.*)

> Première édition collective des six oraisons funèbres de Bossuet.

121. DÉFENSE DE L'HISTOIRE DES VARIATIONS contre la Réponse
de M. Basnage, Ministre de Roterdam. Par M^{re} Jacques-
Benigne Bossuet, Evesque de Meaux... *A Paris, Chez
J. Anisson,* 1691. In-12, mar. rouge, fil., dos orné, tr. dor.
(*Du Seuil.*)

> Édition originale.
> Jacques Basnage avait fait paraître à Rotterdam, en 1690, une réponse à
> Bossuet, intitulée : *Histoire de la religion des Églises réformées.*
> Exemplaire de la vente TURNER.

122. MAXIMES ET REFLEXIONS sur la Comédie, par M^{re} Jacques-
Benigne Bossuet, Evesque de Meaux. *A Paris, Chez Jean
Anisson,* 1694. In-12, mar. rouge jans., dent. int., tr. dor.
(*Trautz-Bauzonnet.*)

> Édition originale renfermant, pages 5-7-9, de curieux passages relatifs à
> *Molière, Lully, P. Corneille* et *Quinault.*

123. INSTRUCTION sur les Estats d'oraison où sont exposées les
erreurs des faux mystiques de nos jours, par messire J.-B.
Bossuet. *Paris, Jean Anisson,* 1697. In-8, mar. rouge, fil.,
dos fleurdelisé, tr. dor. (*Rel. anc.*)

> Édition originale.
> Aux armes de la DUCHESSE DE BOURGOGNE.

124. DIVERS ÉCRITS ou mémoires sur le livre intitulé :
Explications des Maximes des saints, etc. Sommaire de la
doctrine de ce livre, en latin et en françois. Declaration des
sentimens de trois evesques, aussi en latin et en françois.
Avec une préface sur l'Instruction pastorale donnée à
Cambray le 15 de septembre 1697. Par Messire Jacques-
Benigne Bossuet. *Paris, J. Anisson*, 1698. In-8, mar. rouge,
fil., dos orné, tr. dor. (*Rel. anc.*)

> Édition originale.
> Aux armes de BOSSUET.

125. REPONSES DE MGR. L'ÉVESQUE DE MEAUX aux Lettres et
Ecrits de Mgr. l'archevêque de Cambray au sujet du livre qui
a pour titre : Explication des Maximes des saints sur la vie
intérieure. *A Paris, chez Jean Anisson*, 1699. In-8, mar.
rouge, fil., dos orné, tr. dor. (*Du Seuil.*)

> Ce recueil contient : Réponse de M. l'évesque de Meaux à quatre lettres
> de M. l'archevêque de Cambray. *A Paris, chez Jean Anisson*, 1698. In-8. —
> Relation sur le Quiétisme, par messire Jacques-Bénigne Bossuet. *A Paris,
> chez Jean Anisson*, 1698. In-8. — Relazione interno al Quietismo composta
> in franzese, de M. vescovo di Meaux. *In Parigi, appresso Gio. Anissone*, 1698.
> In-8. — Remarques sur la Réponse de M. l'archevêque de Cambray à la
> Relation sur le Quiétisme, par M. J.-B. Bossuet. *A Paris, chez Jean Anisson*,
> 1698. In-8. — Réponse aux préjugez décisifs, pour M. l'archevêque de
> Cambray, par M. B. Bossuet. *A Paris, chez Jean Anisson*, 1699. In-8. —
> Les Passages éclaircis, ou Réponse au livre intitulé : Les Principales Propo-
> sitions du livre des Maximes des saints, justifiées par des expressions plus
> fortes des saints auteurs, par M. J.-B. Bossuet. *A Paris, chez Jean Anisson*,
> 1699. — Condamnation et deffense de nostre très St Père Innocent, pape
> XII du nom, du livre imprimé à Paris, en 1697, sous ce titre : Explication
> des Maximes des saints sur la vie intérieure, etc., en latin et en françois.
> *Juxta exemplar Romæ, ex typographia reverendæ Cameræ apostolicæ*, 1699.
> In-8. — Mandement de M. l'évesque de Meaux pour la publication de la
> Constitution de nostre Saint Père le pape Innocent XII, portant condamnation
> et défense du livre intitulé : Explications des maximes des saints, etc.
> Editions originales de ces 8 pièces.
> Exemplaire de la bibliothèque de M. de Béhague.
> Aux armes de BOSSUET, évêque de Troyes.

126. INSTRUCTION PASTORALE sur les promesses de l'Église,
par messire Jacques-Bénigne Bossuet. *Paris, Jean Anisson,*
1700. — Seconde Instruction pastorale sur les promesses
de Jésus-Christ, ou réponses aux objections d'un ministre
contre la première instruction, par messire Jacques-Bénigne
Bossuet. *Paris, Jean Anisson,* 1701. Deux parties en un vol.
in-12, mar. rouge janséniste, tr. dor. (*Trautz-Bauzonnet.*)

> Éditions originales.
> Exemplaire portant la signature de Secousse et la mention : *ex dono
> authoris.*

127. INSTRUCTIONS sur la Version du Nouveau Testament
imprimée à Trévoux en l'année M.DCC.II. Avec une Ordonnance publiée à Meaux. Par Messire Jacques-Bénigne

Bossuet. *A Paris, Chez Anisson*, 1702. In-12, mar. rouge, fil., dos orné, tr. dor. (*Rel. anc.*)

Édition originale.
Aux armes de M^me DE MAINTENON.

128. SECONDE INSTRUCTION sur les passages particuliers de la Version du Nouveau Testament imprimée à Trévoux en l'année 1702. Avec une Dissertation préliminaire sur la doctrine & la critique de Grotius. Par messire Jacques-Bénigne Bossuet. *A Paris, Chez Anisson*, 1703. In-12, mar. rouge, fil., dos orné, tr. dor. (*Rel. anc.*)

Édition originale.
Aux armes de la DUCHESSE DE BOURGOGNE.

*1480*

129. POLITIQUE TIRÉE DES PROPRES PAROLES de l'Écriture Sainte. A Monseigneur le Dauphin. Ouvrage posthume de Messire Jacques-Bénigne Bossuet. *A Paris, Chez Pierre Cot*, 1709. Gr. in 4, mar. rouge, fil., dos orné, tr. dor. (*Du Seuil.*)

Édition originale. Exemplaire en GRAND PAPIER.
Aux armes du pape CLÉMENT XI.

*500*

130. ELEVATIONS A DIEU sur tous les mystères de la religion chrétienne. Ouvrage posthume de Messire Jacques-Bénigne Bossuet. *A Paris, Chez Jean Mariette*, 1727. 2 vol. in-12, mar. rouge, fil., dos fleurdelisés, tr. dor. (*Rel. anc.*)

Édition originale.
Aux armes du COMTE DE TOULOUSE.

*410*

131. TRAITEZ DU LIBRE ARBITRE et de la concupiscence, ouvrages posthumes de messire Jacques-Bénigne Bossuet. *Paris, Barthélemy Alix*, 1731. In-12, mar. rouge, fil., tr. dor. (*Rel. anc.*)

Édition originale.
Aux armes du DUC D'ORLÉANS, fils du Régent.

*870*

132. MEDITATIONS SUR L'EVANGILE. Ouvrage posthume de messire Jacques-Benigne Bossuet. *A Paris, Chez Pierre-Jean Mariette*, 1731. 4 vol. in-12, mar. rouge, fil., dos orné, tr. dor. (*Rel. anc.*)

Édition originale.
Tome 1^er, armes de Stanislas, roi de Pologne.
Tome 2, armes d'une abbesse de la maison de Condé.
Tome 3, armes de Stanislas, roi de Pologne.
Tome 4, armes de Louis-Charles de Bourbon, comte d'Eu.

*1460*

**133.** Traité de l'Amour de Dieu, nécessaire dans le sacrement de Pénitence, suivant la doctrine du concile de Trente. Ouvrage posthume, composé en latin par M^re Jacques Benigne Bossuet. Donné, avec la traduction françoise, par M^re J.-Ben. Bossuet, évêque de Troyes. *A Paris, chez Barthélemy Alix,* 1736. 2 parties en 1 vol. in-12, mar. bleu jans , tr. dor. (*Rel. anc.*)

Aux armes du roi Louis XV.

**134.** Lettres spirituelles de messire Jacques-Bénigne Bossuet, évêque de Meaux à une de ses pénitentes. *A Paris, chez Desaint et Saillant, rue St Jean de Beauvais,* 1746. *Avec approbation et privilège du Roy.* Pet. in-8, mar. vert (*Trautz-Bauzonnet.*)

**135.** Defense de la Tradition et des Saints Pères. Par Messire Jacques-Benigne Bossuet. *A Paris, chez J.-T. Herissant,* 1763. 2 vol. in-12, mar. rouge, fil., dos ornés. tr. dor. (*Rel. anc.*)

Édition originale.
Aux armes do l'évêque Ferand d'Averne.

**136.** Mémoires Anecdotes de la cour et du clergé de France, par le sieur Jean-Baptiste Denis, ci-devant secrétaire de Mgr. l'évêque de Meaux. *Londres,* 1712. In-12, veau.

Ce livre est un misérable libelle écrit par un apostat pour flatter les passions anglaises, et dédié à l'archevêque de Canterbury. Il ne mériterait aucune attention, si on n'y trouvait le roman du prétendu mariage de Bossuet. C'est dans ce volume qu'il en est question pour le première fois. Voir page 108-116.

**137.** Oraison funèbre de Messire Jacques-Bénigne Bossuet, évesque de Meaux, précepteur de Monseigneur le Dauphin, premier aumonier de feu Madame la Dauphine et de Madame la Duchesse de Bourgogne, etc., prononcée dans l'église cathédrale de Meaux le 23 juillet 1704, par le P. Delarue, de la Compagnie de Jésus. *A Paris, chez la veuve de Simon Bernard, rue St-Jacques, vis-à-vis le collège Louis le Grand,* 1704. *Avec privilège.* In-4, mar. rouge. (*Trautz-Bauzonnet.*)

En tête, un très beau portrait de Bossuet par Pitau, d'après Mignard.

## JURISPRUDENCE.

*Droit constitutionnel, Droit des gens, Droit politique
et Droit canonique.*

138. DE L'ESPRIT DES LOIX, ou du rapport que les Loix doivent
avoir avec la Constitution de chaque Gouvernement, les
Mœurs, le Climat, la Religion, le Commerce, etc., à quoi
l'Auteur a ajouté des recherches nouvelles sur les Loix
Romaines touchant les Successions, sur les Loix Françoises,
et sur les Loix féodales. *A Genève, chez Barillot et fils,*
*s. d.* 2 tomes en 1 vol. in-4, mar. vert, dos orné, larges
dentelles, doublé de tabis, tr. dor. (*Padeloup.*)

Édition originale.

139. PRINCIPES du droit naturel, par J.-J. Burlamaqui. *A*
*Genève, chez Barillot,* 1748. 2 vol. pet. in-8. — Principes
du droit politique (par le même). *Genève,* 1751. 2 vol. pet.
in-8. Ensemble 4 vol. pet. in-8, mar. rouge, fil., dos ornés,
tr. dor. (*Rel. anc.*)

Excellente reliure de Padeloup. Très bel exemplaire provenant des
bibliothèques de Naigeon, Firmin Didot et J.-Ch. Brunet.

140. LE DROIT DES GENS ou principes de la loi naturelle
appliqués à la conduite et aux affaires des nations et des
souverains, par M. de Vattel. *A Londres,* 1758. 2 vol. in-4,
mar. rouge. (*Rel. anc.*)

Aux armes du roi Louis XV.

141. INSTITUTIONUM CIVILIUM ab Justiniano Cæsare editarum
libri III ad illustriss. Principem Navarr. Reginam per
Equinarium Baronem Iurecons. ex authoris recognitione,
*Pictavis, ex officina Enguiberti Marnefii,* 1555. In-4, veau
brun. (*Rel. anc.*)

Ce vol. porte au recto le buste de HENRI II poussé en relief et doré, au verso
également poussée en relief et dorée une Renommée conduisant un char sur
lequel sont assises la Paix et l'Abondance. En exergue on lit l'inscription
suivante : « *Ob res in Italia Germania et Gallia fortiter et Foeliciter gest: 1557* ».
Ce double ornement qui figure une médaille et son revers, se trouve sur
un certain nombre de reliures exécutées à la fin du règne de HENRI II. Il est
vraisemblable qu'il avait été réservé aux reliures royales, car les volumes
qui en sont ornés se rencontrent rarement.

142. LES ORDONNANCES ROYAUX sur le faict et juridiction de la
prevosté des marchands et eschevinage de la ville de Paris.
— Ensemble les priviléges concedez par les Roys de
France aux Bourgeois de Paris. *A Paris, pour Jeanne le*

*Roy, veufve de feu Nicolas Roffet,* 1582. Gr. in-4, mar. vert, fil., riches comp., tr. dor. (*Reliure du XVI° siècle.*)

Admirable reliure à petits fers; portant d'un côté les armes de la ville de Paris, de l'autre, les armes d'Etienne de Nully, Prévôt des marchands.

Ce beau livre figurait à la vente Firmin Didot, en 1811, sous le n° 100 du catalogue. Il a appartenu à M. Renouard qui, au bas de la garde collée sur le carton de la reliure, a écrit en caractères très fins l'indication suivante : « *Reliure de Nicolas Eve, le père* ».

De la bibliothèque de M. F. DIDOT fils.

143. DICÆARCHIÆ Henrici regis christianissimi progymnasmata. *S. l. n. d.* (*Paris, vers* 1556). In-8, mar. rouge, fil., comp., dos orné, doublé de mar. rouge, dent., tr. dor. (*Trautz Bauzonnet.*)

Collat. 392 ff. chiffrés. Les chiffres ne commencent qu'au n° 48.

Exemplaire très grand de marges et plein de témoins.

Ce livre se compose d'un recueil d'arrêts, intitulés arrêts royaux, statuant sur des questions politiques, judiciaires ou économiques, et imaginés par un avocat au Parlement, nommé Raoul Spifame, qui devint fou et fut mis à Bicêtre. Ce Spifame était un illuminé en avance sur son temps. Mais ses idées ont fait leur chemin et plus d'un de ses arrêts est devenu loi.

De la bibliothèque de SOLAR.

144. LA GRĀD MONARCHIE DE FRANCE, composee par Messire Claude de Seyssel lors euesque de Marseille & depuis Archeuesque de Thurin, adressant au Roy treschrestian, Frācoys premier de ce nom. La loy Salicque, premiere loy des Francoys. *On les vend en la grande salle du Palays..., en la bouticque de Galiot du pre,* 1541. In-8, titre encadré, marque de *Galliot Du Pré* au verso du dernier feuillet, mar. rouge, fil., dos orné, tr. dor. (*Padeloup*).

145. LA DESCRIPTION DE L'ISLE D'VTOPIE ou est comprins le miroer des republicques du monde, & l'exemplaire de vie heureuse : redigé par escript en stille treselegant de grand'haultesse & maiesté par illustre bon et scauant personnage Thomas Morus citoyē de Londre & chācelier d'Angleterre. (Trad. Par Jehan le Blond). Auec l'Espitre liminaire composée par Monsieur Budé maistre des requestes du feu Roy Francoys premier de ce nom. *Les semblables sont a vendre au Palais a Paris au premier pillier de la grand'salle en la bouticque de Charles l'Angelier deuant la Chappelle de Messieurs les Presidens,* 1550. Pet. in-8, mar. La Vallière jans., dent. int., tr. dor. (*Cuzin.*)

Collat., 8 ff. liminaires, 106 ff. chiffrés pour le texte, 6 ff. pour les tables et l'errata.

Quelques figures sur bois, d'une médiocre exécution.

146. QUESTION ROYALE et sa décision (par Du Vergier de Hauranne, abbé de Saint-Cyran). *A Paris, chez Toussaint*

*du Bray, rue Saint-Jacques aux Espies meurs*, 1609. Pet.
in-12, mar. rouge, fil., tr. dor. (*Rel. anc.*)

> Édition originale en 56 feuillets.
> On a ajouté à l'exemplaire un portrait de l'abbé de St-Cyran, gravé par
> Boulanger, d'après Philippe de Champagne.

147 IL PADRE SAN BENEDETTO con l'espositione d'il padre
frate Rogiero di Barletta, monacho celestino. — In fine :
*In Bologna, per Vicenzo Bonardo da Parma et Marc-
Antonio da Carpi compagnone*, 1539. In-4 de 4 ff. liminaires
et 190 ff. chiffrés, mar. vert. compart. et dent. dorés en
plein. (*Reliure italienne du XVIᵉ siècle.*)

> Sur les plats de la reliure, dans un médaillon, on a inscrit en lettres d'or
> au recto : *Regula Sancti Benedicti abbatis ;* au verso : *Ad usum D. Alber.
> Monachi.* La conservation de cette reliure est parfaite.

148. SOMMAIRE DES PRIVILÈGES OCTROYÉS A L'ORDRE DE SAINT-
JEAN par les Papes, Empereurs, Roys et Princes, tant en
Hierusalem, Margat, Ptolémaide, Cypre, Rhodes, qu'à
Malte, du vivant de tous les grands-maistres, avec leurs
portraits et planches des dites cités. Ensemble : Les trois
abrégés intitulés : Malte suppliante aux pieds du Roy. —
La réponse à la déclaration de Messieurs les Prélats de
l'Assemblée générale de France tenue à Paris l'an 1625. —
L'Instruction pour faire les preuves de noblesse des chevaliers
de Malte, la forme de leur donner l'habit et autres
particuliers traités. Dediez à la Royne par Frère Anne
de Naberat, commandeur du temple d'Agen, conseiller et
aumosnier de Sa Majesté. *Sans lieu ni date.* In-fol., front.
gravé, fig. et cartes, mar. rouge, dos et plats couverts d'un
semis de fleurs de lys. (*Le Gascon.*)

> Exemplaire en GRAND PAPIER.
> Aux armes de la reine ANNE D'AUTRICHE.

149. CONSTITUTIONS POUR LA COMMUNAUTÉ DES FILLES DE SAINT-
JOSEPH, dites de la Providence, établies dans le fauxbourg
de St Germain des Prez. *A Paris, imprimé chez C.
Guillery*, 1691. In-12, mar. rouge, fil., dos orné. (*Rel. anc.*)

> Les armes de Madame de Montespan sont gravées sur le titre du volume.
> C'est au couvent des filles de St-Joseph que Madame de Montespan allait faire
> ses retraites ; elle était la protectrice de la communauté. Dans l'approbation
> du docteur de Sorbonne, il est dit : « *Rien ne pouvait être plus digne de la
> piété d'une dame illustre que de s'appliquer comme elle fait avec tant d'édification
> à cette maison et d'en faire aussi bien régler pour toujours le spirituel, qu'elle en
> soutient libéralement le temporel depuis tant d'années.* » En marge de cette
> phrase on a imprimé le nom de Madame de Montespan. A la page 28, il
> est dit : « *La supérieure aura soin que tous les jours une des sœurs communie à
> l'intention de Madame de Montespan qui par ses grands bienfaits et sa puissante
> protection soutient cette maison.* »
> Aux armes de Madame de MONTESPAN.

150. Le saint, sacré, universel et général Concile de Trente, traduit de latin en français, par M. Gentian Hervet, d'Orléans, chanoine de Rheims. *A Paris, chez la Vefve Guillaume Chaudière, rue St Jacques, à l'enseigne du Temps et de l'homme sauvage*, 1601. In-12, mar. vert, semis de fleurs de lis et flammes du St-Esprit sur le dos et sur les plats, tr. dor. (*Rel. anc.*)

Aux armes du roi Louis XIII.

151. Traité sommaire touchant l'élection du pape, par H. B. P. (Hierome Bignon Parisien), dedié à Monseigneur le duc de Vandosme, plus le plan du conclave dernier et une liste des cardinaux qui s'y sont trouvés. *A Paris, par David Le Clerc, rue Frementel, au petit Corbeil*, 1605. *Avec privilège*. In-12, vélin blanc.

Coll. 15 ff. numérotés, 1 f. blanc et une planche pliée au f. 7.

## SCIENCES ET ARTS.

*Histoire naturelle,*
*Médecine, Agriculture, Mathématiques, Chasse.*

152. Pauli Jovii Comensis medici, de romanis piscibus libellus (cum vocabulis piscium), ad Ludovicum Borbonium cardinalem amplissimum. *Basileæ, ex offic. Frobeniana*, 1535. In-8 de 144 pages, veau fauve, fil., comp., tr. dor. (*Rel. anc.*)

Exemplaire de Grolier.
La reliure se trouve gravée dans l'*Histoire de la Bibliophilie*, planche 18.
De la bibliothèque du duc de La Vallière.

153. Discours de l'Amitié et de la Haine qui se trouvent entre les animaux, par Monsieur de La Chambre. *A Paris, chez Claude Barbin, au palais sur le perron de la Ste-Chapelle.* 1667, *avec privilège du Roy*. In-8, mar. rouge, compart., dorure au pointillé, dos orné de L couronnées, tr. dor. (*Reliure de Le Gascon.*)

Il y a plusieurs traités du S^r de La Chambre magnifiquement reliés par Le Gascon et que leur auteur offrait aux grands personnages. Voir cat. Giraud n° 584 et cat. Cigongne 189.
Aux armes de Louis XIV.

154. Discours admirables de la nature des Eaux et fontaines, tant naturelles qu'artificielles, des métaux, des sels et salines, des pierres, des terres, du feu et des émaux. Avec

plusieurs autres excellens secrets des choses naturelles. Plus
un traité de la marne, fort utile et necessaire pour ceux qui
se mellent de l'agriculture. Le tout dressé par dialogues par
M. Bernard Palissy, inventeur des rustiques figulines du
Roy. *A Paris, chez Martin le jeune, à l'enseigne du serpent,
devant le college de Cambray*, 1580, *avec privilège du Roy*.
In-8, mar. bleu, dos orné, filets. (*Cuzin*.)

Édition originale.
Coll. 8 ff. liminaires, 361 pp. chiffrées, 12 ff. non chiffrés, dont le dernier
blanc, pour l'« *extrait des sentences contenues au présent livre et l'Explication
des mots difficiles* ».

155. THEATRE D'AGRICULTURE et Ménage des champs d'Olivier
de Serres, seigneur du Pradel. *A Paris*, 1600, *par Jamet
Metayer imprimeur ordinaire du Roy, avec privilège de
Sa Majesté et de l'Empereur*. In-fol., frontispice gravé,
figures sur bois, mar. rouge jans.,tr. dor.(*Chambolle Duru*.)

Coll. **8 ff.** liminaires pour la dédicace au Roy et la Préface, non chiffrés.
1 f. non chiffré pour le titre du Livre premier. 1004 pages chiffrées. 10 ff.
pour la table. Sur le dernier feuillet, on lit « *Achevé d'imprimer le premier
juillet 1600.* »
Chaque livre est précédé d'un titre avec un en-tête gravé sur bois dans le
style d'Estienne Delaulne. Le 6me livre qui traite des Jardins est orné de
12 planches, également sur bois, qui représentent des dessins de parterre à
compartiments d'une grande élégance.
C'est la première édition de ce livre : elle est fort rare.

156. LE JARDINIER SOLITAIRE ou Dialogues entre un curieux et
un jardinier solitaire. Contenant la méthode de faire et de
cultiver un jardin fruitier et potager et plusieurs expériences
nouvelles. Seconde édition revue, corrigée par l'auteur, et
augmentée de plusieurs réflexions nouvelles sur la culture
des arbres. *A Paris, chez Rigaud, rue de la Harpe, au
dessus de St Cosme*, 1705. *Avec privilege du roi*. In-12,
mar. rouge, dos orné, fil., tr. dor. (*Boyet*.)

Aux armes du CARDINAL DE NOAILLES.

157. LETTRES ELEMENTAIRES SUR LA BOTANIQUE. — Recueil de
plantes coloriées pour servir à l'intelligence des Lettres
Elementaires sur la Botanique de J. J. Rousseau. Frontispices
gravés. *Paris, Poinçot libraire, rue de la Harpe, Nᵒ 135*,
1789. 3 vol. in-8, mar. vert, dentelles sur les plats.(*Bradel*.)

Aux armes de Madame la DUCHESSE DE BERRY.

158. TRAICTÉ DE LA GOUTTE contenant les causes et origines
d'icelle, le moyen de s'en pouvoir préserver et la savoir guérir
étant acquise, escrit en grec du commandement de Michel
Paleologue, empereur de Constantinople, par Démétrius
Pepagomenus son premier medecin. Traduit en francois
par M. Fédéric Jamot docteur en médecine. *A Paris, par
Ph. de Roville rue St Jacques à l'enseigne de la Concorde*,

*avec privilege du Roy*, 1567. In-12, mar. rouge jans. (*Duru.*)

> Neuf feuillets préliminaires pour le titre, la dédicace au prince d'Anthouyn, comte d'Espinoi, et les Vers grecs et francais adressés par Daurat, Florent Chrestien, Remy Belleau et autres, à Jamot.
> 54 pp. pour le texte.

159. DE NUMERIS libri duo, quorum prior logisticen et veterum numerandi consuetudinem, posterior theoremata numerorum complectitur, ad doctissimum virum Andream Eggerdem professorem Rostochiensem. Nunc recens in lucem emissi authore Joanne Noviomago. *Parisiis. Ex officina Christiani Wecheli*, 1539. — Joannis de Sacrobusto de sphaera liber. *Parisiis, apud Guilielmum Richardum*, 1543, fig. grav. sur bois, dont plusieurs mobiles. — Orontii Finei delphinatis, regii mathematicarum professoris, de mundi sphæra sive cosmographia, primave astronomiæ parte libri V... *Parisiis, apud Simonem Colinæum*, 1542, fig., encad. grav. sur bois au titre. 3 part. en un vol. in-8, mar. brun, comp. de fil., fleurons, tr. dor. et ciselée. (*Rel. anc.*)

> Reliure du XVIᵉ siècle dont les plats sont couverts de compartiments dorés dans le genre de ceux qui ornent les reliures faites pour Grolier. Dans ces compartiments le relieur a poussé des ornements qui indiquent une provenance royale : sur le dos, des fleurs de lis ; sur les plats, une couronne de prince et l'oiseau symbolique des Valois. Ces ornements se trouvent également sur la reliure des Heures de Simon de Colines de 1543 (voir le nº 269).

160. HIERONYMI CARDANI DE SUBTILITATE libri XXI, ad illustriss. principem Ferrandum Gonzagam, Mediolanensis provinciæ præfectum. *Norimbergæ, Job. Petreius*, 1550. In-fol., fig. sur bois, veau brun à compartiments peints et dorés au pointillé, d'une grande richesse et d'une grande élégance. (*Rel. anc.*)

> Exemplaire de GROLIER.

161. TRAITEZ DE L'ÉQUILIBRE DES LIQUEURS, et de la pesanteur de la masse de l'air.... par Monsieur Pascal. *Paris, Guillaume Desprez*, 1663. In-12, avec pl. sur cuivre, mar. vert jans., dent. intér., tr. dor. (*Trautz-Bauzonnet.*)

> Première édition, donnée par M. Perier, beau-frère de Pascal.
> Coll. 14 ff. liminaires. 232 pp. chiffrées, deux planches hors texte. 4 fl. pour la table.

162. LETTRES DE A. DETTONVILLE contenant quelques unes de ses inventions de géométrie. *Paris, Desprez*, 1659. In-4, mar. rouge, fil., dos orné, tr. dor. (*Rel. anc.*)

> Édition originale.
> 5 planches pliées sur lesquelles sont tracées des figures de géométrie.
> Sous le titre collectif on a réuni trois lettres qui avaient paru séparément sous des dates différentes.
> Cet ouvrage de Bl. Pascal est un livre rare.

**163.** Les douze livres de Robert Valturin touchant la discipline militaire, translatez de langue latine en francoyse par Loys Meigret Lyonnois. *Paris, chez Charles Perier, demourant en la rue Sainct Iean de Beauvais à l'enseigne du Bellerophon,* 1555. In-fol., mar. rouge jans., dent. int., tr. dor. (*Trautz-Bauzonnet.*)

> Collat. 6 ff. préliminaires. 234 ff. chiffrés.
> La grande marque de Perier sur le titre.
> Les figures sur bois de ce beau volume sont au trait et bien exécutées. Une d'elles porte la marque de Jollat.

**164.** Discours politiques et militaires du Seigneur de la Noue. Nouvellement recueillis et mis en lumière. *A Basle de l'imprimerie de François Forest,* 1587. In-8, veau fauve, tr. rouge. (*Rel. anc.*)

**165.** Frederici Nauseæ Blancicampiani eximii doctoris inclytæ ecclesiæ Moguntinæ à Sacris concionibus eminentiss. libri mirabilium septem cum gratia et privilegio. *Coloniæ apud Petrum Quentell, anno* 1532. In-4, mar. vert, compart. dorés en plein. (*Rel. anc.*)

> 6 ff. liminaires. 76 ff. numérotés, figures sur bois.
> Cette reliure à compartiments de filets et fers azurés est d'un dessin très élégant. Sur le recto au centre elle porte le titre du livre et au-dessous, dans un enroulement de filets, le nom de Maioli qui avait emprunté à Grolier sa formule « *Maioli et amicorum* ». Sur le verso au centre on lit la devise de Maioli, « *Inimici. mei. mea. michi. non. me. michi* ».
> Acheté à la vente Libri en 1859.
> Exemplaire de Maioli.

**166.** Atalanta fugiens hoc est Emblemata nova de Secretis naturæ chymica .. authore Michaele Majero. *Oppenheimii, ex typographia Hieronymi Galleri, sumptibus Job. Theod. de Bry,* 1617. Pet. in-4. mar. rouge, fil., dos orné. (*Rel. anc.*)

> Bel exemplaire de ce livre singulier, recherché pour les 50 figures gravées en taille-douce par *Théod. de Bry.*

**167.** Des Satyres, Brutes, Monstres et Démons. De leur nature et adoration, etc., par F. Hedelin. *A Paris, chez Nic. Buon,* 1627. Pet. in-8, mar. rouge, fil., dos orné, tr. jas. (*Rel. anc.*)

> Sur les plats du volume, le chiffre de Nic.-Cl. Fabri de Peiresc.
> La reliure est probablement l'œuvre du relieur ordinaire de Peiresc, Simon Corberan.

**168.** Les Vrayes centuries et propheties de Mᶜ Michel Nostradamus. *Amsterdam, Jansson à Waesberge,* 1668. In-12, mar. brun. dos orné. (*Trautz-Bauzonnet.*)

> Frontispice gravé, représentant le supplice de Charles Iᵉʳ et l'incendie de Londres, le titre, 13 ff. liminaires, 158 pp. pour le texte. 1 feuillet blanc.
> Double de la Bibliothèque Cigongne.
> H. 134ᵐᵐ. Nombreux témoins.

**169.** LE ROY MODUS des déduitz de la chace, vénerie et fauconnerie. *Avec privilège. A Paris, pour Vincent Sertenas, libraire.* 1560. Pet. in-8, fig. sur bois, mar. vert, comp., dos et plats ornés, tr. dor. (*Trautz-Bauzonnet.*)

Huit feuillets liminaires, 104 ff. chiffr.

### Éducation. — Économie domestique.

**170.** LA CIVILITÉ PUERILE. *A Lyon, Par Iean de Tournes,* 1544. Pet. in-12, mar. rouge, fil., compart., milieux, dorure à petits fers, dos orné, tr. dor. (*Trautz-Bauzonnet.*)

Coll. Sign. A-D par huit. 32 ff.
Ex. de M. DE LIGNEROLLES qui a écrit au crayon sur la garde : « *Charmant volume et rarissime* ».

**171.** LA INSTITUTIONE DI UNA FANCIULLA nata nobilmente. L'institution d'une fille de noble maison traduite de langue tuscane de J.-M. Bruto, en français (par J. Bellere). *En Anvers, chez Jean Bellere,* 1555. Pet. in-8 de 8 ff lim. et 52 ff., mar. citron, milieux, dorure à petits fers, tr. dor. (*Trautz-Bauzonnet.*)

Très rare volume, le premier imprimé par *Ch. Plantin à Anvers.* Le nom de ce typographe célèbre se lit au 1º du dernier f.
Les ff. lim. se composent du titre, d'une vignette sur bois, de la dédicace à Mariette Catanea, en français et en italien, de deux pièces de vers de Plantin, l'une adressée au traducteur Jean Bellère, et d'un *Douzain* signé de la devise *Esperant mieux.* Le texte de l'ouvrage est également en français et en italien.
Les détails de la publication de ce volume ont été donnés par Brunet. (*Manuel,* I, 1806) et par M. Max Rooses (*Christophe Plantin,* 27-29).
J'ai acheté ce petit volume pour une baïoque, à Rome, à un étalage du marché de la Place Navone.

**172.** LA CYROPEDIE DE XENOPHON, de la vie et Institucion de Cyrus Roy des Perses. Traduite du Grec par laques des Comtes de Vintemille Rhodien. *A Lion, par Ian de Tournes,* 1555. In-4, mar. citron, comp. bordure fleurdelisée, tr. dor.

Exemplaire aux armes de CATHERINE DE MÉDICIS.
Les plats sont entièrement semés du chiffre répété de la Reine.
Cette reliure a été reproduite dans *les Femmes Bibliophiles* de M. Quentin-Bauchart, (Paris, Morgand).
C'est un des plus remarquables spécimens de l'art de la reliure sous la Renaissance. Conservation parfaite.

**173.** INSTITUTIO PRINCIPIS AD LUDOVICUM XIV, Franciæ et Navarræ regem christianissimum, authore Harduino de

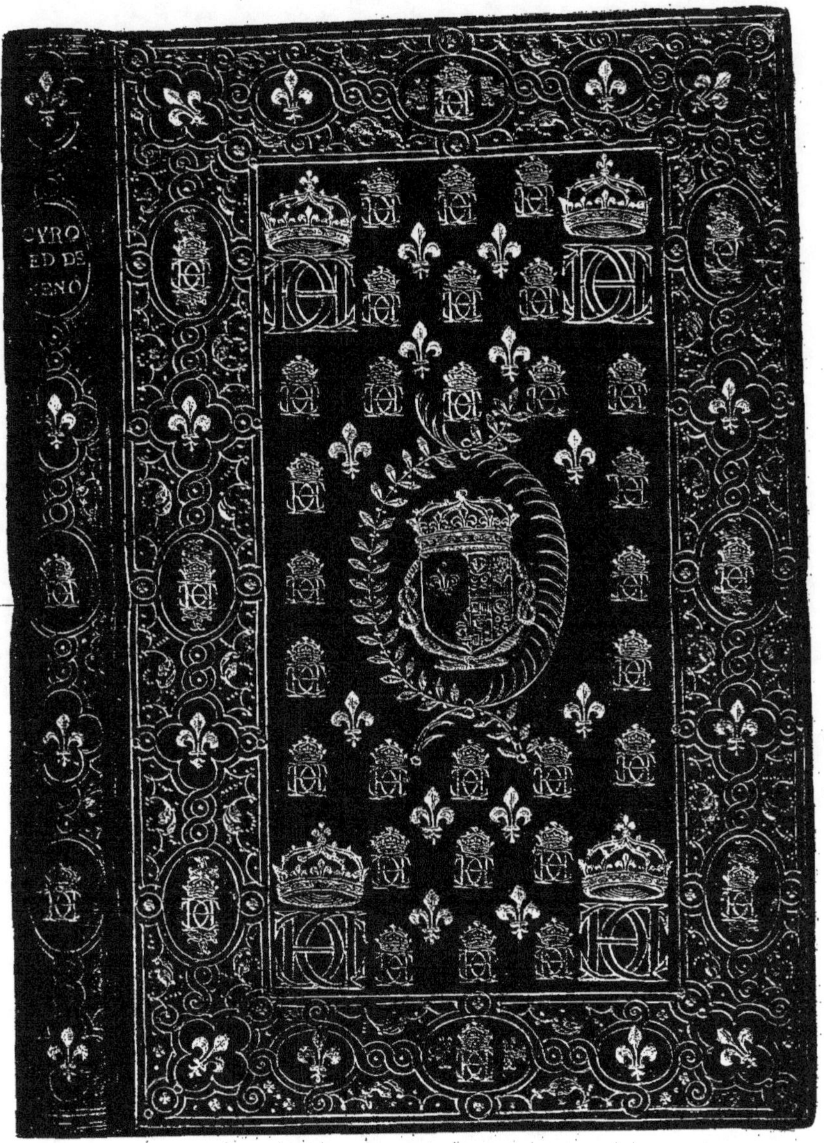

Nº 172

Perefixe de Beaumont. *Parisiis, Antonius Vitré*, 1647.
Pet. in-12, mar. vert, parsemé de fleurs de lis d'or, tr. dor.

Avec les armes et le chiffre de Louis XIV, dont Hardouin de Péréfixe
était alors précepteur.
Exemplaire de M. De Bure.

174. Éducation des filles par Monsieur l'Abbé de Fénelon.
*Paris, P. Aubouin*, 1687. In-12, mar. rouge, dos orné, fil.,
tr. dor.

Édition originale.

175. Directions pour la conscience d'un Roy, composées
pour l'instruction de Louis de France, duc de Bourgogne,
par F. de Salignac de la Motte-Fénelon, son précepteur.
*A la Haye, chez Jean Neaulme*, 1747. In-8, mar. bleu, tr.
dor. (*Rel. anc.*)

Exemplaire en grand papier.

176. Discours du comte de Bussy Rabutin à ses enfants, sur
les divers événements de sa vie, et le bon usage des adver-
sitez. *Paris, Anisson*, 1694. In-12, veau fauve, dos orné.
(*Rel. anc.*)

Exemplaire de Pixerécourt.
Aux armes du comte d'Hoym.

177. Règlement donné par une dame de haute qualité à M***
sa petite fille, pour sa conduite, et pour celle de sa Maison.
Avec un autre règlement que cette dame avoit dressé pour
elle-mesme. *A Paris, chez Augustin Leguerrier*, 1698.
In-12, mar. La Vallière jans., doublé de mar. rouge, dent.
tr. dor. (*Thibaron.*)

L'auteur de ce volume est Jeanne de Schomberg, duchesse de Liancourt,
célèbre par son esprit et sa vertu, créatrice du magnifique château de
Liancourt. Elle s'adresse à Mlle de la Roche-Guyon, sa petite-fille, mariée,
en 1659, au duc de Marcillac, fils de l'auteur des Maximes, et qui lui
succéda comme Duc de La Rochefoucauld.

178. Emile, ou de l'Education (par J. J. Rousseau). *A la Haye,
Chez Jean Neaulme*, 1762. 4 vol. in-8, fig. d'Eisen, mar.
rouge, fil., dos orné, tr. dor. (*Derome.*)

Édition originale.
Exemplaire en grand papier provenant de la bibliothèque du Prince de
Soubise.

179. La Maison réglée, et l'Art de diriger la maison d'un
grand seigneur et autres, tant à la ville qu'à la campagne
et le devoir de tous les Officiers, et autres domestiques en
général. Avec la véritable méthode de faire toutes sortes

d'essences, d'eaux et de liqueurs, fortes et rafraîchissantes,
à la mode d'Italie ( par Audiger). *Paris, Nic. Le Gras*,
1700. In-12, fig. mar. rouge, tr dor. (*Rel. anc.*)

180. LE MENAGIER DE PARIS. Traité de Morale et d'Économie
domestique, composé vers 1393, par un Bourgeois Parisien...
Publié pour la première fois par la Société des Bibliophiles
François. [Par les soins de M. le baron J. Pichon]. *A Paris,
de l'Imprimerie de Crapelet*, 1846. 2 vol. gr. in-8, demi-
rel. mar. vert, non rognés.

     Exemplaire en GRAND PAPIER.

## Philosophie et Morale.

181. MAXIMI TYRII PHILOSOPHI PLATONICI Sermones à Græcâ
in latinam linguam Versi, Comio Paccio Archiepiscopo
Florentino interprete. Ex Castigatione Alberti Picti. *Parisiis
apud Gulielmum Cavellat in pingui gallinâ ex adverso
Collegii Cameracensis*, 1554. In-12, mar. vert, comp. de
fleurs et feuillages, tr. dor. (*Rel. du XVIᵉ siècle.*)

     Un assez grand nombre de volumes ornés d'une reliure pareille à celle-ci
ont été trouvés en Angleterre, dans ces dernières années. Ces reliures
portent au recto, dans un écusson, trois fleurs de lis en bande, et au verso,
un médaillon où se trouve un lis à trois branches entouré de la devise
« *Expectata non eludet* ». Elles passent pour avoir appartenu à Marguerite de
Valois, femme de Henri IV.
     Une polémique s'est élevée entre les bibliographes sur la question de
savoir quelles étaient les vraies reliures de Marguerite de Valois. Voir
*Guigard, Armorial du bibliophile, tome I, page 91* et *Quentin-Bauchart, Les Femmes
bibliophiles, tome I, page 141.*
     L'exemplaire qui vient d'être décrit a été acheté à la vente de Sir John
Hayford Thorold, en décembre 1884. Il est d'une conservation extraordinaire.

182. MARSILIO FICINO SOPRA LO AMORE o ver' Convito di
Platone. *In Firenze, par Neri Dortelata, con privilegio di
N. S. di Novembre* 1544. In-8, mar. bleu, comp. (*Rel. du
XVIᵉ siècle.*)

     Sur un des plats, les armes de HENRI, DAUPHIN et DUC DE BRETAGNE, et
de CATHERINE DE MÉDICIS, sa femme. Sur l'autre plat, la reliure porte la
roue, instrument du supplice de Ste-Catherine.
     Catherine de Médicis avait adopté cet emblème. Il y a, au cabinet des
médailles, un jeton frappé à l'époque où elle était encore Dauphine et
Duchesse de Bretagne, qui porte la même roue, et en exergue, ces mots :
*confundantur non confundar.* Voir *J. de Bie, La France métallique, 1634, pl. 55.*
     Les filets des compartiments étaient poussés en or et en argent, mi-partie,
les ornements poussés en or sur un des plats, l'étaient en argent sur l'autre,
et réciproquement. L'argent est devenu noir. Sur le dos, la fleur de lis et
l'hermine de Bretagne.

183. LES AVANTAGES que les femmes peuvent recevoir de la
philosophie, *Paris*, 1667. — L'Ordre des principales choses

dont il est parlé dans la philosophie. *Paris*, 1666. 2 parties
en 1 vol. in-12, mar. rouge, fil., tr. dor. (*Rel. anc.*)

Par Louis de Lesclache.
Exemplaire de COLBERT à ses armes et à son chiffre sur le dos et sur les plats.

184. CIVITAS VERI sive morum Bartholomei Delbene patricii
florentini, ad christianissimum Henricum III Francorum et
Poloniæ regem. Aristotelis de Moribus doctrina, carmine
et picturis complexa, et illustrata commentariis Theodori
Marcilii Professoris eloquentiæ Regii. *Parisiis, apud
Ambrosium Drouart, sub scudo Solari Viâ Jacobœa,*
1609. In-fol., vélin doré. (*Rel. anc.*)

2 ff. limin., 258 pp. chiffr., 1 f. pour l'errata et le privilège.
Le frontispice et de nombreuses planches dans le texte sont gravés par Thomas de Leu.
Exemplaire de DE THOU qui a mis sa signature au bas du frontispice.

185. DISCOURS DE LA METHODE pour bien conduire sa raison,
et chercher la verite dans les sciences. Plus la Dioptrique,
les Meteores, et la Geometrie, qui sont des essais de cete
methode [par Descartes]. *A Leyde, De l'Imprimerie de
Ian Maire*, 1637. In-4, fig., mar. rouge jans., dent. int.,
tr. dor. (*Trautz-Bauzonnet.*)

Édition originale.

186. DE LA RECHERCHE DE LA VERITE où l'on traite de la
nature de l'esprit de l'homme et de l'usage qu'il doit en faire
pour eviter l'erreur dans les sciences [par Malebranche].
*A Paris, chez André Pralard, rue St-Jacques, à l'Occasion,*
1674, avec privilège. In-12, mar. rouge, reliure molle.
(*Trautz-Bauzonnet.*)

Édition originale.
Collat. 21 ff. lim., 420 pp.
Exemplaire au chiffre de M. ROGER DU NORD.

187. LA LOGIQUE OU L'ART DE PENSER, contenant, outre les
règles communes, plusieurs observations nouvelles propres
à former le jugement (par Ant. Arnauld et P. Nicole).
*Amsterdam, Abraham Wolfgang*, 1675. In-12, mar. citron,
dos orné, tr. dor. (*Du Seuil.*)

Exemplaire de LE RICHE.

188. L'ARTISAN DE LA FORTUNE, ensemble les Antithèses des
choses, les Sophismes, les Charactères de l'Esprit, traittez
de Mᵉ François Bacon, de nouveau traduits par J. Baudoin.
*Paris, Pierre Rocolet*, 1640. Pet. in-12, front. gravé, mar.
rouge, dos et plats fleurdelisés, tr. dor. (*Le Gascon.*)

Aux armes de SULLY, prince d'ENRICHEMONT.

189. LES ŒUVRES MORALES ET MESLÉES de Plutarque translatées de Grec en François, par Jacques Amyot. 6 vol. — Table de tous les opuscules de Plutarque. *A Paris, Par Vascosan,* 1574. 7 vol. in-8, mar. vert, riches compart., tr. dor. (*Rel. anc.*)

> C'est une de ces admirables reliures à volutes et rinceaux de feuillages, chefs-d'œuvre de dorure de la fin du XVIᵉ siècle, que l'on croit être de Nicolas Ève, père de Clovis Ève.
> Ce précieux exemplaire présente cette particularité curieuse que, tout en conservant dans l'ensemble l'aspect général de la reliure, chaque volume diffère par le dessin des ornements.
> Aux armes du roi CHARLES IX.
> La reliure du tome deuxième est différente et sans armoiries.

190. PETRI. ALCYONII. MEDICES. LEGATUS. DE. EXSILIO.— A la fin du volume. au recto du dernier feuillet : — *Venetiis in œdibus Aldi et Andreœ Asulani soceri, mense novembri* 1522. — Au verso, la marque des Aldes. — Pet. in-4, veau brun, compart., tr. dor. (*Rel. anc.*)

> Cet exemplaire, d'une parfaite conservation, vient de la vente faite à Londres de la bibliothèque formée au siècle dernier par Mʳ Wodhull. Cet amateur, sur le feuillet de garde, a inscrit le coût de ce volume, *empted at Baker auction, 14s, 9p, le 29 février 1772.*
> Aux armes du Roi FRANÇOIS Iᵒʳ.

191. DE LA SAGESSE, trois livres, par Pierre Charron. *A Leyde, chez les Elzeviers,* 1646. Pet. in-12, mar. rouge jans., doublé de mar. rouge, tr. dor. (*Trautz-Bauzonnet.*)

> La plus jolie et la plus recherchée des éditions elzéviriennes.
> H. 136 mm.

192. LE CARACTÈRE DE L'HONNESTE HOMME MORAL. Dédié au Roy, par M. l'Abbé de Gérard. *A Paris, chez Aimable Auroy,* 1688. In-12, front., mar. rouge. (*Rel. anc.*)

> Frontispice dessiné et gravé par *Bonnart.*
> La Reynie a mis sa signature sur la garde. Tous les livres lui ayant appartenu ont été de même signés par lui. Il n'existe pas de catalogue de vente de cette bibliothèque qui devait être très importante. On ne sait pas ce qu'elle est devenue. Des recherches faites dans les études des notaires de Paris, pour retrouver l'inventaire fait à sa mort, sont restées sans résultat.
> Exemplaire aux armes de LA REYNIE.

193. INTRODUCTION A LA CONNOISSANCE DE L'ESPRIT HUMAIN, suivie de Réflexions et Maximes (par Vauvenargues). *A Paris, chez Briasson,* 1746. In-12, mar rouge jans., dent. int., tr. dor. (*Trautz-Bauzonnet.*)

> Édition originale, avec l'errata.

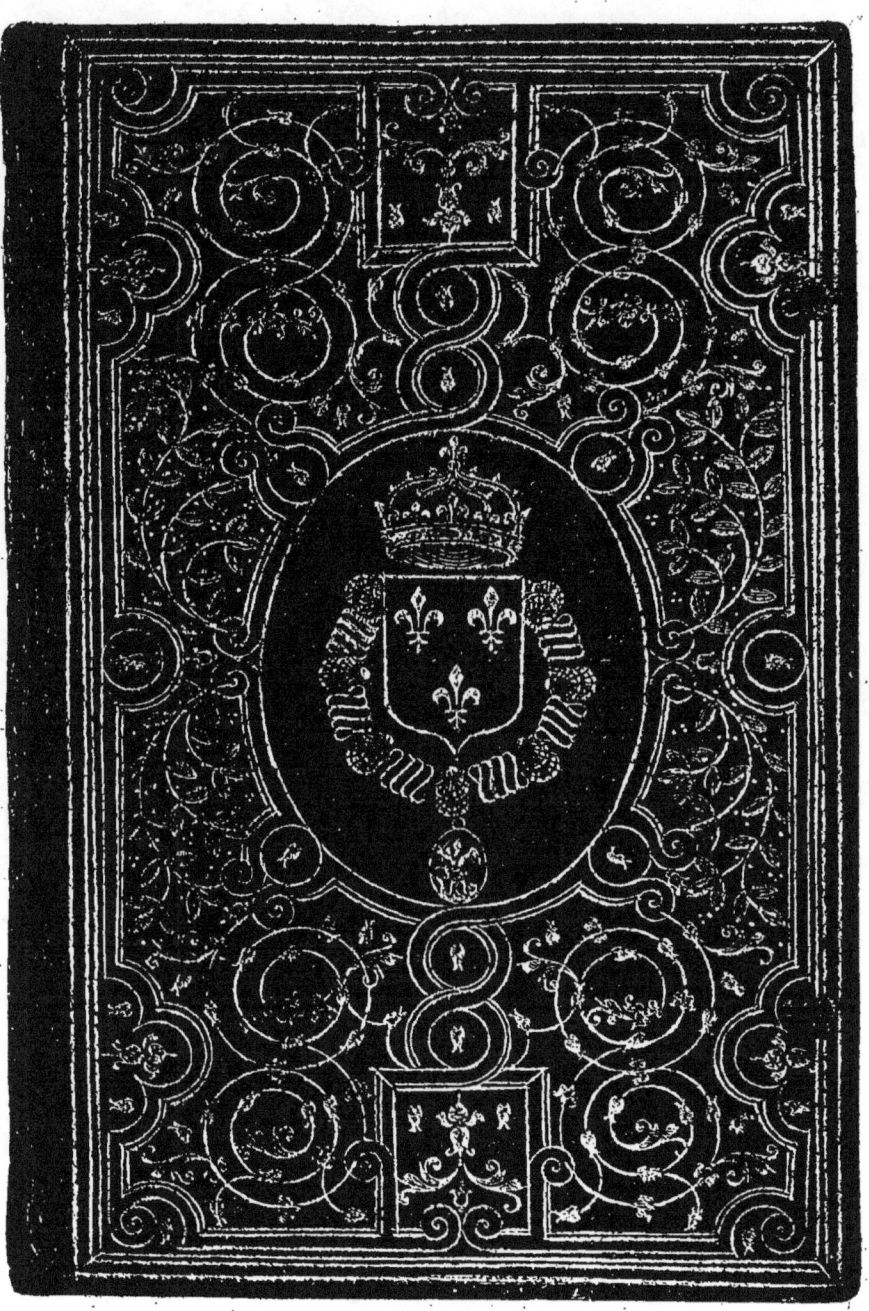

N.º 189

## MONTAIGNE. LA BOÉTIE. M<sup>lle</sup> DE GOURNAY.

194. ESSAIS DE MESSIRE MICHEL SEIGNEVR DE MONTAIGNE, Cheualier de l'Ordre du Roy et Gentil-homme ordinaire de sa chambre. Livre premier et second. *A Bourdeaus, Par S. Millanges*, M.D.LXXX (1580). 2 tomes en un vol. in-8, mar. rouge, fil., dos orné, doublé de mar. bleu, dent., tr. dor. (*Trautz-Bauzonnet.*)

Édition originale.
Coll. Tome I, 4 ff. limin., titre 1 f., au Lecteur 1 f., la table des chapitres du 1<sup>er</sup> livre 1 f., le privilège 1 f., 496 pp. pour le texte.
Tome II, 2 ff. limin. pour le titre qui porte la marque de S. Millanges et la table des chapitres du livre second, 650 pp. chiffrées et 1 f. d'errata.
Le privilège est du 9 mai 1579.
La préface est datée du 1<sup>er</sup> mars 1580.
On a ajouté au tome I, un portrait de Montaigne par Thomas de Leu.
Nombreux témoins. H. 165<sup>mm</sup>.

195. ESSAIS DE MESSIRE MICHEL, SEIGNEVR DE MONTAIGNE, Chevalier de l'Ordre du Roy, et Gentil-homme ordinaire de sa Chambre, Maire et Gouuerneur de Bourdeaus. Edition seconde reueuë et augmentée. *A Bourdeaus, par S. Millanges, Imprimeur ordinaire du Roy* M.D.LXXXII (1582), *auec Priuilège du Roy.* In-8 de 4 ff. prél., 806 pages et un f. pour le privilège, mar. rouge, dos et plats ornés de feuillages à petits fers, tr. dor. (*Trautz-Bauzonnet.*)

Seconde édition revue et augmentée.
Le privilège est du 9 mai 1579.
La préface du 1<sup>er</sup> mars 1580.

196. ESSAIS DE MESSIRE MICHEL, SEIGNEUR DE MONTAIGNE, Chevalier de l'Ordre du Roy, et Gentil-homme ordinaire de sa Chambre, Maire et Gouverneur de Bourdeaus, reveus et augmentez. *A Paris, chez Iean Richer, ruë Sainct Iean de Latran à l'Arbre Verdoyant*, M.D.LXXXVII (1587). In-12 de 4 ff. prél., 1075 pp. et 2 ff. blancs, mar. rouge, dos orné, dent., tr. dor. (*Trautz-Bauzonnet.*)

Troisième édition.
Reproduction du texte de l'édition de 1582.
Cette édition n'a pas d'extrait du privilège.
La préface est datée du 1<sup>er</sup> mars 1580.

197. ESSAIS DE MICHEL, SEIGNEUR DE MONTAIGNE. Cinquiesme édition augmentée d'un troisième livre et de six cents additions aux deux premiers. *A Paris, chez Abel L'Angelier, au premier pilier de la grande salle du palais, avec*

*privilège du Roy,* 1588. In-4, titre gravé, mar. rouge, doublé de mar. rouge, dent. int., tr. dor. (*Boyet.*)

Coll. 4 ff. lim. pour le titre, la préface et la table. 496 ff. chiffrés pour le texte.

Le privilège est placé au v° du dernier feuillet, il est accordé pour neuf ans à L'Angelier et daté du 4 juin 1588.

La préface est la même que dans les éditions précédentes, moins une légère correction. Mais la date est changée, elle est datée du 12 juin 1588.

Cette édition est la dernière publiée du vivant de Montaigne et la première contenant le livre III.

Le titre l'indique comme étant la cinquième édition, mais jusqu'ici on n'en connaît que trois qui l'aient précédée.

**198.** Les Essais de Michel, seigneur de Montaigne. Edition nouvelle, trouvée après le décéds de l'Autheur, revue et augmentée par lui d'un tiers plus qu'aux précédentes impressions. *A Paris, chez Abel L'Angelier, au premier pilier de la grande salle du Palais.* 1595, *Avec privilège.* In-fol., mar. rouge, milieux et dos ornés de feuillages, dorures à petits fers, tr. dor. (*Trautz-Bauzonnet.*)

Collat. 12 ff. limin. non chiffr., 523 pp. chiffr. pour les deux premiers livres, 231 pp. chiffr. pour le troisième livre.

Première édition complète donnée par M^lle de Gournay sur l'exemplaire de 1588, annoté et augmenté par Montaigne avant sa mort.

Les ff. lim. comprennent le titre 1 f., la Préface sur les Essais de Michel, seigneur de Montaigne, par sa fille d'alliance, 9 ff., la table 2 ff.

Au v° du dernier f. de table, on trouve l'Avis au lecteur « *Ceci est un livre de bonne foy.* » Cet avis manque à presque tous les exemplaires de cette édition. M^lle de Gournay dans la préface de 1578 dit qu'il avait été égaré. Cependant il se rencontre dans quelques exemplaires qui tous sont à l'adresse de L'Angelier. Il est modifié et daté du 12 juin 1580.

L'exemplaire ici décrit présente une particularité signalée par M. Payen. Il possède un carton introduit après la mise en vente. M^lle de Gournay avait retrouvé un passage oublié dans l'exemplaire de 1588 annoté ; pour le rétablir, elle fit réimprimer les pages 62 et 63 et plaça à la fin du chapitre 22 une addition de 23 lignes.

M. Payen avait constaté la présence de ce carton dans son exemplaire et dans un exemplaire qui avait appartenu à M. de Clinchamp et qui fut acheté par la Bibliothèque Nationale.

M. Guizot a trouvé un troisième exemplaire avec le carton, dans la bibliothèque de Montesquieu au château de la Brède.

Celui-ci est le quatrième connu. Je l'ai acheté à Rome chez Petrucci.

La préface est toujours celle de 1580. Mais elle a été encore modifiée et la date est changée, elle est datée du 12 juin 1580. Il est probable qu'il y a là une faute d'impression et que l'on aurait dû imprimer 1588.

Voici les corrections apportées à cette préface dans les deux éditions de 1588 et 1595 :

Le texte de 1580, 82, 87 porte : « *Je ne m'y suis proposé* nulle *fin.* » le texte de 1588 et 1595 porte « aucune *fin* ». Dans le texte de 1580, 82, 87, 88, après « *beautés empruntées* », on lit « *ou me fusse tendu et bandé en une meilleure démarche* », tout ce dernier membre de phrase est supprimé dans l'édition de 1595.

J'ai ajouté à la fin du volume la lettre du D^r Payen au libraire Techener (mai 1860) et une longue note manuscrite de M. Guillaume Guizot à propos de cette lettre sur l'exemplaire que nous décrivons. J'y ai joint, en outre, une lettre du même où il me raconte sa découverte au château de la Brède. M. Guillaume Guizot préparait une édition des Essais pour la collection des Grands Écrivains publiée par Hachette. Sa mort si douloureuse et si prématurée nous a privés d'un travail qui eût été des plus intéressants.

L'exemplaire est grand de marges. Il a 351ᵐᵐ de hauteur et 215ᵐᵐ de largeur.

199. LES ESSAIS DE MICHEL, SEIGNEUR DE MONTAGNE, divisés en trois livres contenant un riche et rare thrésor de plusieurs beaux et notables discours couchés en un style plus pur et plus orné qu'il se trouve en notre siècle, avec deux tables, l'une des chapitres, l'autre des choses plus memorables contenues en iceux. *A Genève*, 1595, *pour François le Febvre, de Lyon.* In-12, mar. citron, tr. rouge.

> Cette édition, imprimée à Genève sur l'édition de 1588, est certainement la plus mal exécutée de toutes les éditions connues de Montaigne et peut-être aussi la plus rare. Elle n'a que la valeur d'un document. Elle nous donne un Montaigne expurgé par les ministres protestants de Genève. Ils ont supprimé plusieurs chapitres et mutilé dans bien des passages ceux qui ont été conservés. M. Payen donne le détail des suppressions dans sa Bibliographie de Montaigne, Paris, 1837, p. 8.

200. LES ESSAIS DE MICHEL, SEIGNEUR DE MONTAIGNE. Édition nouvelle, exactement corrigée selon le vray exemplaire. Enrichie en la marge du nom des autheurs citez, et de la version de leurs passages, mise à la fin de chasque chapitre. Avecque la vie de l'autheur, plus deux tables, l'une des chapitres et l'autre des principales matières. *A Paris, chez Jean Camusat, rue St Jacques, à la toison d'or,* 1635. *Avec privilège du Roy.* In-fol., mar. rouge, tr. dor. (*Hardy.*)

> Exemplaire en GRAND PAPIER.
> Coll. 21 ff. limin. 871 pp. chiffr. 11 ff. pour la table des noms propres et des principales matières.
> La signature des feuillets liminaires est incorrecte.
> Dans les ff. limin., un front. orné du portrait de Montaigne, un titre imprimé en rouge et noir, 2 ff. pour la Dédicace au cardinal de Richelieu, 14 ff. pour la Préface de Mlle de Gournay, 3 ff. pour la petite Préface de Montaigne « *C'est ici un livre de bonne foy* », la vie de Montaigne et la table des chapitres.
> L'avis au lecteur est encore modifié et la date des premières éditions, *premier mars 1580*, est rétablie.
> Mlle de Gournay, en publiant cette nouvelle édition, l'a fait précéder d'une longue préface qui commence comme la Préface de l'édition de 1595, mais qui est à peu près complètement refaite à nouveau. C'est la quatrième transformation que son auteur lui fait subir. Elle avait reparue modifiée en 1599 dans le Promenoir, et dans les éditions de 1617 et 1625.
> Mlle de Gournay appelle l'édition de 1635 *la sœur germaine* de l'édition de 1595. Si l'on cherche avant tout la pureté du texte, c'est toujours à cette dernière qu'il faudra revenir. Mlle de Gournay a trop corrigé le texte de Montaigne dans son édition de 1635 ; le texte était fixé par l'édition de 1595, puisqu'aucun document nouveau n'était venu s'ajouter au volume de 1588 qui contenoit les dernières corrections et additions faites par Montaigne avant sa mort.
> L'exemplaire que nous venons de décrire est en grand papier. Il y a, à la Bibliothèque Nationale, deux exemplaires de cette édition de 1635 ; l'un des deux a appartenu à M. Payen qui l'a enrichi de notes. Sur la garde, il raconte qu'il n'a vu, outre le sien, qu'un autre exemplaire en grand papier qui fut acheté à l'étalage d'Aubry, rue Dauphine, pour la somme de 9 fr., par le libraire Tross. C'est mon exemplaire. Il fut vendu au prince d'Essling par Tross et je l'achetai à la vente du prince.
> Il est très grand de marges. H. 426ᵐᵐ.
> Aux armes de ANDRÉ MASSÉNA, prince d'ESSLING.

201. LA THÉOLOGIE NATURELLE DE RAYMOND SEBON , docteur
excellent entre les modernes, en la quelle par l'ordre de
nature, est démontrée la vérité de la Foy Chrestienne et
catholique, traducte nouvellement de latin en français. *A
Paris, chez Gilles Gourbin*, 1569. In-8, mar. rouge, fil.,
tr. dor.

> Coll. 2 ff. préliminaires pour le titre, la dédicace et un sonnet de François
> d'Amboise. 496 ff. chiffrés et une table, signat. S-X par huit ff.
> Cette édition est la première de cette traduction de Raymond Sebon
> faite par Montaigne, qui l'a dédiée à son père.

202. LA THÉOLOGIE NATURELLE DE RAYMOND SEBON, traducte
nouvellement en Français par messire Michel, seigneur de
Montaigne, chevalier de l'Ordre du Roy et gentilhomme
ordinaire de sa chambre. *A Paris, chez Gilles Gorbin, a
l'enseigne de l'Espérance. devant le collège de Cambray*
1581. *Avec privilège*. In-8, vélin. (*Rel. anc.*)

> Seconde édition.
> Coll. 2 ff. préliminaires pour le titre, la dédicace et le privilège, 406 ff.
> chiffrés, le dernier chiffré par erreur 469, la table sous les sign. S-X par
> 8 ff.
> Dans cette édition, on n'a pas reproduit le sonnet de François d'Amboise
> qui figure dans la première édition.

203. LA MESNAGERIE DE XENOPHON. Les Regles de mariage,
de Plutarque. Lettre de consolation de Plutarque à sa
femme. Le tout traduict de Grec en François par feu
M. Estienne de la Boetie Conseiller du Roy en sa court
de Parlement à Bordeaux. — Ensemble quelques vers Latins
et François, de son inuention. Item, Un Discours sur la
mort dudit seigneur De la Boëtie, Par M. de Montaigne.
*A Paris, De l'Imprimerie de Federic Morel*, 1572. Deux
parties en 1 vol. pet. in-8, mar. rouge, fil., dos orné, tr.
dor.

> 131 ff. chiffr. et un blanc pour la 1ʳᵉ partie, 19 ff. chiffr. pour les vers
> français compris le titre, 1 f. blanc complémentaire.
> Très bel exemplaire.

204. JOURNAL DU VOYAGE DE MICHEL DE MONTAIGNE en Italie,
par la Suisse et l'Allemagne, en 1580 et 1581, avec des
notes par M. de Querlon. *A Rome, et se trouve à Paris,
chez Le Jay*, 1774. In-4, portr. gravé par A. de Saint-Aubin.
veau fauve, fil., tr. dor. (*Padeloup*.)

> Exemplaire en GRAND PAPIER.

205. RESPONSE A PLUSIEURS INJURES ET RAILLERIES écrites
contre Michel, seigneur de Montagne, dans un livre intitulé:
*La logique* ou *l'art de penser*, contenant, outre les règles
générales, plusieurs observations particulières, propres à

former le iugement, de la deuxième édition. Avec un beau traité de l'éducation des enfants, et cinq cens excellens passages tirez du livre *des Essais*, pour montrer le mérite de cet autheur. *A Rouen, Laurens Maurry, rue neuve St Lo, à l'imprimerie du Louvre*, 1667. *Avec permission*. Pet. in-12 de 347 pp., mar. rouge, fil. à froid, tr. dor. (*Rel. anc.*)

Ce volume est de Guillaume Béranger.

206. Travaux du Docteur Payen sur Montaigne. 12 brochures en 3 vol. in-8, demi-rel. mar. brun.

On a ajouté au T. II quelques notes autographes de M. Guillaume Guizot.

207. Photographies prises sur le volume de l'édition des Essais de 1588, corrigé et augmenté par Montaigne avant sa mort. — Reproduction du titre et de la préface d'un exemplaire des Essais de 1595 qui se trouve au château de la Brède et qui a appartenu à Montesquieu. Grand in-fol., cartonné.

Montaigne, avant sa mort, avait couvert d'additions et de corrections un exemplaire de l'édition de 1588 qui fut donné par sa veuve aux Feuillants de Bordeaux où il avait choisi sa sépulture. Quand la révolution dispersa les communautés religieuses, le volume entra dans la bibliothèque de la Ville où Naigeon le consulta pour son édition de 1802.

Le Frontispice et la Préface de Montaigne, reproduits ici d'après l'exemplaire qui se trouve à La Brède dans la bibliothèque du Président de Montesquieu, ont été corrigés de la main de Mlle de Gournay en vue de l'impression de l'édition de 1598.

Sur le Frontispice, elle a écrit l'Epigraphe « *Vires acquirit eundo* », que Montaigne avait placée sur le titre du volume de 1588 et qui se retrouvera dans toutes les éditions à partir de 1598.

Dans la préface, elle a introduit, toujours de sa main, quelques modifications de texte, rétabli la date du 1er Mars 1580 et indiqué à l'imprimeur qu'en donnant cette préface, qui n'existait qu'à l'état d'exception dans quelques rares exemplaires, il devait ajouter l'avis suivant : « *Cette Préface correcte de la dernière main de l'autheur ayant été égarée en sa première impression depuis sa mort a naguères été retrouvée.* »

Ces photographies m'avaient été données par M. G. Guizot qui les avait fait prendre à Bordeaux et à La Brède.

208. Discours de la servitude volontaire par La Boétie. *S. l. n. d.* In-8, mar. rouge.

Edition originale.
Fragment tiré des Mémoires de l'état de la France sous Charles IX, par Simon Goulard, 1576. T. III.
C'est dans ces Mémoires que le Discours de la servitude volontaire a été imprimé pour la première fois.
Plaquette de 23 ff chiffrés de 117 à 139.

209. Le Proumenoir de Monsieur de Montaigne. Par sa fille d'alliance. Edition troisième, plus correcte et plus ample

que les précédentes. *A Paris, chez Abel l'Angelier, au premier pilier de la grand salle du Palais,* 1599, *avec privilège.* In-12, mar. rouge, dos orné, tr. dor. (*Motte.*)

Coll. 5 ff. lim., 182 ff. chiffr., 1 f. pour le Privilège, 2 ff. blancs l'un après le f. 48 et l'autre à la fin.

Il y a eu de ce recueil trois éditions avant celle de 1599. *Paris, chez l'Angelier,* 1594 et 1595, et *Chambery, chez Malicieux,* 1598.

Entre ces éditions et celle de 1599, il y a de nombreuses différences.

Dans l'épître à Montaigne, M^lle de Gournay a supprimé la date du 26 septembre 1588 et changé dans les premières lignes les mots suivants, au lieu de : « *parce qu'en nous promenant ensemble, il n'y a que trois jours* », on lit : « *il n'y a que dix jours* ». Plusieurs pièces de vers qui se trouvaient dans les précédentes éditions du recueil ont été supprimées, mais on a ajouté la grande préface de l'édition des Essais de 1595.

Dans cette édition, il y a, au v° des f^os 70-71, un vers omis qui a été rétabli à la plume et d'autres corrections. Ce sont des autographes de M^lle de Gournay. Voir *Payen, Documents sur Montaigne. Paris,* 1847, p. 42.

Il y a une erreur de pagination entre les ff. 78 et 111. La lacune n'est qu'apparente, les signatures se suivent.

210. Les Advis ou les presens de la demoiselle de Gournay. *Paris, Toussaint du Bray, aux épis murs,* 1634. In-4, mar. rouge jans. (*Cuzin.*)

10 ff. prélimin. pour le titre, le portrait gravé par Matheus, le Discours sur ce livre, l'Advis au lecteur, la table, le privilège et l'errata. 860 pp. pour le texte.

Ce recueil de mélanges avait déjà paru en 1626 sous le titre de l'*Ombre de la demoiselle de Gournay.*

211. Les Advis ou les présens de la demoiselle de Gournay. *Paris, Toussaint du Bray, aux épis murs,* 1634. In-4, vélin. (*Rel. anc.*)

Exemplaire en GRAND PAPIER.

Cet exemplaire a appartenu à Jérôme Bignon dont il porte l'ex-libris.

On remarque dans l'*Advis au lecteur* des corrections de la main de M^lle de Gournay.

Au milieu du fatras accumulé dans ce gros volume on rencontre un très beau quatrain sur un portrait de la Pucelle d'Orléans, l'épée au poing.

> *Peux-tu bien accorder, Vierge du Ciel chérie,*
> *La douceur de tes yeux et ce glaive irrité?*
> *La douceur de mes yeux caresse ma patrie*
> *Et ce glaive en fureur lui rend la liberté.*

## LA ROCHEFOUCAULD. LABRUYÈRE.

212. SENTENCES ET MAXIMES DE MORALE. *A la Haye, Chez Jean et Daniel Steucker (Leyde, Elzevier)*, 1664. Pet. in-8, broché, dans un étui de mar. brun.

Livre précieux mis pour la première fois en lumière par M. A. Willems en 1879 ; il avait jusqu'à cette époque échappé à toutes les recherches. Il contient le texte original des *Maximes* de La Rochefoucauld. L'édition est antérieure d'un an à l'édition française, et si l'on en croit l'*Avis au lecteur* placé en tête du volume de 1665, elle détermina La Rochefoucauld à publier lui-même son œuvre. La Rochefoucauld a-t-il contribué dans une certaine mesure à la publication de cette édition ? il est assez difficile de l'établir d'une manière certaine, mais il est permis de croire avec M. Pauly que La Rochefoucauld avait dû être curieux de connaître l'effet que produiraient ces maximes sur le public lettré et qu'il avait tâté l'opinion en les faisant paraître à l'étranger : procédé connu et dont on a plus d'un exemple.

Le duc de La Rochefoucauld avait commencé cette enquête dans son intimité ; dès 1663 il prêtait son manuscrit et il en fit même une lecture chez Madame Du Plessis-Guénégaud. *Comte d'Haussonville, Madame de La Fayette. Paris, Hachette*, 1896.

Le recueil de 1664 contient 79 pages numérotées, le titre compris, et 189 maximes. Elles sont le premier jet de la pensée de l'auteur. Dans les éditions suivantes données en France, il a supprimé, retouché, et beaucoup ajouté. Aussi l'édition de Hollande, doit-elle être considérée comme la véritable ÉDITION ORIGINALE des Maximes de La Rochefoucauld.

213. RÉFLEXIONS, OU SENTENCES ET MAXIMES MORALES. *Paris, Barbin*, 1665. Pet. in-12, front. gr., mar. rouge jansén., doublé de mar. rouge, dent., tr. dor. (*Cuzin.*)

Edition originale. Premier état.
24 ff. limin. pour le frontispice, le titre, un *Advis* au lecteur et le *Discours sur les Réflexions ou Sentences, attribué à Segrais*, 150 pp. de 28 lignes à la page pleine, pour le texte, et 5 ff. pour la table et le privilège.
Cet exemplaire est non cartonné et absolument conforme à celui décrit dans le Catalogue Rochebilière (n° 445).
On a réuni à la fin les 15 cartons, tirés d'un exemplaire de second état, sous un titre calligraphié par Bénard.

214. RÉFLEXIONS, OU SENTENCES ET MAXIMES MORALES. *Paris, Barbin*, 1665. Pet. in-12, front. gravé, 24 ff. lim., 150 pages et 5 ff. pour la table et le privilège, mar. vert jans., dent. int., tr. dor. (*Trautz-Bauzonnet.*)

Edition originale. Second état.

215. RÉFLEXIONS OU SENTENCES ET MAXIMES MORALES. Troisième édition, reveue, corrigée et augmentée. *Paris, Barbin*, 1671, in-12, front. — Nouvelles Réflexions ou Sentences et

Maximes morales. Seconde partie. *Paris. Barbin*, 1678.
In-12, veau brun. (*Rel. anc.*)

> Coll. Réflexions, etc., Paris Barbin 1671. Front., 4 ff. préliminaires, 132
> pp. chiffr., 5 ff. de table.
> Nouvelles réflex. Seconde partie. 4 ff. pour le faux-titre, le titre et
> l'extrait du privilège, 76 pp. chiffr., 5 ff. pour la table, 1 f. blanc.
> Le nom de l'auteur, le sieur Duc de la Rochefoucauld, se trouve dans le
> privilège.
> Cette seconde partie a été imprimée en 1678, pour compléter les exemplaires
> de 3me et 4e éditions qui restaient en magasin. On la rencontre surtout
> avec les exemplaires de la 8me édition. Elle nous donne 107 réflexions
> inédites.

216. RÉFLEXIONS OU SENTENCES et maximes morales. Quatrième
édition reveuë, corrigée et augmentée depuis la troisième.
*Paris, Claude Barbin*, 1675. In-12, front. gravé, mar.
rouge, fil., dos et coins ornés de fleurs de lis, tr. dor. (*Rel.
anc.*)

> Exemplaire offert au DUC DU MAINE, avec une préface imprimée seulement
> pour lui.
> « *Le duc du Maine étant né en 1670, cette dédicace me paraît avoir dû être
> imprimée postérieurement à cette édition, car on s'expliquerait difficilement que
> La Rochefoucauld ait dit à un enfant de cinq ans :* « *Il naît de temps en temps
> des personnes d'un mérite extraordinaire, qui semblent être exceptées des Règles
> générales et ne se point sentir de la corruption de la Nature* ». Nous reproduisons
> in extenso cette note écrite par le baron PICHON sur la garde du volume,
> mais sans partager son opinion. Nous croyons que La Rochefoucauld a bien
> écrit cette dédicace pour offrir son livre au moment où il venait de paraître, et
> qu'il n'a pas été arrêté par l'âge du DUC DU MAINE, car il savait que si elle
> ne pouvait encore être appréciée par le jeune prince, elle plairait au Roi ;
> c'était assez pour le vieux courtisan.
> Cette dédicace est restée inédite et n'a pas été connue de l'éditeur des
> Maximes dans la Collection des Grands écrivains de la France.
> Aux armes du DUC DU MAINE.

217. RÉFLEXIONS OU SENTENCES ET MAXIMES MORALES. Cinquième
édition, augmentée de plus de cent nouvelles maximes.
*Paris, Barbin*, 1678, *avec privilège du Roy*. In-12 de 4 ff.
prél., dont un f. blanc, 195 pp. et 6 ff. pour la table, mar.
vert janséniste, tr. dor. (*Trautz-Bauzonnet.*)

> Dernière édition publiée du vivant de l'auteur.

218. RÉFLEXIONS, OU SENTENCES ET MAXIMES MORALES de M. de
la Rochefoucauld, avec des observations de M. l'abbé
Brotier. *Paris, Merigot*, 1789. In-8, mar. bleu, dent., tr.
dor. (*Bradel.*)

> Exemplaire de la bibliothèque de M. DE BURE.

219. MAXIMES ET PENSÉES DIVERSES. *A Paris, chez la V*ᶜ
*Pépingué et Jacques Le Febvre, rue de la Harpe*, 1691, *avec
privilège*. In-12, mar. bleu, fil., tr. dor. (*Trautz-Bauzonnet.*)

> Par la Marquise de Sablé.

**220.** Les Caractères de Théophraste, traduits du grec, avec les Caractères ou les mœurs de ce siècle par La Bruyère. *A Paris, chez Estienne Michallet, premier imprimeur du Roy, rue St Jacques a l'image Saint-Paul,* 1688. In-12, mar. La Vall. jans., doublé de mar. rouge, large dent., dorure à petits fers, tr. dor. (*Trautz-Bauzonnet.*)

Édition originale. Premier état.
Collation. 30 ff. non chiffr. pour le Titre et le Discours de Théophraste. La pagination commence à la 1re page des Caractères de Théophraste, traduits du Grec ; elle est cotée 53. Elle devrait être cotée 61, Labruyère ayant ajouté 4 ff. de texte au discours pendant l'impression, alors que la page 58 était déjà tirée, la numérotation est devenue irrégulière. La traduction des Caractères finit à la page 149. Verso blanc, Titre des Caractères ou mœurs de ce siècle. Verso blanc, l'Œuvre personnelle de Labruyère va de la page 153 à la page 360. A la fin, 1 f. pour le privilège, 1 f. pour les fautes d'impression. Cet exemplaire contient 14 ff., qui dans les autres exemplaires ont été remplacés par 14 cartons qui corrigent ou changent le texte primitif.
Ces feuillets non cartonnés sont les suivants :

| | | | | |
|---|---|---|---|---|
| 97-98 | 185-186 | 251-252 | 273-274 | 333-334 |
| 165-166 | 187-188 | 257-258 | 311-312 | 353-354 |
| 167-168 | 191-192 | 263-264 | 317-318 | |

Cet exemplaire est le premier où l'on ait relevé cet état jusque-là inconnu. Communiqué à M. G. Servois, le savant éditeur de La Bruyère dans la *Collection des grands écrivains de la France, Paris, Hachette. 1878,* il a été minutieusement décrit par lui (Voir T. III, 1re partie, pp. 135-138).
Il avait été cédé au libraire Rouquette par un bibliophile auquel ces particularités si importantes avaient échappé. Il me fut signalé très obligeamment par M. Harrisse et je m'empressai de m'en rendre acquéreur.
La Bibliothèque Nationale possède un exemplaire pareil à celui que nous venons de décrire.
Il y a à la page 222 une faute d'impression qui n'a pas été relevée par M. Servois. A la 8e ligne, on a imprimé *livrer* au lieu de *livres*. M. Claudin qui ne connaissait pas l'exemplaire ici décrit, a, dans le *Catalogue Rochebilière, p. 319,* dit par erreur que « *il ne paraît pas contenir la faute de la page 222* ». C'est donc un 15e feuillet non cartonné à ajouter à la liste de M. Servois.

**221.** Les Caractères de Théophraste, traduits du grec : avec les Caractères ou les mœurs de ce siècle par la Bruyère. *A Paris, chez Estienne Michallet,* 1688. In-12, mar. La Vall. jans., doublé de mar. rouge, dentelle, tr. dor. (*Trautz-Bauzonnet.*)

Édition originale, second état.
Coll. 30 ff. liminaires, 308 pp. chiffr. de 53 à 360. 2 ff. pour le privilège et les fautes d'impression.
Cette édition avait passé pour la première jusqu'à la découverte de l'exemplaire décrit au n° précédent.
La pagination est incorrecte, il n'y a en réalité que 30 ff., 308 pp. et 2 ff.
Il y a sous la même date une seconde édition où la pagination est régulière.
Exemplaire très grand de marges. H. 157 m.

**222.** Les Caractères de Théophraste, traduits du grec, avec les caractères ou les mœurs de ce siècle par la Bruyère. Neuvième édition, revüe et corrigée. *A Paris, chez*

*Estienne Michallet*, M. DC. CXVI (*sic*, pour 1696). In-12, mar. La Vall. jans., dent. int., tr. dor. (*Trautz-Bauzonnet.*)

Neuvième et dernière édition présentant le texte définitif de La Bruyère avec ses dernières retouches. Bayle dit qu'elle parut peu de jours après sa mort.

Les ff. liminaires contiennent le titre et le *Discours sur Théophraste*; à la suite des *Caractères* se trouve le *Discours prononcé dans l'Académie Française*; les 3 derniers ff. contiennent la *Table* et l'*Extrait du Privilège*.

# BEAUX-ARTS.

## *Architecture.*

**223.** LIBRO D'ANTONIO LABACCO appartenente à l'architettura, nel qual si figurano alcune notabili antiquita di Roma. (Au verso de l'avis au lecteur, on lit:) *impressi in casa nostra ne gli anni de S.* MD.LII. [1552]. *Con privilegio Apostolico et Veneto per anni dieci.* In-fol., compart., mosaïque de mar. vert et citron. (*Rel. anc.*)

Aux armes du Roi HENRI II.

**224.** ARCHITECTURE OU ART DE BIEN BASTIR, de Marc Vitruve Pollion autheur Romain antique mis de latin en Françoys par Jean Martin, Secretaire de Monseigneur le Cardinal de Lenoncourt pour le Roy tres chrestien Henri II. *A Paris. Avec privilege du Roy. On les vend chez Jean Gazeau en la rue St-Jacques à lescu de Cologne*, 1547. In-fol., fig. sur bois, veau fauve, milieux et coins dorés. (*Rel. du XVI*ᵉ *siècle.*)

Coll. **4 ff.** préliminaires. **155 ff.** numérotés pour le texte de Vitruve. **24 ff.** dont un blanc, pour les annotations sur Vitruve.

Cette traduction de Vitruve a été éditée par Jean Barbé, bourgeois de Paris dont le portrait orne le titre du livre et le dernier feuillet des annotations.

Jean Martin, dans sa dédicace au Roy, nous apprend que la traduction est « *enrichye de figures nouvelles concernantes l'art de massonnerie, par Maître Jehan Goujon, naguères architecte de Mgr le Connétable.*» Jean Goujon a ajouté à la fin des annotations trois pages d'explications qu'il adresse en ces termes : « *Jean Goujon, studieux d'architecture, aux lecteurs, salut.* »

La planche qui se trouve au verso du f. 78 est signée d'un monogramme formé par l'enlacement des deux lettres K et D.

**225.** LIVRE DE PERSPECTIVE de Jehan Cousin Senonois, maistre Painctre à Paris. *A Paris, de l'imprimerie de Jehan Le Royer imprimeur du Roy es mathematiques*, 1560. *Avec privilege.* Grand in-fol., vélin. (*Première reliure*).

69 ff. Sign. A par 5, B-R par 4.

Le 1ᵉʳ cahier devrait avoir 6 ff., mais le feuillet qui manque est représenté par le talon de la planche A2, feuillet blanc qui a été retranché. Le cahier R se complète par 1 f. blanc.

Le titre est orné de la belle marque de Jehan Le Royer avec la devise : « *Stante et Currente rotâ.* » Le f. 2 est occupé par une planche à pleine page d'un grand caractère. La planche MII, intitulée paysage, donne une idée très nette de la manière de Jehan Cousin.

Les bois ont été taillés par Jehan Le Royer et son beau-frère Olivier. Jehan Le Royer nous dit dans son avis au lecteur : « *J'ai taillé la plus grande part des figures, et quelques unes qui au paravent étaient encommencées par Maître Aubin Olivier, mon beau-frère, les ai parachevées et mises en perfection.* »

Les lettres ornées et en-têtes sont très multipliés et d'une grande élégance.

---

## OEUVRE DE DU CERCEAU.

**226.** ARCS ANTIQUES. *Aureliæ*, 1549. In-fol., mar. rouge, double fil., tr. dor. (*Petit.*)

Avis au lecteur gravé sur un cube en maçonnerie et 25 planches (Geymüller, *Les Du Cerceau*, p. 302).
Épreuves du PREMIER TIRAGE.
Reliure aux armes du baron SEILLIÈRE.

**227.** LIVRE DE GROTESQUES. *Aureliæ*, 1550. In-4, mar. bleu, dent. à froid, tr. dor. (*Bozérian.*)

Cette suite est une des plus charmantes productions de *Du Cerceau*. Bien que l'artiste se soit beaucoup inspiré des maîtres italiens, *Nicoletto de Modène, Bramante, Luini, E. Vico,* etc., ces compositions ont été si spirituellement dessinées et gravées, que cette série de 50 planches compte parmi les meilleures œuvres de la Renaissance française.
Exemplaire complet de la première édition, avec les planches à toutes marges et en très belles épreuves.
De la bibliothèque de M. W. BECKFORD.

**228.** DE ARCHITECTURA, JACOBI ANDROUETII DU CERCEAU, OPUS. Quo descriptæ sunt ædificiorum quinquaginta planè dissimilium ichnographiæ, in omnium non modò potentiorum, sed etiam mediocrium tenuiorum gratiam, quos ædificandi studium oblectat. Adjuncta usus et commoditatis in habitationibus singulis expositione, unà cum integra cujusque ædificii dimensione. *Lutetiæ Parisiorum*, 1559. In-fol. de 16 ff. de texte imprimé et 69 pl., vélin blanc, fil., tr. dor. (*Rel. anc.*)

Première édition. Les 69 planches contiennent 171 morceaux de gravure, plans, coupes et élévations de monuments (G. p. 310).
Le même volume contient :
1° DE ARCHITECTURA JACOBI ANDROUETII DU CERCEAU OPUS ALTERUM. Quo complures et variæ describuntur rationes, ad unas Caminorum partes circà focum decorandas, ad fenestras è tectis prominentes, quas Galli lucarnas vocant, ad Januas, Fontes et Hortensia Tentoria Pulchrè exornanda, comparatæ. Hunc accesserunt elegantissimæ decem Sepulchrorum planè

dissimilium figuræ. *Parisiis, ex officina Andreæ Wecheli*, 1561, in-fol. de 2 ff. lim. et 66 pl.

Première édition. Voici le détail des planches :
Cheminées, 21 pl. — Lucarnes, 12 pl. — Portes, au nombre de 14 sur 8 pl. — Fontaines, au nombre de 6 sur 7 pl. dont une pour les plans. — Puits, au nombre de 6 sur 6 pl. dont une pour les plans. — Pavillons, au nombre de 6 sur 6 pl. dont une pour les plans. — Tombeaux, 10 sur 6 pl. (G. p. 310).

2' LIVRE D'ARCHITECTURE DE JAQUES ANDROUET DU CERCEAU. Auquel sont contenues diverses ordonnances de plants et élévations de bastiments pour seigneurs, gentilshommes, et autres qui voudront bastir auz champs... *Paris, pour Jacques Androuet du Cerceau*, 1582, in-fol. de 26 ff. et 52 pl. avec 118 pièces.

Deuxième édition de ce volume qui est parfois appelé le *Troisième livre de l'architecture* et qui complète les deux volumes qui précèdent (G. p. 312).

Ces 3 volumes imprimés sur papier fort sont dans leur reliure primitive en vélin, admirablement conservée, portant sur les plats les premières armes de J.-A. de THOU.

229. LE PREMIER [-SECOND] VOLUME DES PLUS EXCELLENTS BASTIMENTS DE FRANCE, auquel sont designez les plans de quinze (trente) bastiments, et de leur contenu ensemble les elevations et singularitez d'un chascun. Par Jacques Androuet, du Cerceau, Architecte. *A Paris, pour ledit Jacques Androuet, du Cerceau*, 1576-1579. 2 vol. in-fol., pl., veau marbré, fil., tr. rouge (*Rel. anc.*)

Tome I, 8 ff. lim. et 67 pl. dont 62 doubles et 5 simples ainsi réparties : Le Louvre, 9 pièces sur 9 ff. — Vincennes, 2 pièces sur 2 ff. — Chambord, 3 pièces sur 3 ff. — Boulogne dit Madrid, 10 pièces sur 9 ff. dont une simple — Creil, 2 pièces sur 1 f. — Coussy, 7 pièces sur 4 ff. — Folembray, 2 pièces sur 2 ff. — Montargis, 5 pièces sur 4 ff. — Saint-Germain, 7 pièces sur 4 ff. — La Muette, 3 pièces sur 2 ff. simples. — Vallery, 5 pièces sur 5 ff. — Verneuil, 10 pièces sur 10 ff. dont 2 simples. — Anssy le Franc, 5 pièces sur 3 ff. — Gaillon, 9 pièces sur 7 ff. — Maune, 2 pièces sur 2 ff.

Tome II. 8 ff. lim. dont un blanc et 70 planches dont 67 doubles et 3 simples ainsi réparties :
Blois, 5 pièces sur 5 ff. — Amboise, 8 pièces sur 3 ff. — Fontainebleau, 7 pièces sur 7 ff. — Villers-Cotterets, 3 pièces sur 3 ff. — Charleval, 5 pièces sur 5 ff. dont une simple. — Les Tuileries, 4 pièces sur 3 ff. — Saint-Maur, 3 pièces sur 3 ff. — Chenonceaux, 4 pièces sur 4 ff. — Chantilly, 9 pièces sur 7 ff. — Anet, 10 pièces sur 7 ff. dont deux simples. — Ecouen, 5 pièces sur 5 ff. — Dampierre, 4 pièces sur 4 ff. — Challuau, 3 pièces sur 2 ff. — Beauregard, 3 pièces sur 3 ff. — Bury, 4 pièces sur 3 ff. ( Voy. G. pp. 312-313).

A côté de la planche qui représente la grande salle du château de Montargis, on a ajouté une curieuse et rare estampe gravée par *Du Cerceau*. le *Combat d'un chien contre un gentilhomme*, d'après un haut-relief du château de Montargis (G. p. 324), avec une légende explicative placée à côté.

Cet exemplaire, très beau d'épreuves, est comme le n° précédent aux armes de J.-A. DE THOU.

Ces deux beaux livres ont appartenu à M. W. BECKFORD qui les avait achetés à la vente Soubise.

Ce grand bibliophile était venu en France vers 1788. C'est à cette époque qu'il commença à former la bibliothèque que nous avons vue passer du Palais Hamilton sur les tables des Auctioners de Londres.

Il sut profiter de la tourmente révolutionnaire qui, en quelques années, jeta aux quatre vents du ciel les trésors accumulés depuis la Renaissance, pour réunir la plus étonnante collection de manuscrits et de livres qui ait appartenu à un particulier depuis la dispersion de la bibliothèque du duc de La Vallière.

**230. Du Cerceau. Recueil des Meubles, Termes, etc.,** dessinés et gravés par Androuet Du Cerceau. *S. l. n. d.* *(vers 1580).* En un vol. in-4, veau ant. jaspé. *(Rel. anc.)*

Très beau recueil composé de planches en excellentes épreuves du premier tirage. Il renferme :

1° *Meubles.* — *Portes,* 2 pièces sur 2 ff.
*Cabinets, Dressoirs,* 21 pièces sur 20 ff.
*Deux gaines et un panneau avec sculpture,* 3 pièces sur 1 f.
*Gaines ou scabellons,* 8 pièces sur 2 ff.
*Sphinx et Chimères,* 8 pièces sur 1 f.
*Dessus de cheminée,* 1 pièce sur 1 f.
*Trois termes vus de profil,* 1 pièce sur 1 f.
*Tables,* 24 pièces sur 11 ff.
*Lits,* 8 pièces sur 6 ff.
*Miroir,* 1 pièce sur 1 f. (pièce en largeur).
Au total pour la série des *Meubles,* 77 pièces sur 46 ff. ; cette collection est complète ainsi.

2° *Détails d'ordre d'Architecture. S. l. n. d., 2° série,* 20 planches.

Ce volume appartenait à M. Pior. Il n'avait jamais voulu le vendre, bien qu'à différentes reprises on lui en eût offert un prix très élevé.

Après la mort de M. Pior, il échappa à l'attention du libraire chargé de la vente de sa bibliothèque, et fut compris dans un lot de livres non catalogués. Un libraire avisé profita de l'aubaine.

L'exemplaire est à toutes marges et d'une grande pureté. Il est fort rare de trouver la suite des meubles dans une pareille condition.

**231. [Moralités et Allégories,** estampes gravées par J. A. Du Cerceau d'après des estampes exécutées par J. Porta dit Salviati]. *S. l. n. d.* In-4, veau brun, milieux *(Rel. anc.)*

40 pièces gravées en taille-douce. Chacune d'elles porte au bas une tablette avec légende.

M. de G. (p. 325), sépare ces deux suites qui, en réalité, n'en font qu'une.

Le même volume contient : Les huit philosophes, suite de 8 pièces en largeur gravées par *J. A. Du Cerceau.* Ensemble 48 pièces.

Recueil très bien conservé dans sa première reliure.

**232. Théâtre des instruments** mathématiques et méchaniques de Jacques Besson, Daulphinois, avec l'interprétation des figures d'icelui, par Fr. Beroald. *Lyon,* 1579. In-fol. parch.

Frontispice remarquable. 60 planches.

La 1re édition est de 1569. Dans l'édition de 1579, toutes les planches sont de *Du Cerceau,* moins deux, n° 17 et n° 35, qui sont signées du monogramme de *René Boyvin.*

**233. La Perspective positive de Viator,** traduite de latin en françois augmentée et illustrée par Maistre Estienne Martelange, de la Compagnie de Jésus, avec les figures gravées. *À La Flèche, par Mathurin Jousse,* 1626. Pet. in-8, fig., vélin, milieux, tr. dor. *(Rel. anc.)*

Reproduction du célèbre traité de *Perspective* de Jean Pélerin, dit Viator, faite au XVIIe siècle par Mathurin Jousse, architecte et ingénieur de La Flèche, auteur de divers traités sur la charpenterie et la serrurerie.

Cette édition comprend un titre gravé, une dédicace de Jousse au jésuite « Etienne Martel-Ange », 1 f. ; la traduction du Viator par Martel-Ange, 6 ff., 1 f. blanc, 1 pl. non numérotée, 61 pl. numerotées gravées à l'eau-forte par *Jousse*, sur des dessins à la plume faits par le P. Ange d'après les planches de la troisième édition de la *Perspective* publiée en 1521, dessins dans lesquels figurent divers monuments parisiens et angevins, et 5 pl. gravées au trait par ou d'après *Du Cerceau*, reproduisant des « Paix » ou Tabernacles et la perspective d'une église en ruine, (le titre est compris dans un encadrement de même sorte).

Voy. sur ces 6 pl. : B. Fillon, *Lettres écrites de la Vendée à M. de Montaiglon*, et de Geymüller, *Les Du Cerceau*, p. 341. Ce dernier iconographe considère ces épreuves comme ayant été tirées sur les planches originales de *Du Cerceau*.

Ce volume provient de la bibliothèque du COLLÈGE DES JÉSUITES, à La Flèche.

---

## Ornements.

**234.** LIVRE ARTIFICIEUX, ET TRES PROUFFITABLE POUR POINTRES, TAILLEURS DES IMAIGES et Danticquez, Orfebvres, et plusieurs aultres gens ingénieuses nouvellement imprime. 1546. *On les vend en Anvers en la rue de Camer a lenseigne de le Soleil dor par Jehan Richard.* In-4 goth. de 28 ff., sign. A-G, fig., mar. rouge, tr. dor. (*Mercier.*)

Ce très rare volume contient 55 planches gravées sur bois avec de nombreux modèles sur chaque feuille. Ces planches sont l'œuvre de *Henri Vogther ;* une édition allemande, portant le nom de l'auteur, avait été publiée à Strasbourg en 1537.

**235.** VARIARUM PROTRACTIONUM QUAS VULGO MAURUSIAS VOCANT omnium antehac excusarum libellus longe copiosissimus pictoribus aurifabris polymitariis barbaricariis variisque id genus artificibus etiam acu operantibus utilissimus nuncque primum in lucem æditis anno 1554 Baltazar Sylvius fecit. *S. l.* Pet. in-fol. obl., mar. violet. (*Mercier.*)

Frises avec riches entrelacs et ornements moresques sur fond blanc et noir. Suite complète comprenant 24 pièces y compris le titre. Très belles épreuves avant les numéros, avec marges.

**236.** RECUEIL D'ORNEMENTS, par Daniel Mignot. *Augsbourg*, 1593. In-4, mar. Lavallière. (*Cuzin.*)

Pendeloques. *Titre, In timore et charitate Dei Daniel Mignot fecit hoc. Augustæ Vendelicorum anno 1593.* Les Vertus Cardinales. Suite de 8 pièces.
Pendeloques. *Même titre. Même date.* Suite de 10 pièces.
Aigrettes. *Titre, In timore Dei Daniel Mignot inv. sculp. et excudit hoc. Aug. Vendel. anno 1596.* Suite de 19 pièces numérotées.
Pendeloques. *Même titre, même date.* Suite de 8 pièces.
Pendeloques et pendants d'oreilles. *Sans titre.* Suite de 15 pièces numérotées.
Pendeloques à personnages et rinceaux, noirs sur fond blanc. *Titre, In timore Dei.... anno 1596.* Suite de 7 pièces.
Au total 67 pièces.
Elles sont à toutes marges et de premier tirage.
(*Guilmard, p. 375*).

**237.** MONILIUM BULLARUM inauriumque artificiosissimæ icones. Joannis Collaert opus postremum.— Bullarum inaurium, etc. Archetype artificiosi. *Antverpiæ, P. Gallus exc.*, 1581-1582. 2 parties en 1 vol. iu-4, mar. vert. (*Mercier.*)

Ces deux suites de Collaert, qui se complètent, comprennent ensemble 20 planches représentant des bijoux pendeloques, richement ornés. Le titre de la 2ᵉ partie indique comme graveur le fils de Collaert.
Belles épreuves avec grandes marges.

**238.** PANOPLIA omnium illiberalium, mechanicarum, aut sedentariarum artium genera continens, quot quot unquam vel a veteribus aut nostri etiam seculi celebritate excogitari potuerunt, breviter et dilucide confecta; carminibus expressa, cum venustissimis imaginibus omnium artificum negociationes ad vivum repræsentantibus; per Hartmann Schopperum. *Francofurti ad Mœnum, apud G. Corvinum, impensis Sig. Feyrabenti*. 1568. In-8, fig., mar. La Vallière, milieux, coins et arabesques. (*Capé.*)

Coll. 8 ff. liminaires. 140 ff. Sign. A à R par 8, S par 4.
Première édition de ce livre très curieux.

**239.** RECUEIL DE CARTOUCHES, par Agostino Mitelli. *Parisini, For Bologna*, 1636. Pet. in-fol., veau fauve. (*Rel. anc.*)

Coll. Un titre. 34 planches gravées à l'eau-forte. Sur le titre, dédicace à « *Illustrissimo Sig. Francisco Maria Zambeccari.* »
Première édition.

**240.** NOUVEAUX DESSEINS de Meubles et ouvrages de Bronze et de Marquetterie inventés et gravés par André Charles Boulle. In-fol. oblong, mar. vert. (*Cuzin.*)

46 pièces sur huit planches numérotées. Exemplaire à toutes marges.
Très rare.

**241.** PLUSIEURS MODÈLES des plus nouvelles manières qui sont en usage en l'art d'Arquebuzerie avec ses ornements les plus convenables, le tout tiré des ouvrages de Thuraine et le Hollandois, arquebusiers ordinaires de sa majesté, et gravé par Jacquinet, *et se vend le présent livre chez les autheurs, avec privilège*, 1660. In-4 oblong, mar. vert. (*Cuzin.*)

Coll. Titre, trois planches préliminaires pour les adresses des arquebusiers de Paris et 12 planches d'ornements chiffrées 1 à 12. En tout 16 planches.
Premier tirage avant l'adresse *chez Langlois*.

**242.** RECUEIL contenant différentes suites d'ornements, par Pineau. In-fol. oblong, mar. vert. (*Cuzin.*)

1° Nouveaux desseins de lits inventés par le Sʳ Pineau. *A Paris, chez Mariette, rue St-Jacques, aux Colonnes d'Hercules.* Six pièces.
2° Nouveaux desseins de pieds de tables et de vases, de consoles de

sculpture en bois, inventés par le S<sup>r</sup> Pineau, sculpteur. *A Paris, chez Mariette.* Six pièces.

3° Desseins de Bordures, Pineau invenit. Hérisset sculpsit. *Mariette excudit,* Six pièces.

18 pièces à toutes marges.

**243. ORNEMENTS INVENTEZ PAR J. BERAIN.** *Et se vendent chez Monsieur Thuret, Aux Galleries du Louvre. Avec privilège du Roy, s. d.* In-fol., fig., mar. rouge, dos orné, compart. à la Du Seuil, tr. dor. (*Hardy.*)

Titre dessiné et gravé par J. Bérain.
*A* 1 pl. d'arabesques, 4 pl. de commodes et lustres, gravées par Daigremont.
*B* 3 pl. panneaux, 1 pl. d'entablements, 1 pl. torchères et portique sur la même feuille double, Dolivart.
*G* 4 pl. panneaux, 1 pl. chaise à porteurs, Dolivart.
*H* 5 pl. cheminées, Scotin l'aîné.
*Sans lettres :*
5 pl. chiffrées, cheminées, Scotin.
5 pl. numérotées, cheminées, Scotin.
2 pl., chaises à porteurs et dossiers, Dolivart.
1 pl. supports. Au-dessous, danseurs, deux sujets sur une même planche, Lepautre et Daigremont.
2 pl. de torchères, par Dolivart.
En tout, 36 pl. doubles ; du meilleur tirage.

**244. DIVERSES PIÈCES** de serruriers inventées par Hugues Brisville, maître serrurier à Paris et gravez par J. Berain. *A Paris chez Langlois, rue St-Jacques à la Victoire, avec privilège du Roy.* Grand in-4, mar. vert. (*Cuzin.*)

Portrait de Brisville, gravé par Ladame, daté de 1663.
Titre. Dédicace à M. Longuet, 12 pièces numérotées 3 à 14, 2 pièces sans numéro.
En tout, 17 pièces à toutes marges, placées sur papier ancien de la dimension du portrait de Ladame qui, par ce moyen, n'est pas plié.
Très bel exemplaire.

**245. ORNEMENTS PEINTS** dans les appartements des Tuileries dessinnez et gravez, par Berain. *A Paris, chez Nicolas Langlois, rue St Jacques à la Victoire. Avec privilège du Roy.* 11 pl. numérotées. — A la suite, douze pièces d'arabesques et de cartouches pour armoiries. On lit au bas de chaque planche, Berain inv. et fec. *A Paris, chez N. Langlois.* Pet. in-fol., mar. vert. (*Cuzin.*)

Exemplaire parfait de ces 23 pièces les plus rares de l'œuvre de Bérain.
Les 12 pièces sont avant les n<sup>os</sup>.

**246. BERAIN.** Ornements de Peinture et de Sculpture qui sont dans la Galerie d'Apollon au Chateau du Louvre, et dans le grand Appartement du Roy, au Palais des Tuileries, dessinez et gravez par les S<sup>rs</sup> Berain, Chauveau et Lemoine. *Paris* [1710]. — Belvedere, que le premier ministre, Comte de

Bruhl fit bâtir l'an 1751, gravé par Michel Keyl. *Dresde,*
*1761.* 2 parties en 1 vol. in-fol., demi-rel.

1re partie, 29 pl. numérotées.
2e partie, 1 titre et 5 pl.
Le Belvédère fut détruit par le roi de Prusse, quand il s'empara de Dresde
dans la campagne de 1759.

247. LEPAUTRE (Pierre). Livre de tables qui sont dans les
Appartemens du Roy sur lesquelles sont posés les bijoux du
Cabinet des médailles. Dessiné et gravé par P. Lepautre.
Graveur du Roy. *Se vend à Paris, chez Daigremont, s. d.*
In-4. mar. rouge, compart., tr. dor. (*Hardy-Mennil.*)

Suite de six feuilles ; cinq sont consacrées aux tables qui garnissaient
le cabinet des médailles de Louis XIV à Versailles, et qui supportaient les
vases et les objets les plus précieux qui ont été fidèlement reproduits par
Lepautre ; la 6e planche représente un *Buffet exécuté pour Marly,* garnissant
le grand salon octogone du premier étage. Ce buffet existait encore en 1797.
Voy. Dussieux, *Versailles,* T. I, 214 et T. II, 377.

248. RECUEIL D'ORNEMENTS inventés par Jean Le Pautre. Grand
in-4, mar. rouge. (*Cuzin.*)

Ce recueil contient les pièces suivantes :
1. Grandes cheminées à la Romaine, inventées et gravées par J. Lepautre.
A Paris, chez *Mariette.* 6 pièces.
2. Id. 9 pièces, à l'adresse de *Leblond.*
3. Alcôves à la Royale. *Chez Mariette.* 6 pièces.
4. Fontaines. *Chez Leblond.* 6 pièces.
5. Torchères. *Chez Leblond.* 6 pièces.
6. Bordures de tableaux. *Chez Leblond.* 6 pièces.
7. Ornements de panneaux. *Chez Leblond.* 6 pièces.
8. Vases. *Chez Leblond.* 10 pièces.
9. Fontaines. *Chez Leblond.* 12 pièces en travers.
10. Grandes vues de grottes et jardins à l'Italienne. *Chez Mariette.* 6 pièces
en travers.
11. Frises et montants, à l'adresse de *Mariette, Leblond et Van Merlen.*
20 pièces.
12. Plafonds. *Chez Leblond.* 8 pièces.
13. Id., *Chez Mariette,* 1661. 6 pièces.
14. Baptistères. *Chez Leblond.* 2 pièces.
15. Alcoves à la Romaine dédiées à M. Ch. Patin. *Chez Leblond.* 5 pièces.
16. Id. *Chez Leblond et Mariette.* 7 pièces.
17. Pièces mythologiques. *Chez Leblond.* 28 pièces.
18. Alcoves à la Royale. *Chez Mariette.* 6 pièces.
19. Aubenistiers. 1667, chez *Mariette.* 6 pièces.
20. 1 cartouche. *Chez Mariette.* — Le chiffre du roi. *Chez Mariette.* — Le
chiffre de la reine. *Chez Mariette.* — Arabesques avant toutes lettres. —
2 pièces ancien testament. *Chez Mariette.* 6 pièces.
21. Ancien testament. *Chez Leblond.* 9 pièces.
22. Paysages et trophées. *Chez Leblond.* 8 pièces.
23. Nouveau testament et paysages. *Chez Leblond et Baroche.* 15 pièces.
En tout, 179 pièces grand in-4, toutes de premier tirage et dont un grand
nombre est avant toute lettre.

249. RECUEIL D'ORNEMENTS inventés par J. Le Pautre. In-fol.,
mar. rouge. (*Cuzin.*)

Ce volume contient :
1. Ornements de panneaux modernes, 6 pièces. *A Paris, chez Mariette à*
*l'Espérance.*

2. Ornements de panneaux, 6 pièces. *Chez Mariette.*

3. Recherches de plusieurs beaux morceaux d'ornements, 6 pièces. *Chez Mariette.*

4. Portes cochères. 6 pièces. *Chez Mariette.*

5. Placards, etc., 6 pièces. *Chez Mariette.*

6. Lambris à la Romaine, 6 pièces. *Chez Mariette.*

7. Desseins de lambris à l'italienne, 6 pièces. *Chez Langlois.*

8. Desseins de cheminées, 6 pièces. *Chez Langlois.*

9. Cheminées à l'italienne, 6 pièces. *Chez Mariette.*

10. Cheminées à la moderne, 6 pièces. *Chez Mariette,* 1661.

11. Cheminées à la romaine, 6 pièces. *Chez Mariette.*

12. Cheminées à l'italienne, 6 pièces. *Chez Jallain,* 1677.

13. Livre de cheminées à la moderne. *Chez l'Auteur, sous les Charniers des Innocents.* 6 pièces avant le n°.

14. Desseins de cheminées à peu de frais. *Chez Langlois, à la Victoire.* 6 pièces avant le n°.

15. Desseins de cheminées, 13 pièces. *Chez Leblond.* Avant la lettre.

16. Angles de plafonds de galeries, 6 pièces. *Chez Mariette.*

17. Nouveaux desseins de plafonds, 6 pièces. *Chez Mariette, aux colonnes d'Hercule.*

18. Rinceaux de différents feuillages, 6 p. *Chez Mariette.*

19. Grotesques et moresques à la romaine, 6 pièces. *Chez P. Mariette, à l'Espérance.*

20. Frises ou montants pour Lambris, 6 pièces. *Chez P. Mariette, aux colonnes d'Hercule.*

21. Ornements pour embellir Frises et Corniches, etc., 6 pièces. *Chez P. Mariette, à l'Espérance.*

22. Différents ornements à la romaine pour Frises et Corniches, *Chez Mariette.* 6 pièces avant les n°s.

23. Grotesques ou moresques, 12 pièces. *Chez Mariette.*

24. Ornements pour Frises et Corniches, 6 pièces. *Chez Mariette.*

25. Montants pour Lambris, 6 pièces. *Chez Poilly.*

26. Montants pour Lambris, 6 pièces. *Chez Leblond.*

27. Montants de trophées, 6 pièces. *Chez Mariette.*

28. Frises de feuillages et ornements, 6 pièces. *Chez Mariette.*

29. Feuillages et autres ornements, 6 pièces. *Chez Langlois, rue St-Jacques à la Victoire.*

En tout, 175 pièces.

**250. RECUEIL D'ORNEMENTS inventés par J. Le Pautre. In-fol., mar. rouge. (*Cuzin.*)**

Ce recueil contient :

1. Chaires de prédicateurs, 6 pièces. *Chez Mariette,* 1659.

2. Bancs d'œuvre, 6 pièces. *Chez Mariette.*

3. Plaques ou aubenistiers servant aux orfèvres, 1659, 6 pièces. *Chez Mariette.*

4. Desseins pour faire des plaques et aubenistiers, 6 pièces. *Chez Mariette.*

5. Livre de différents morceaux d'orfévrerie, 10 pièces. *A l'adresse du Charnier des innocents et de Leblond.*

6. Chaires, Jubé, banc d'œuvre, appliques, 8 pièces avant les numéros. *A l'adresse de Leblond.*

7. Autels à la Romaine, 6 pièces. *Chez Mariette.*

8. Tabernacles, 6 pièces. *Chez Mariette.*

9. L'Adoration des Bergers, 1 pièce.

10. Véritable portrait de Notre-Dame dite de la Paix, colloquée dans le mur des Capucins, rue St-Honoré, 1 pièce. *Chez Leblond.*

11. Tabernacles à l'italienne, 6 pièces. *Chez Mariette.*

12. Portails d'églises à l'italienne, 6 pièces. *Chez Mariette.*

13. Desseins d'autels, 5 pièces. *Chez Poilly.* Sans titre.

14. Portes de chœurs avec leurs jubés et rétables, 6 pièces. *Chez Mariette,* 1661.

15. Retables à l'italienne, 6 pièces. *Chez Mariette.*

16. Plusieurs desseings d'autels à la Romaine, 6 pièces. *Chez Jollain, rue St-Jacques.*
17. Dessins d'autels. Sans titre, 17 pièces. *A l'adresse de Leblond.*
18. Confessionnaux, 6 pièces. *Chez Mariette.*
19. Livre de Cartouches et Mausolées, 6 pièces. *Sous les Charniers des innocents.*
20. Tombeaux ou Mozoles, 6 pièces. *Chez Mariette.*
21. Tombeaux, 19 pièces. *Chez Leblond.* Sans titre explicatif.
22. Sépultures et Épitaphes, 7 pièces. *Chez Langlois.*
23. Autels, 3 pièces. *Chez Leblond.*
En tout, 150 pièces.

251. RECUEIL D'ORNEMENTS inventés par J. Le Pautre. In-fol., mar. rouge. (*Cuzin.*)

Ce recueil contient :
1. Nouveau livre de termes, 6 pièces. *A Paris, sous les Charniers des Innocents.*
2. Livres de parterres, 6 pièces. *Chez l'Auteur.*
3. Fontaines et jets d'eau à la moderne, 6 pièces. *Chez Mariette.*
4. Fontaines et jets d'eau à l'italienne, 6 pièces. *Chez Mariette, à l'Espérance,* 1661.
5. Jets d'eau, 6 pièces av. les n°s. *Chez Mariette.*
6. Vases et Cartouches, 6 pièces. *Chez Mariette.*
7. Vases et Cartouches, 12 pièces. *Chez Leblond, rue St-Denis à la Cloche d'argent.* Avant les n°s.
8. Vases d'ornements, 6 pièces. *Chez Langlois.*
9. Vases à la moderne, 6 pièces. *Chez Mariette,* 1659.
10. Vases à l'antique, 6 pièces. *Chez Mariette,* 1661.
11. Fontaines, 5 pièces ; Vasque, 1 pièce. 6 pièces. *Chez Leblond.*
12. Fontaines et Cuvettes, 6 pièces. *Chez Mariette.*
13. Vases, 6 pièces. *Chez Poilly, rue St-Jacques à l'image St-Benoit.*
14. Suite de Vases, à 2 par planche, 6 pièces en travers. *Chez Poilly.*
15. Fontaines et Cuvettes, 6 pièces en travers. *Chez Leblond.*
16. Vases ou burettes à la romaine, 6 pièces en travers. *Chez Langlois.* 1661.
17. Trophées d'armes, 6 pièces. *Chez Langlois.*
18. Trophées d'armes à l'italienne, 6 pièces. *Chez Mariette.*
En tout, 114 pièces.

252. RECUEIL D'ORNEMENTS inventés par Le J. Pautre. In-4 oblong, mar. rouge. (*Cuzin.*)

Ce recueil contient :
1. Alcoves à la française, 17 pièces. *Chez Leblond.*
2. Plafonds, 2 pièces. Panneaux et bas-reliefs, 11 pièces. *Chez Leblond.*
3. Alcoves à la romaine, 6 pièces. *Chez Langlois.*
4. Alcoves à la romaine, 6 pièces. *Chez Mariette.*
5. Lambris à la française, 6 pièces. *Chez Mariette.*
6. Galeries, Claustrats et grilles de sacristies, 7 pièces. *Chez Leblond.*
7. Plafonds à la romaine, 10 pièces. *Chez Jollain,* 6 ; *chez Mariette,* 4.
8. Fontaines, châteaux, paysages, 16 pièces. Ornements de Lambris, 2 pièces. *Chez Leblond, rue St-Denis à la Cloche d'Argent.*
En tout, 83 pièces avant les n°s.
Toutes ces planches sont du premier tirage. Les planches à l'adresse de *Leblond,* sont du meilleur temps de *Le Pautre,* et elles sont toujours sans désignations ni légendes.

253. LE PAUTRE. Pièces relatives à l'ornement. In-fol., mar. rouge, tr. jasp. (*Cuzin.*)

Ce recueil contient :
1. Livre de miroirs, tables et guéridons inventés et gravés par Jean

Lepautre. *Se vend sous les Charniers St-Innocent.* 6 pièces avant les n°s. J. Lepautre inv. et fecit.

2. Les Cabinets, 6 pièces avant les n°s. Au bas, Lepautre, invent. et fecit. *Chez P. Mariette, rue St-Jacques.*

3. Livre de Serrurerie inventé par Jean Lepautre et gravé par Jacques Lepautre. *Se vend à Paris, sous les Charniers St-Innocent. Avec privilège.* Au bas, Lepautre excudit. 12 pièces, avant les n°s.

4. Escussons ou entrées de Cerures et autres ornements servants a embelir la Cerurie inventez et gravez par J. Lepautre. *A Paris, chez P. Mariette, rue St-Jacques à l'Espérance.* 6 pièces chiffrées.

5. Bordures de tableaux à la romaine, inventées et gravées par Le Potre. *A Paris, chez P. Mariette, aux Colonnes d'Hercule. Avec privilège.* 6 pièces chiffrées.

En tout, 36 pièces.

Les six recueils que nous venons de décrire contiennent en tout 737 planches. On y trouve presque au complet les œuvres de Jean Le Pautre relatives à l'ornement.

Les pièces sont toutes de premier tirage, à l'adresse de *Leblond,* de *Langlois,* de *J.* et *P. Mariette,* et par conséquent, antérieures au recueil édité par *Jombert* en trois volumes, *Paris, 1731.* Ce recueil contient 780 pièces.

Voir Destailleur. *Notice sur quelques artistes français.* Paris, 1863, p. 66.

---

254. RECUEIL DE DESSINS de fonds de salons, de cabinets de treillage, de parterres de broderie, de serrurerie, par Pierre Lepautre. In-fol. oblong., mar. vert. (*Cuzin.*)

1. Frontispice avant toute lettre pour un ouvrage de Musique. *Sans nom ni adresse.*

2. Fonds de riches salons, 7 pièces. Au bas, Pierre Lepautre sculp. *A Paris, chez J. Mariette, rue St-Jacques, aux Colonnes d'Hercule.*

3. Serrurerie. Grilles, balcons, rampes, 12 pièces chiffr. au bas. *A Paris. chez J. Mariette, aux Colonnes d'Hercule.*

4. Cabinets de treillage. 6 pièces, chiffr. au bas de la planche, dessinés et gravés par le Pautre. *A Paris, chez J. Mariette, rue St-Jacques, à la Victoire.*

5. Dessins de parterres de broderie, 6 pièces chiffr. Au bas, P. le Pautre, sculp. *A Paris, chez J. Mariette, aux Colonnes d'Hercule.*

6. Dessins de parterres de broderie. Au bas, inventé par Touchar, gravé par Le Pautre. *A Paris, chez Langlois, rue St-Jacques, à la Victoire.* 6 pièces non chiffrées, les 2 dernières gravées par Perelle.

7. Dessins de parterres en broderie, par Le Pautre, Leblond et Bouticour. 10 pièces chiffr. Au bas, l'adresse de *J. Mariette, rue St-Jacques, aux Colonnes d'Hercule. Avec Privilège du roi.*

8. Parterres de Broderie, de Gazon, de Découpé, du dessin de Lenostre, Le Blond et Bouticour, 10 pièces chiffr. au bas. *A Paris, chez J. Mariette, rue St-Jacques, aux Colonnes d'Hercules.*

9. Plan du Jardin des Thuileries comme il est à présent, et autres dessins de parterres en broderie de l'invention de M. Le Nôtre. 12 pièces chiffr. au bas. *A Paris, chez Langlois, rue St-Jacques. Avec privilège du Roi.*

En tout, 70 pièces à toutes marges et d'une conservation parfaite.

255. DESSEINS DE CHEMINÉE ET DE L'AMBRIS de menuiserie pour la décoration des appartements, par Blondel. 6 pièces en un vol. in-fol., cartonné.

256. TAPISSERIES de Lebrun et de L. de Châtillon gravées par Leclerc, représentant les Conquêtes de Louis XIV. 31

planches. — Les Plaisirs de l'isle enchantée, 1673, 9 pl. —
Relation de la Feste de Versailles, 1679, 5 pl. — Les
Divertissements de Versailles, 1676, 6 pl. Quatre parties en
un vol. in-fol., mar. rouge, dos orné. (*Rel. anc.*)

Aux armes de Louis XIV.

257. NOUVEAUX DESSEINS pour graver sur l'orfeverie, inventés
et gravés par le S' Masson. *À Paris, chez J. Mariette, rue
St-Jacques aux colonnes d'Hercules.* In-fol., mar. vert.
(*Cuzin.*)

6 pièces à toutes marges.

258. GERMAIN. Éléments d'orfévrerie divisés en deux parties
de cinquante feuilles chacune, composés par Pierre Germain,
Marchand orfèvre-joaillier à Paris. *Se vend à Paris, chez
l'Auteur, place du Carousel,* 1748. 2 part. en un vol. in-4,
veau brun. (*Rel. anc.*)

Le volume comprend 100 pl. d'orfèvrerie et d'argenterie par GERMAIN et
ROETTIERS, gravées par Baquoy et Pasquier.
Exemplaire tiré sur papier fort.
Signature de GERMAIN sur le titre.

259. FORTY (Jean-François). Œuvres de sculptures en bronze,
contenant : girandoles, feux, pendules, bras, cartels,
baromètres et lustres, inventées et dessinées par J.-F. Forty,
gravées par Colinet et Foin. *Paris, chez Chereau, s. d.*
In-4, demi-rel, veau rouge.

Titre gravé et huit cahiers composés chacun de 6 planches, soit 48 planches.
Suite rare.

260. PREMIER LIVRE de desseins de jouaillerie et de bijouterie
inventés par Maria et gravés par Babel. *Se vend a Paris,
chez l'Autheur, rue et vis-à-vis le Temple, et chez Buldet,
rue de Gesvres, s. d.* In-fol. obl., cart.

1 frontispice et 34 planches. Recueil rare.
BABEL, orfèvre et graveur, est mort en 1770.

261. BARBET DE JOUY. Les Gemmes et Joyaux de la Couronne,
publiés et expliqués par Henry Barbet de Jouy, dessinés et
gravés à l'eau-forte d'après les originaux par Jules
Jacquemart. *Paris,* 1865. In-fol , fig. avant la lettre.

« Réunion de soixante planches dont chacune est un chef-d'œuvre. »
(Béraldi, *Les Graveurs du XIXᵉ siècle,* 202-206.) Première édition.

## OEUVRE DE GEOFROY TORY.

262. HEURES, à la louange de la Vierge Marie selon l'usage de
Rome. Esquelles sont contenues les quatre passions, le
service commun pour le temps d'apres Pasques, et pour le
Caresme, le service de l'advent, et du dit advent jusques a
la Purification Nostre Dame. Pareillement, les heures de la
Croix et du Sainct Esperit, les sept psaumes, vespres, vigiles,
et commendaces des trespasses avec raisonnable nombre
doraisons, et suffrages des saincts et sainctes.
   A la fin sont les heures de la conception Notre Dame, et
le symbole de Athanase, le tout au long, sans y rien requerir,
est tres correcte, en bonne orthographie de poincts, daccens,
et diphtongues sitûes aux lieux a ce requis. *Et sont a vendre
par Maistre Geofroy Tory de Bourges, libraire demourant
a Paris sus petit pont, joignant lhostel Dieu à lenseigne
du pot casse.* MENTI BONÆ DEUS OCCURIT. — In fine.: — *Ces
presentes heures a lusage de Rome furent achevees de
imprimer le mardy dix septieme jour de janvier mil cinq
cent vingt cinq* [1525] : *pour Maistre Geoffroy Tory de
Bourges. libraire demourant a Paris, sus petit pont,
joignant lhostel Dieu, a lenseigne du Pot-Casse.* MENTI BONÆ
DEUS OCCURIT. SIC UT, VEL UT, NON PLUS. In-8, mar. brun.

   Coll. 152 ff. non chiffrés. Signé A à T par huit ff. 13 grandes figures.
16 encadrements différents autour des pages. Sur le titre la petite marque
de Tory ; sur le dernier f. la grande marque.
   Ces Heures ont paru également avec l'adresse de Simon de Colines et la
date de 1524 sur le titre. Ce titre est placé dans un encadrement qui ne se
trouve pas dans les exemplaires à l'adresse de Geofroy Tory. L'achevé
d'imprimer est de 1525. La date du privilège est 1524.
   Les Heures de la Vierge, premier essai de Tory dans ce genre, sont
restées son chef d'œuvre. Il les a préparées dans les années qui ont suivi son
retour d'Italie, vers 1518, en même temps qu'il achevait le manuscrit décrit
au présent Catalogue sous le n° 7 et daté lui-même de 1524.

263. HORE IN LAUDEM BEATISSIME VIRGINIS MARIE: secundum
consuetudinem Ecclesie Parisiensis. *Venales habentur
Parhisiis, apud Magistrum Gotofredum Torinū Biturigicum : sub insigne vasis effracti : Gallico sermone. Au pot
casse.* — In fine : — *Ces presentes heures a lusage de Paris
privilegiees pour dix ans commenceans a la premiere date
de leur impression furent achevees dimprimer le vingt
deuxiesme iour d'Octobre 1527 par Maistre Simon du bois
imprimeur pour Maistre Geofroy Tory de Bourges qui
les vend a Paris a l'enseigne du pot casse.* In-8 goth., fig.,
mar. rouge.

   Exemplaire sur VÉLIN.
   Ce beau volume imprimé en rouge et en noir est orné de 15 grandes

figures sur bois, et chaque page est comprise dans une élégante bordure, avec fleurs, papillons, oiseaux, fruits, etc., à l'imitation des manuscrits. On trouve aussi dans ces bordures l'F couronné, la Salamandre et les armes de France, celles de Louise de Savoie, d'Henri d'Albret et de Marguerite de Valois.

Ce sont les Heures *à la moderne*, dont il est parlé au privilège de 1524.

Dans cet exemplaire le trait des figures et des encadrements est rehaussé en or et en couleurs. Ce procédé d'enluminure est tout à fait particulier aux heures de Tory.

On connaît plusieurs exemplaires ainsi décorés, entre autres celui de 1527 qui est à la Bibliothèque nationale et un exemplaire de 1525 qui est au Cabinet des estampes.

264. Horæ in laudem beatiss. Virg. Mariæ ad usum Romanum *Venales extant Parrhisiis ad insigne vasis effracti.* — In fine : — *Hujus modi Horæ, nuper absoluebantur a prælo Colinæo, die vicesimaprima Octobris anno domini 1527, pro magistro Gotofredo Torino Biturigico Bibliopola, ad insigne vasis effracti, Parrhisiis commorāte, ubi venales benivolis ōnibus amicabiliter extāt.* Pet. in-8, fig., mar. rouge, dos et plats ornés, tr. dor. *(Anc. rel. italienne.)*

Coll. 184 ff. Sign. A-Z par huit.

Un des plus rares volumes d'Heures publiés par *Geofroy Tory*. On n'en cite que trois exemplaires, deux imprimés sur vélin qui se trouvent à la Bibliothèque Nationale et à la Bibliothèque de l'Arsenal et celui-ci imprimé sur papier.

Le livre est orné au titre et au dernier feuillet de la marque de *Tory*, le Pot cassé ; chaque page est entourée de bordures variées et le volume contient 16 grandes planches gravées au trait dans des encadrements en forme de portiques. Ces figures sont délicatement miniaturées en or et en couleurs ainsi que les bordures des pages qui leur font face. Les exemplaires de la Bibliothèque Nationale et de la Bibliothèque de l'Arsenal sont également coloriés. C'est l'enluminure qui s'exécutait dans l'atelier même de Tory.

L'exemplaire de la Bibliothèque Nationale a été acheté à la vente de M. Jordan, amateur lyonnais. Ce venait de Milan et c'est celui qui a servi à Brunet pour sa description. Ces heures ont été réimprimées par Mallard en 1538. Il y avait un exemplaire de la réimpression à la vente Ashburnam faite à Londres en 1897, n° 2039 du cat.

L'exemplaire de la Bibliothèque de l'Arsenal est incomplet du premier et du dernier feuillet.

265. Cy commence une petite instruction et manière de vivre pour une femme séculière. Comment elle se doit conduire en pensées paroles et œuvres tout au long du jour pour tous les jours de sa vie pour plaire a Notre Seigneur J. C. et amasser richesses célestes au profit et salut de son ame. *S. l. n. d.,* in-8 de 24 ff. non chiffr., fig. sur bois.

S'ensuit une dévote méditation sur la mort et passion de notre saulveur et redempteur Jesus Christ. avec les mesures mises de place en place ou nostre Seigneur a souffert pour nous. et le voyage et oraison du mont de Calvaire, et aussi une méditation pour l'espace dune basse messe. *S. l. n. d.,* in-8 de 28 ff. chiffr., fig. sur bois. Deux parties en 1 vol. in-8, mar. brun, tr. dor. *(Trautz-Bauzonnet.)*

Ces deux plaquettes, peut-être uniques, nous offrent plusieurs bois gravés par G. Tory. M. A. Bernard ne les a pas connues. Quoique sans lieu ni date, comme elles se trouvaient à la suite d'un traité de Saint-Bonaventure, *(Traité qui est dict l'Arbre de la Croix. Paris, Simon Vostre. S. d. circa 1529),* la similitude des caractères permet de leur assigner le même éditeur.

Elles sont ornées de figures sur bois parmi lesquelles plusieurs portent la croix de Lorraine accompagnée de monogrammes différents.

Les titres sont entourés d'arabesques qui rappellent les encadrements des heures de 1525 et tout particulièrement la belle capitale de la première ligne du *Champfleury.* Ils portent la petite croix de Tory. Le titre de la première plaquette présente une particularité intéressante. Sur ce titre se trouve une Salutation Angélique portant également la croix de Lorraine et en plus le monogramme G.

Dans le cours du texte on rencontre de grandes lettres à fond criblé dont une porte la croix de Tory plusieurs fois répétée.

Dans la seconde plaquette, outre le titre, on trouve une Annonciation et un Christ en croix portant également la marque de Tory. Le Christ en croix a en plus le monogramme G.

Il y a deux autres bois, l'un avec le monogramme L. R. et la croix de Lorraine, l'autre avec le monogramme G. M.

Ces deux plaquettes me viennent d'un amateur de Besançon, M. de Contréglise, qui eut l'obligeance de me les céder et les détacha lui-même du vol. de *Simon Vostre.*

**266.** HORÆ in laudem beatiss. Virginis Mariæ ad usum Romanum. *Parrhisiis, apud Gotofredum Torinum Biturigicum regium impressorem.* — MENTI BONÆ DEUS OCCURIT. — *Cum privilegio summi Pont. et Regis Christianiss. ad decennium et ultra, ut in calce hujus operis patet.* — In fine: — *Parrhisiis, ex officina Gotofredi Torini Biturigici, regii impressoris, ad insigne vasis effracti anno salutis 1531 die XX mensis octobris.* In-8, mar. Lavallière, fil. à froid, dent., dorure à petits fers, dos orné, tr. dor. *(Trautz-Bauzonnet.)*

Imprimé sur papier en rouge et noir, caractères romains. Sign. A.-V. par 8 ff.

Dans cette nouvelle édition Tory a employé de nouveau les cadres de l'édition de 1525 en y ajoutant quatre figures nouvelles aux ff. H 8 — L 6 — R 7 — V 3, et en entourant les grandes planches des beaux portiques qu'il venait de graver pour la décoration des deux plaquettes parues en 1530 et 1531 : *Le Sacre et Couronnement de la Reine* et *L'entrée de la Reine.*

Le titre est orné du cadre qui figure sur les exemplaires des heures de 1524 au nom de Simon de Colines.

Au verso du dernier feuillet Tory a mis la belle marque qui avait paru pour la première fois dans le *Champfleury,* 1529. Tory a encore ajouté à ces Heures une grande planche hors texte oblongue et par conséquent repliée, qui représente le Triomphe de la Vierge. Cette planche est placée à la fin du cahier D.

Elle se rencontre très rarement. Bernard dit l'avoir vue dans un exemplaire de la réimpression de ces Heures faites par Mallard en 1542.

**267.** HORÆ Beatissimæ Virginis Mariæ ad usum Romanum. *Parisiis, sub signo vasis effracti,* 1540. *Cum Privilegio.* In-12, veau à compartiments et émaux de couleur. *(Rel. du XVIᵉ siècle.)*

Ces Heures ont été publiées par Mallard le successeur de Tory. Il y a placé les figures de l'édition des *Heures à l'antique de 1527*. On en compte une de plus que dans l'édition de 1527, parce que la planche du Crucifiement est en double. Mais Mallard n'a pas réimprimé les cadres de 1527.

Cette édition n'est pas signalée par Bernard et est restée inconnue jusqu'à la découverte du présent exemplaire. Il est malheureusement incomplet des feuillets de la fin, et par conséquent de celui où devait se trouver l'excudit de Mallard. Mais il ne lui manque aucune des figures.

Sur le titre la marque du pot cassé.

268. HORÆ in laudem beatissimæ Virginis Mariæ ad usum Romanum. *Parisiis, apud Oliverium Mallardum sub signo vasis effracti, 1542. Cum privilegio.* — In fine : —*Excudebat Parisiis Oliverius Mallard, bibliopola Regius, sub signo vasis effracti,* 1542. *Cum privilegio.* In-8, veau fauve, à compartiments de couleur, tranche ciselée et dorée. (*Rel. du XVI° siècle.*)

Imprimé en rouge et noir sur papier, lettres romaines. Sign. A à Y, par 8 ff.

Ces Heures sont une seconde édition de celles que Tory avait publiées à une date inconnue et dont on ne connaît pas d'exemplaire. Mallard en a trouvé les bois dans le fond de Tory et les a édités à nouveau.

Les pages sont encadrées d'ornements dits à la moderne dans le genre des grandes Heures de 1527. Ces Heures de 1542 sont le diminutif des Heures de 1527 à la moderne, comme les Heures de 1527 à l'antique sont le diminutif des Heures éditées en 1525.

Dans la marge des encadrements on trouve les F couronnés de François Ier; un écu en blanc qui rappelle son veuvage, les L couronnés de Louise de Savoie, l'écu de France, le même écartelé de Savoie, la salamandre et les armes de la ville de Bourges.

Elles sont ornées de 19 planches :
La Salutation Angélique en 2 parties qui se font face.
La Visitation en 2 parties.
Notre-Seigneur sur la Croix 1.
La Pentecoste 1.
L'Adoration des bergers, 2 planches en regard.
L'Annonciation, 2 planches en regard.
L'Adoration des Mages, 2 planches en regard.
La Circoncision, 2 planches en regard.
Le Massacre des Innocents 1.
Le Couronnement de la Vierge 1.
Bethsabée au bain 1.
Le triomphe de la mort 1.
La Sainte Trinité 1.

Ces planches sont au trait et d'une grande finesse; elles ont été gravées par Tory. Quoique sa marque ait été effacée, on voit encore la trace de la croix de Lorraine sur le filet qui entoure les bois. Une parcelle est restée adhérente au filet du bas.

269. HORÆ IN LAUDEM BEATISSIMÆ VIRGINIS MARIÆ ad usum Romanum. *Parisiis, apud Simonem Colinæum,* 1543. In-4, réglé, fig., veau, tr. dor. et ciselée. (*Rel. anc.*)

Coll. 176 pp. non chiffrées. Sign. A-Y par 8. 14 figures. 20 encadrements différents.

Ces Heures, comptées parmi les plus belles de la Renaissance, sont justement attribuées à Tory, bien qu'il soit mort en 1533 ; Tory travaillait pour Simon de Colines et les belles planches de ces Heures qu'il avait dessinées pour lui avant sa mort, ont été terminées par les tailleurs de bois de son atelier qu'avait conservés sa veuve Perette Le Hullin.

Le volume est imprimé en rouge et noir.

Dans les ornements de la reliure on trouve la fleur de lis, l'hermine de Bretagne, l'oiseau des Valois et la couronne ducale.

Ces pièces d'armes permettraient de penser que cet exemplaire appartenait à Henri II, qui à cette époque était Dauphin et Duc de Bretagne comme héritier de la reine Claude (Voir le n° 159).

**270.** Pomponius mela de totius orbis descriptione. Author, luculentiss. Nunquam antea citra montes impressus. — A la fin : — *Anno salutiferae incarnationis M.D.VII. Decima die Januarii. Impressum est hoc opus per Egidium Gormuntium & per Torinum Bituricum diligentiss. recognitum. Parrhisiis.* Pet. in-4, lett. rondes, de 45 ff. chiffr. et onze ff. de table, cart.

Premier travail littéraire de Geofroy Tory, fait pour le libraire Jean Petit et imprimé chez Gilles de Gourmont. Marque de Jehan Petit sur le titre et marque de Gilles de Gourmont au dernier feuillet. Exemplaire provenant de la vente Turner.

**271.** Itinerarium provinciarum omniũ Antonini Augusti, cum fragmento ejusdem, nec non indice haud quaq̃ aspernando. — Cum privilegio ne quis temere hoc ab hinc duos annos imprimat. — *Venale habetur ubi impressum est in domo Henrici Stephani, e regiõe schole decretorum Parrhisiis* (1512). In-16, mar. bleu. (*Duru.*)

Coll. 8 ff. limin. dont un blanc. 92 ff. pour le texte. 60 ff. pour l'index le dernier blanc. Signé A-T par 8.

Cette édition de l'itinéraire d'Antonin donnée d'après un manuscrit appartenant à Christophe de Longueil et imprimée par H. Etienne en rouge et noir, est le plus intéressant des ouvrages publiés par Geofroy Tory pendant ses années de professorat au collège du Plessis et au collège Coqueret.

Il est dédié comme les précédents à son compatriote et patron Philibert Babou.

A cette époque Tory signe ses dédicaces et ses avis au lecteur, Civis. Le volume se termine par un curieux monogramme où les lettres du mot Civis sont disposées de manière que ce mot puisse se lire dans tous les sens.

**272.** Champfleury. Auquel est contenu Lart et Science de la deue et vraye Proportion des Lettres Attiques, qu'on dit autrement Lettres Antiques, et vulgairement Lettres Romaines proportionnees selon le Corps et Visage humain. *Ce Livre est priviligié pour dix ans par le Roy Nostre Sire, et est à vendre a Paris, sus petit pont, à l'enseigne du pot cassé par maistre Geofroy Tory de Bourges libraire et autheur dudict livre, et par Giles Gourmont, aussi libraire, demourant en la rue St Jacques à l'enseigne des Trois Coronnes. Privilégié pour dix ans.* — A la fin du dernier feuillet : — *Ci finist ce present livre, avec l'addition de treze diverses facõs de lettres et la manière de faire chiffres pour bagues d'or, ou autrement, qui fut achevé d'imprimer le*

*mercredi XXVIII<sup>e</sup> jour du mois dapvril, l'an mille cinq*
*cent XXIX* [1529], *Pour maistre Geofroy Tory de Bourges*
*autheur du dict livre et libraire demorant a Paris, qui le*
*vent sus petit pont à l'enseigne du pot cassé. et pour Giles*
*Gourmont aussi libraire demorant au dit paris, qui le*
*vent pareillement en la Rue St Jacques à l'enseigne des*
*Trois Coronnes.* Pet. in-fol., veau noir, ornements à froid,
l'écu de France sur les plats, dos fleurdelisé. (*Rel. anc.*)

> Sign. A par 8, B à N par 6, O par 8. Huit feuillets liminaires non
> chiffrés. 80 ff. chiffrés.
> Le titre est encadré et porte le pot cassé. Sur le dernier feuillet recto la
> grande marque avec les devises, *Menti bonæ deus occurit. Velut, sic ut,*
> *Non plus.* Tory au f° 43 r° de son livre nous donne l'explication de ces devises.
> Exemplaire très grand de marges. Nombreux témoins.
> La reliure a été reproduite dans l'armorial de Guigard.
> Exemplaire de FRANÇOIS I<sup>er</sup>.

273. LA TABLE DE LANCIÉ PHILOSOPHE CÉBES, natif de Thebes
et Auditeur Daristote. En laquelle est descripte et painte la
voye de lhôme humain tendant a vertus et parfaicte science.
Avec trente Dialogues moraulx de Lucian Autheur iadis
Grec. Le tout pieça translate de Grec en langue latine par
plusieurs scavans et recommandables autheurs. *Et nagueres*
*translate de latin en vulgaire frãçois par maistre Geofroy*
*Tory de Bourges libraire, demourant a Paris, Rue Sainct*
*Jaques devant lescu de Basle, à lenseigne du pot casse.*
*Sõnt en vng volume, ou en deux qui veult, a vendre audict*
*lieu par ledit Translateur Et par Iehan Petit libraire juré*
*en luniversité de Paris. demourant aussi en la rue Saint*
*Jacques, à l'enseigne de la fleur de Lys.* 2 tomes en 1 vol.
in-12, mar. brun jans., tr. dor. (*Mercier.*)

> Collat. T. I<sup>er</sup> 10 ff. limin. Sign. A-T par 8 ff. T. II, a-vij par 8 ff.
> L'achevé d'imprimer se trouve à la fin de l'extrait du privilège au 2<sup>e</sup> f. :
> « *Achevé d'imprimer le cinquiesme jour d'Octobre 1529.*
> Sur le titre, la marque de Jehan Petit. D'autres exemplaires portent le
> pot cassé ; ce sont ceux qui étaient vendus par Tory.

274. ÆDILOQUIUM ceu disticha partibus ædium urbanarum et
rusticarum suis quaeque locis adscribenda. Item, Epitaphia
septem, de Amorum aliquot passionibus antiquo more, e
sermone veteri, vietoque conficta. Authore Gotofredo Torino,
Biturigico. *Parisiis, Apud Simonem Colinœum,* 1530.
*Cum privilegio ad biennium.* Pet. in-8, fig. sur bois,
mar. rouge, fil., dos orné, dent. int., tr. dor. (*Trautz-*
*Bauzonnet.*)

> Sign. A à C par 8. 24 ff. non chiffrés, le dernier est blanc.
> Le titre est entouré d'un ornement emprunté aux Heures in-12 de 1527.
> Dans le texte des Epitaphes, Tory a dessiné sept petites figures
> humoristiques.
> Aux armes du marquis DE MORANTE.

275. Le Sacre et Couronnement de la Royne, Imprimé par le Commandement du Roy nostre Sire. *On le vend a Paris en la Rue Sainct Jacques, devant Lescu de Basle et devant leglise de la Magdaleine A Lenseigne du Pot Casse. Avec Privilege.* — A la fin : — *Ce présent Livre fut achevé d'imprimer le XVI jour de mars* M.D.XXX [1531 n. s.] *et est a vendre à Paris par Maistre Geofroy Tory de Bourges en la Rue Sainct Jacques, devant Lescu de Basle et devant Leglise de la Magdeleine a Lenseigne du Pot Cassé.*

Lentree de la Royne en sa ville et Cité de Paris, Imprimee par le Commandement du Roy nostre Sire. *On la vend a Paris en la Rue Sainct Jacques, devant Lescu de Basle et devant Leglise de la Magdaleine A Lenseigne du Pot Casse. Avec privilege.* — A la fin : — *Ce present Livre fut achevé d'imprimer le Mardi neufviesme jour de May.* M.D.XXXI [1531]. 2 parties en 1 vol. in-4, vélin. (*Rel. anc.*)

Première partie. Coll. 12 ff. A-C. par 4. Le titre et l'achevé d'imprimer sont dans des encadrements en forme de portiques.

Deuxième partie. Coll. 24 ff. A-F. par 4. Le titre est orné du cadre qui a servi aux Heures de 1524 à l'adresse de Simon de Colines. L'achevé d'imprimer est placé dans l'ornement qui termine le Champfleury de 1529. Les pages sont entourées d'ornements en forme de portiques de six dessins différents. Au verso du f. F. 1 se trouve le « *Deseing du présent faict à la Royne en deux chandeliers.* » Sur le f. F. III verso et recto se trouvent deux pièces de vers latins adressées par Tory à la Royne Eleonor et à la nation Française.

La relation de l'Entrée et celle du Sacre sont l'une et l'autre de Guillaume Bochetel.

Les encadrements et le *Deseing* du chandelier peuvent compter parmi les œuvres les plus exquises de Geofroy Tory. Ces deux plaquettes sont d'une excessive rareté. Cet exemplaire est dans sa reliure originale.

Des bibliothèques Sunderland et Destailleur.

276. In Lodoicæ Regis Matris Mortem, Epitaphia Latina et Gallica. Epitaphes a la louenge de ma Dame Mere du Roy faitz par plusieurs recommendables Autheurs. *On les vend a Paris devant Lesglise de la Magdeleine, A lenseigne du Pot Casse. Auec Priuilege.* — A la fin : — *Imprime a Paris a lenseigne du Pot Casse, par Maistre Geofroy Tory de Bourges, Marchant, Libraire, et Imprimeur du Roy. Le XVII. Iour Doctob.* M.D.XXXI [1531]. In-4, mar. rouge jans., dent. int., tr. dor. (*Trautz-Bauzonnet.*)

Sign. A par 4, B par 6. 10 ff. non chiffrés.

Le titre de cette plaquette est entouré du cadre des Heures de 1524, à l'adresse de Simon de Colines. Le dernier feuillet est orné de la belle marque finale du *Champfleury*. A la bibliothèque de l'Arsenal, elle se trouve réunie dans un même volume au *Sacre et Couronnement* et à l'*Entrée* de la Reine. Elle n'est pas moins rare que ces deux pièces.

Exemplaire de la bibliothèque Lignerolles.

277. Science pour s'enrichir hönestemët et facilement. Intitulee, Leconomic Xénophon; nagueres träslatee de grec et latï en langaige fräcoys, par maistre Geoffroy Tory de

Bourges. *On les vend a Paris en la rue Sainct-Jaques, devãt lescu de Basle, et devãt l'esglise de la Magdeleine. A lenseigne du Pot Casse. Avec privilege.* In-8, mar. vert, fil., dos orné, dent. int., tr. dor. (*Trautz-Bauzonnet.*)

Collat. 9 cahiers de 8 ff. Sign. de A à I.
Le titre est encadré d'une élégante arabesque et orné de la petite marque de Tory. Le 8ᵉ feuillet du cahier A est blanc. A la fin, au verso du 8ᵉ feuillet du cahier I, la grande marque de Tory et la mention suivante : *Ce present livre fut achevé dimprimer par Maistre Geofroy Tory de Bourges le mercredy cinquiesme jour de Juillet l'an 1531 et est a vendre à Paris devant l'escu de Basle, rue St Jacques et devant l'église de la Magdeleine, à l'enseigne du Pot Cassé.*
Exemplaire de Huzard et de F. Didot.

278. Autres Ordonnances nouvelles du Roy nostre Sire, sur l'estat des Tresoriers et manyment des finances. Publiees en la Chambre des Comptes et au Conseil e la Tour Carree. *Imprimees a Paris, par maistre Geofroy Tory de Bourges, libraire et imprimeur du Roy, devant lesglise de la Magdeleine, a lenseigne du Pot Casse. Avec privilege comme il appert à la fin.* In-8, mar. brun. (*Cuzin.*)

6 ff. La signature D indique que cette plaquette faisoit partie d'un recueil plus étendu.
Le titre porte la petite marque de Tory et est orné de l'encadrement des Heures de 1525, édition à l'adresse de Simon de Colines.
Au recto du dernier feuillet, on trouve le Privilège ; au verso, on lit : *Ces présentes ordonnances furent achevées d'imprimer le vingtième jour de juillet 1532. Par M. Geofroy Tory de Bourges marchãt libraire et imprimeur du roi.*
Cet achevé d'imprimer est placé, avec la grande marque de Tory, dans le bel ornement qui termine le *Champfleury*, édit. de 1529.

279. Politiques de Plutarche, c'est-a-dire Civiles Institutiõs et enseignemẽs pour biẽ regir la chose pu. Iadis cõposees en grec par Plutarche, et depuis trãslatees de grec en latin par le seigñr Nicole Sagũdin et a present de lãgues grecque et latine en langaige françois par Maistre Geofroy Tory de Bourges. — Desdiees par ledit autheur a l'empereur Trajan, et par le Translateur en Langaige Francois, A tres illustre et plain de bon espoir en toute heureuse vertu, son Seigneur, François de Vallois, Daulphin de France. *Imprimees en Paris, en lenseigne du Pot Casse, par Maistre Geofroy Tory de Bourges, marchant libraire et imprimeur du Roy. Avec privilege tres ample.* — A la fin : — *Ce present livre fut acheve d'imprimer le samedi, xv jour de juin 1532, par Maistre Geofroy Tory de Bourges, marchant libraire et imprimeur du Roy. Demorant a Paris, devant l'Esglise de la Magdeleine, a lenseigne du Pot Casse.* In-8, mar. Lavallière, fil. à froid, dentelles, dos orné. (*Trautz-Bauzonnet.*)

Coll. 8 ff. prélimin., dont un blanc. Sign. A à H par 8, I par 4, dont le dernier blanc. 67 ff. chiffrés.
De la bibliothèque Piot.

280. Les troys premiers livres de l'histoire de Diodore,
Sicilien, historiographe grec. Translatez de Latin en Francois
par maistre Anthoine Macault, notaire, secretaire et vallet
de chambre ordinaire du Roy Francois premier. Imprimez
de l'ordonnance et commandement du dit Seigneur. *Avec
privilege a six ans. On les vend à Paris en la rue de la
Juifverie devant la Magdalaine à l'enseigne du Pot cassé,*
1535. In-4, velours rouge.

Imprimé sur vélin.
Coll. 8 ff lim., 154 ff. chiffr., 8 ff. pour la table.
Au verso du dernier feuillet. *Imprimé à Paris en avril 1535 avec privilège
à six ans.*
Les exemplaires sur vélin offrent cette particularité que l'Achevé
d'imprimer s'y trouve au milieu du grand encadrement qui a déjà paru
dans le Champfleury.
Ce livre est la dernière production de Geofroy Tory. La grande figure sur
bois du f. 8 qui représente François 1er assis au milieu de sa cour écoutant
la lecture que Macault lui fait de sa traduction, passe pour être le
chef-d'œuvre de G. Tory, graveur. Elle est faite d'après une miniature
placée en tête du manuscrit de la traduction de Macault qui se trouve dans
la Bibliothèque de Chantilly.
On s'est demandé si la gravure et la miniature n'étaient pas du même
artiste. Si la gravure avait été copiée par une autre main que celle du
peintre, elle l'eût été servilement ; au contraire elle présente d'assez grandes
différences avec le modèle, l'encadrement, le nombre et le groupement des
personnages, la draperie du baldaquin, sont modifiés avec une hardiesse
qui en fait comme un autre dessin.
Celui-là seul qui avait fait la miniature pouvait avec elle se permettre
cette liberté ; alors se pose la question : Tory a-t-il été à la fois peintre et
graveur ? M. Bernard la résout affirmativement, et je le crois avec raison.
Depuis qu'il a écrit son livre on a fait des découvertes qui fournissent de
sérieux arguments à l'appui de son opinion (Voir la note du n° 7).
Ce précieux exemplaire a appartenu à François de Bourbon, comte de
St-Paul, duc d'Estouteville dont les armes sont peintes au verso du titre. Il
est passé chez le duc de La Vallière, Mac-Carthy, Baron Pichon et Lord
Ashburnam.

281. Copie de l'arrest du Grand Côseil donne a lencontre
du Miserable et Meschant Empoisonneur de Monseigneur
le Daulphin. Auec aucunnes epistres et rondeaux sur la
mort de mondit seigneur. *Au pot cassé. Auec priuilège* (1536).
Pet. in-8 de 8 ff. non chiffr., mar. bleu, fil. à froid, tr. dor.
(*Duru.*)

Après la copie de l'arrêt du Grand Conseil convainquant Montecuculli
d'avoir *empoisonné au logis du Plat à Lyon feu frācoys daulphin... en pouldre
Daissigny sublime, par luy mise dedens ung sale vase de terre rouge,* viennent
les pièces en vers annoncées sur le titre, parmi lesquelles : *La Complainte
de France de la mort de Monseigneur le Daulphin, sur le pseaulme Cœli
enarrant. Envoyé par ung gentilhomme de Picardie a Maistre Hanon a Beauuoys.
— Epistre enuoyée audit Hanon a Beauvoys. — Et un Dizain par Limprimeur
de ce présent. En regret de la mort du Daulphin.*
Pièce des plus rares, imprimée par Olivier Mallard, successeur de
Geofroy Tory, dont la marque se trouve sur le titre.

282. Lazari Bayfii Annotationes in l. II. De captivis, et
postliminio reversis, in quibus tractatur de re navali.

Ejusdem annotationes in tractatum de auro et argento leg.
quibus Vestimentorum et Vasculorum genera explicantur.
*Parisiis, ex off. Rob. Stephani*, 1536. In-4, fig., veau brun,
plats entièrement couverts de dorures, tr. dor. et ciselée.
(*Rel. anc.*)

> Nombreuses figures gravées sur bois. Quelques-unes des planches portent
> comme marque de graveur la croix de Lorraine.
> Les figures du traité *de Vasculis* sont particulièrement intéressantes.
> Exemplaire dans une curieuse reliure du XVIᵉ siècle.
> De la bibliothèque SUNDERLAND.

283. PETITZ FATRAS D'UN APPRENTIF, surnommé lesperonnier
de discipline par Antoine du Saix. *Paris, Denis Janot,*
1536. Pet. in-8, veau vert jans. (*Rel. anc.*)

> Collation. 40 ff. non chiffrés. Signat. A-E par 8.
> Le titre est placé dans un encadrement dessiné par Tory et gravé dans
> son atelier. Cet encadrement se retrouve à la fin du vol. intitulé : *Les fables
> du très ancien Esope phrigien*, Denys Janot, *1542.*
> Dans *l'Esperon de Discipline*, du même auteur, les pages sont entourées
> d'ornements imités des Heures de Tory, Paris, 1524. À la fin de son livre,
> dans une épître « *a aucuns ses repargnez et singuliers amis* », du Saix adresse
> à Tory les vers suivants :
>
>> Geoffroy Tory qui divine as heu main
>> Pour figurer dessus le corps humain
>> La lettre antique, ouyant que plume ai prise
>> Pour te imiter, ce bourgeon ne méprise.
>
> Faut-il conclure de ces vers que les cadres de *l'Esperon de Discipline*
> seraient de la main de Du Saix? Ils nous apprennent assurément que Tory
> était l'ami de du Saix et cela explique pourquoi il a dessiné pour les
> ouvrages de du Saix imprimés chez Denys Janot et chez Simon de Colines
> les élégants ornements qui en décorent les titres.

284. LA TOUCHE NAIFVE, pour esprouver l'amy, et le flatteur,
invētée par Plutarque, taillee par Erasme, et mise a l'usage
François par noble hōme frere Antoine du Saix, commandeur
de Bourg. Avec l'art de soy ayder et par bon moyen faire
son profit de ses ennemys. 1537. — QUOI QU'IL ADVIENNE. —
*On les vend a Paris, chez Simon de Colines, au Soleil
d'or, rue St Jean de Beaulvais.*

Petitz fatraz dung apprentis, surnomme Lesperonnier de
discipline. *On le vend a Paris, chez Simon de Colines au
Soleil d'or, rue St Jehan de Beaulvais.*

Deux parties en un vol. in-4, veau fauve. (*Rel. du XVIᵉ
siècle*).

> Imprimé sur VÉLIN.
> *La Touche naifve* : Coll. A à G par 8, H par 4, I par 6. 66 ff.
> *Petits fatras* : Coll. A à E par 8. 40 ff.
> Les ff. 1, 2, 8, 54 dans la *Touche naifve* sont encadrés d'un ornement
> gravé sur bois et portant la croix de Lorraine.
> Le f. 2, dédicace au Roi François 1ᵉʳ, porte dans l'ornement la lettre F
> couronnée.
> Le titre des *Petits fatras dung apprentis* est entouré d'un encadrement
> portant la croix de Lorraine.
> Tous les encadrements sont enluminés en or et en couleur.
> Sur le titre du *Petitz fatras*, on a peint les armes de DU SAIX. Les capitales

6

sont également peintes en or et couleurs dans tout le volume. Sur le dernier feuillet, dans un cartouche peint en or et bleu, on a écrit en lettres d'or la devise de du Saix : *Quoi qu'il advienne.*

La reliure, à compartiments dans le genre des reliures de Grolier, porte au recto une inscription en lettres d'or qui se continue au verso et qui se lit ainsi : *A. Saxanus ita — Gallice ludebat.*

M. Brunet parle de cet exemplaire qu'il n'avait jamais vu et qu'il croyait appartenir à un amateur lyonnais, M. de Chaponay. L'exemplaire était bien dans la ville de Lyon, mais il appartenait à M. de Verna dont la collection a été vendue à Lyon à la fin de l'année 1895.

Ce volume dont la décoration a été faite dans l'atelier de Geofroy Tory est imprimé sur un vélin très fin et très blanc et d'une fraîcheur irréprochable. La feuille de vélin sur laquelle le titre est imprimé offre une particularité curieuse. Elle porte une marque semblable au filigrane du papier.

285. LES ANGOYSSES ET REMEDES DAMOVRS DU TRAVERSEVR en son adolescence. *On les vend a Poictiers au Pelican.* — A la fin : — *Imprime a Poictiers le huytiesme iour de ianuier M.D.XXXVI* [1537 n.s.] *par Iehan et Enguilbert de Marnef freres.* In-4, caract. goth., mar. rouge, milieux dorés, doublé de mar. bleu, dent., tr. dor. (*Duru*).

> Collat. 6 ff. prélim. 121 pp. chiffrées, 1 f. pour le Privilège.
> La marque des Marnef et une grande figure sur bois placée au verso du 5e f. prélim., portent la croix de G. Tory.
> Exemplaire de SOLAR.

286. LE IVGEMENT POETIC de l'honneur femenin et seiour des illustres claires et honnestes Dames, par le Trauerseur. *On les vend a Poictiers a lenseigne du Pelican, deuant le Palais.* — A la fin : — *Imprimé a Poictiers le premier d'Auril M.D.XXXVIII* [1539 n. s.] *par Iehan et Enguilbert de Marnef freres.* In-8, caract. goth., fig. sur bois, mar. citron, tr. dor. (*Rel. anc.*)

> Coll. 24 ff. limin. et 96 ff. chiffr.
> Par Jehan Bouchet.
> Il y a dans ce volume 11 planches, plus la marque des Marnef, gravées sur bois. Il semble probable que cette illustration sort de l'atelier de Tory, quoique cinq seulement de ces figures, ainsi que la marque de Marnef, soient signées de la croix de Lorraine.
> Les Marnef avaient déjà eu recours à Tory pour les figures des *Angoisses et remèdes d'amour du Traverseur en son adolescence.*
> Exemplaire de GAIGNAT et de CIGONGNE.

287. LA FORMATION DE L'HOMME ET SON EXCELLENCE et ce qu'il doibt accomplir pour avoir paradis, composé par feu de bonne mémoire Guillaume Parvi, docteur en theologie, naguaires décédé, Evesque de Sēlis et confesseur du Roy. *Avec Privilège. On les vend a Paris en la grande salle du Palays, en la bouticque de Galiot du Pré libraire juré de Luniversité de Paris.* 1538. — A la fin : — *Imprimé à Paris, par M. Olivier Mallard, libraire et imprimeur du Roy pour Galiot du Pré, libraire juré de Luniversité, le*

xv *jour de Febvrier* M.D.XXXVIII [1539 n. s.]. Pet. in-8,
mar. rouge jans., tr. dor. (*Trautz-Bauzonnet.*)

Coll. 4 ff. lim. 157 ff. pour le texte. 3 ff. pour la table. La marque de
Galiot du Pré est au verso du dernier feuillet.

Ce rare et curieux volume est un manuel du chrétien composé par
Guillaume Petit, Evêque de Senlis. Mallard l'imprima un peu après
avoir acquis l'imprimerie de Tory. Il contient des figures sur bois qui sont
de la main du maître, et qui avaient déjà servi dans les Heures de 1527
et dans celles de 1531. Une seule est inédite, celle des armes du pécheur
qui porte la croix de Lorraine.

Exemplaire du comte de LIGNEROLLES.

288. RECVEIL des haultz, et nobles faictz de plusieurs femmes
vertueuses, escript premierement en grec, par Plutarque,
& maintenant traduict en francoys. A Tresnoble & treshaulte
dame, madame Marguerite de France, fille du Roy nostre
sire. — OU LA, OU NON. — *Imprime A Paris, par M. Oliuier
Mallard, libraire et imprimeur du Roy, Au Pot Cassé.* —
A la fin :— *Imprime le* XXVI. *iour Daoust.* M.D.XXXVIII.
[1538]. Pet. in-8, mar. rouge, dos orné, dent. int., tr. dor.
(*Trautz-Bauzonnet.*)

Coll. 66 ff. non chiffrés. Marque de Tory au v° du dernier f.

Brunet ne fait aucune mention de cette traduction qui doit être attribuée
au cardinal Jehan du Bellay. La devise *Ou la, ou non*, se retrouve en 1544,
à la fin du discours intitulé : *Adversus Jacobi Omphalii maledicta pro rege
Francorum christianissimo Defensio*, et à la fin de la *Response à une epistre
envoyée de Spire par un secretaire allemand a ung seruiteur du roy tres chrestien.*

289. PRAXIS CRIMINIS PERSEQUENDI, elegantibus aliquot figuris
illustrata, Joanne Millæo Boio Sylvigniaco authore. *Parisiis,
apud Simonem Colinæum, Arnoldum et Carolum Les
Angeliers*, 1541. In-fol., fig., mar. rouge. (*Chambolle-Duru.*)

Coll. 4 ff. prélim. 85 ff. pour le texte.

Ce volume est orné de 13 grandes figures gravées sur bois représentant
les différentes phases d'une procédure au XVIe siècle.

1° Le massacre de plusieurs hommes sur une place publique; 2° l'information
sur les cadavres ; 3° l'Interrogatoire des témoins ; 4° le Cri public pour citer
les accusés ; 5° l'Arrestation des accusés ; 6° l'Interrogatoire des accusés ;
7° Confrontation avec les témoins ; 8° l'Enterinement des lettres de grâce;
9° Tortures par l'eau ; 10° Tortures par les brodequins ; 11° Tortures par
les poignets serrés; 12° Condamnation des coupables ; 13° Exécution des
coupables.

Ces planches paraissent être sorties de l'atelier de Geofroy Tory ; la
septième porte la croix de Lorraine et toutes les planches sont de la même
main.

Le volume est orné également des belles lettres à fond criblé de Tory et
d'un grand fleuron sur le titre qui porte au verso les armes de Millæus
avec sa devise : *Vita Hominis militia.*

290. LES DIX PREMIERS LIVRES DE L'ILIADE D'HOMERE, Prince
des Poetes: Traduictz en vers François, par M. Hugues Salel,
de la chambre du Roy, et Abbé de S. Cheron. *On les vend
a Paris, au Palais en la Gallerie, pres la Chancellerie, en
la boutique de Vincent Sertenas.* 1545—A la fin :—*Imprime*

*A Paris Par Iehan Loys.* M.D.XLV [1545]. Pet. in-fol., fig.
sur bois, mar. brun, fil., dent. int., tr. dor. (*Trautz-
Bauzonnet.*)

Coll. 350 pp. numérotées. 1 f. pour l'errata et au verso la marque de
l'imprimeur Jehan Loys.

La traduction d'Hugues Salel avait commencé de paraître en 1542, année
où il donna les deux premiers chants. Les dix livres sont réunis ici pour la
première fois. Le volume est orné d'une figure au titre et de dix grandes
figures, gravées au trait et entourées de larges bordures à arabesques.

Exemplaire du MARQUIS DE GANAY.

291. THEODORI BEZÆ VEZELII POEMATA. *Lutetiæ, ex officina
Conradi Badii, sub prelo Ascensiano e regione gymnasii
D.Barbaræ*, 1548. Pet. in-8, portr. sur bois, mar. rouge,
milieux dorés à petits fers, dos orné. (*Trautz-Bauzonnet.*)

La marque de Conrad Badius et le portrait de Théodore de Bèze portent
la croix de Lorraine et sont attribués à G. Tory.

Le portrait et son entourage sont une merveille de finesse et d'élégance.

292. C'EST L'ORDRE QUI A ESTE TENU à la nouvelle et joyeuse
entrée que tres hault, tres excellent et tres puissant prince,
et roy tres chrestien Henry deuxieme de ce nom a faicte en
sa bonne ville et cité de Paris capitale de son royaume, le
seziesme jour de juing M.D.XLIX [1549]. — S'ensuit l'ordre
de l'entrée de la royne le dix huictième jour de juin. — *On
les vend à Paris chez Jacques Roffet dict le Faulcheur,
en la rue Gervais Laurens à l'enseigne du soufflet près
saincte croix en la cité. Par privilege du Roy.* In-4, mar.
bleu jans., tr. dor. (*Mercier.*)

Cette édition qui porte la grande marque de Roffet est vraisemblablement
la première; les épreuves des bois sont plus belles que celles des éditions
suivantes, et elle n'a pas subi les augmentations qui dans les suivantes ont
dérangé la pagination. Elle a 38 ff. chiffrés et une planche hors texte à la
fin du volume.

Les bois portent la marque de Geofroy Tory et sont sortis probablement
de son atelier.

293. PAULI JOVII Novocomensis Vitæ duodecim Vice comitum
Mediolani principum. Ex bibliotheca Regia. *Lutetiæ, ex off.
Rob. Stephani, Typographi regii*, 1549. In-4, maroq. olive
à comp. en mosaïque de mar. vert, arabesques sur le dos et
les plats, dorure à fers azurés, tr. dor. (*Rel. anc.*)

Magnifique reliure du seizième siècle: une des plus belles qui aient été
exécutées pour THOMAS MAIOLI. Elle porte d'un côté le titre du livre, et de
l'autre, le chiffre de MAIOLI.

Ce volume dédié par PAUL JOVE à HENRI, dauphin de FRANCE, est orné de
10 beaux portraits des vicomtes de Milan, gravés sur bois. Chacune de ces
estampes porte la croix de Lorraine

Cet exemplaire a figuré dans la bibliothèque de J. A. de THOU dont il
porte sur la garde les nᵒˢ d'ordre. Il a appartenu aussi à M. RENOUARD.
Voir *page 117, T. 4 du catalogue de 1819.* De sa bibliothèque il est passé
dans celle de M. BECKFORD.

M. RENOUARD avait avant sa mort vendu un assez grand nombre des livres portés dans ce premier catalogue au libraire anglais Payne, parmi lesquels les *Folles Entreprises* sur VÉLIN aux armes de DIANE DE POITIERS, le *Manuscrit de Vatel*, qui sont l'un et l'autre à Chantilly, et le précieux exemplaire de la *Petite Passion* d'Albert Durer qui m'est venu de la vente BECKFORD en passant par la vente DESTAILLEUR.

M. RENOUARD attachait peu d'importance aux provenances, car pour le *Maioli* et le *Gringore*, il se contente de la mention « *maroquin antique*. » M. BECKFORD avait du reste consigné par une annotation au crayon sur la garde du volume l'origine et la date de son acquisition. On y lit « *Renouard. A. P. 1830*, » et le prix « *1 l. 13ˢ*. »

*Danses macabres.*

294. LA GRÃT DANSE MACABRE des hõmes et des fẽmes historiée et augmentée de beaulx dis en latin : le débat du corps et de lame. la cõplainte de lame dãpnée. exortation de bien vivre et bien mourir. la vie du mauvais antecrist. les quinze signes, le Jugement. — A la fin de la dernière page : — *Cy finist la danse macabre des hommes et des femmes...... imprime à Lyon le huitieme jour de février l'an 1499.* Pet. in-fol, mar. brun, tr. dor. (*Mercier.*)

Sign. A-G par 6. — 42 ff.

Les premiers feuillets sont occupés par *la Danse macabre des hommes*, *le Prohême de l'hermitte*, *les Dis des trois morts et des trois vifs*. Il y a dans la danse des hommes 42 personnages. Le texte est à deux colonnes, placé sous les figures. Il est en français. Les figures sont entourées de sentences latines empruntées à l'édition de Marnef de 1490.

L'imprimeur lyonnais a reproduit exactement l'édition attribuée à Vérard publiée vers 1485, texte et figures. Les planches ne donnaient que 30 personnages, plus les trois morts et les trois vifs. Il a complété la série par la reproduction des dix personnages et de *l'Orchestre des quatre morts* qui parurent pour la première fois dans l'édit. de Guyot Marchand de 1486. Enfin il a ajouté deux personnages nouveaux, *le libraire* et *l'imprimeur*. Le tout fait 42 personnages plus l'orchestre des quatre morts. Les pl. de l'édition de 1486 se reconnaissent en ceci que les personnages accolés deux par deux sur chaque planche ne sont pas séparés par un ornement architectural comme ceux de l'édition de Verard 1485.

*La Danse macabre des femmes* commence au f. d ɪ, elle compte 36 personnages disposés deux par deux sur chaque planche sans séparations. Au-dessous de chaque planche se trouve un texte français sur deux colonnes, et autour de la planche on lit des sentences latines.

Cette danse macabre des femmes est la reproduction très précise de l'édition imprimée à Paris par Guyot Marchand en 1491. Cette édition de 1491 est la seule qui ait été publiée au xvᵉ siècle avant celle que nous décrivons ici ; il n'y a donc eu que deux éditions de la danse macabre des femmes avant 1500. En 1486, Guyot Marchand à la suite de la danse macabre des hommes a placé la danse macabre des femmes. Mais c'est un texte qui n'est accompagné que d'une figure, celle qui deviendra la première de la suite de 1491.

Suivent *le Débat du corps et de l'âme*, avec planches copiées sur l'édition de 1486, *la Complainte de l'âme damnée*, *l'Exhortation à bien vivre et bien mourir*, avec un bois original très remarquable, *la Vie du mauvais antecrist*, *les Quinze signes*, *le Jugement*. L'éditeur lyonnais a ajouté dans ce livre, outre les planches copiées sur les éditions de la danse macabre de 1485,

1486 et 1491 des bois qui figurent dans d'autres livres du temps, entre autres le cheval de la Mort emprunté au Compost et Kalendrier des Bergers, *Paris, Guyot Marchand*, 1496.

Cette édition de la DANSE MACABRE DES HOMMES ET DES FEMMES a été imprimée à Lyon par Pierre Maréchal et Barthélémy Chaussard. Elle résume toutes les éditions du xv<sup>e</sup> siècle et est la plus complète. Elle est fort rare. On n'en connaît qu'un autre exemplaire qui se trouve dans la bibliothèque de M. Huth à Londres ; il provient de GAIGNAT, de MAC-CARTHY et de YEMENIZ. Voir sur cette édition le livre de M. Natalis Rondot: « *Les graveurs sur bois à Lyon au XV<sup>e</sup> siècle, Paris, Claudin*, 1896. »

Exemplaire de M. DE LIGNEROLLES, avec les feuillets b 2 et g 6 refaits.

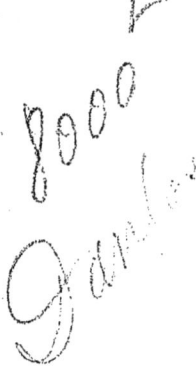

295. LA GRAND'DANSE MACABRE, des hommes & des femmes. Nouuellement reueue & augmētée d'histoires & beaux ditz tant en Latin qu'en Françoys : & autres œuures dont le contenu est en la page suivante. *A Paris, Par Estienne Groulleau: S. d. [vers* 1550]. In-16 de 104 ff. non chiffrés, fig. sur bois, mar. brun, compart. et arabesques, doublé de mar. brun, fil., tr. ciselée et dorée. (*Reliure anglaise.*)

Sign. A à N par 8 ff.

Les œuvres dont la table est au verso du titre sont: *la Danse des Hommes. la Danse des Femmes, les trois Morts et les trois Vifs avec toutes leurs histoires, la Puissance de la mort sur la vie de l'homme historiée, la Représentation des trois morts, le Débat du corps et de l'âme, la Complainte de l'âme damnée, une Exhortation de bien vivre et de bien mourir, la Vie du mauvais antichrist, toute historiée et figurée, les Quinze signes qui précèdent le jugement universel, la Sentence qui sera donnée aux bons et aux mauvais.*

Cette édition reproduit très exactement le texte de l'édition de Lyon 1499 (Voir le n° précédent). Les figures dont elle est ornée ne rappellent en aucune façon celles des éditions antérieures. Les plus curieuses sont celles qui décorent les petits traités ajoutés aux deux danses macabres et qui semblent copiées sur des xylographies. Ce petit volume est probablement le plus rare de ceux qu'a publiés Groulleau. Il a appartenu à YEMENIZ.

Exemplaire de M. DE LIGNEROLLES.

296. LES SIMVLACHRES ET HISTORIEES FACES DE LA MORT, autant elegammēt pourtraictes, que artificiellement imaginées. *A Lyon, Soubz l'escu de Cologne*. M.D.XXXVIII [1538]. — A la fin: — *Excudebant Lugduni Melchior et Gaspar Trechsel fratres*, 1538. Pet. in-4, fig. sur bois, mar. citron, mosaïque de mar. noir, doublé de mar. noir, dent. dorure à petits fers, tr. dor. (*Trautz-Bauzonnet.*)

Édition originale de la DANSE DES MORTS attribuée à *H. Holbein*, composée de 41 figures gravées sur bois accompagnées chacune d'un quatrain français. L'ouvrage est précédé d'une épître dédicatoire à Jehanne de Touzelle, abbesse du couvent de Saint-Pierre de Lyon, et suivi d'un traité sur la préparation à la mort, intitulé : *Figures de la mort moralement descriptes et depeinctes selon l'authorité de l'Escripture*. L'auteur de ce traité est JEAN DE VAUZELLES, prieur de Montrottier dont la devise, *D'un vray zele*, se trouve en tête de la dédicace. Il est probablement aussi l'auteur des quatrains.

Le libraire Potier avait trouvé en même temps deux exemplaires de ce livre précieux. L'un fut pour M. de Lignerolles et l'autre pour moi. Trautz relia en même temps les deux exemplaires en 1857 et fit pour chacun une reliure différente. Il poussa le soin jusqu'à graver deux suites de fers différents pour les attributs de la mort.

Les superbes gravures sur bois qui ornent *les Simulachres et historiées faces de la mort* sont du graveur Hans Lützelbürger dont le monogramme HL se trouve sur la planche de la Duchesse.

C'est ce même Lützelbürger qui a gravé les *Icones veteris testamenti* publiés sous la même date par les Trechsel. Passavant le considère comme le premier graveur sur bois de la Renaissance allemande.

Jean de Vauzelles, dans sa dédicace, nous apprend qu'il est mort avant d'avoir pu terminer toute la série des dessins des *Simulachres et historiées faces de la mort.*

Ce sont ces dessins inédits que Frellon fit graver plus tard pour son édition de 1547.

Exemplaire très grand de morges. Témoins. H. 186. — L. 128.

297. LES IMAGES DE LA MORT, auxquelles sont adjoustées douze figures. Davantage, la Médecine de l'ame, la Consolation des malades, un Sermon de mortalité par saint Cyprian, un Sermon de patience par saint Jehan Chrysostome. *A Lyon à l'escu de Cologne chez Jehan Frellon*, 1547. Pet. in-8, mar. brun foncé janséniste, doublé de mar. rouge, tr. dor. (*Cuzin.*)

Signé A-N par huit ff. 104 ff. non chiffrés, 53 planches ; 41 planches de la première édition, plus les 12 ajoutées.

Cette édition dont le tirage est inférieur au tirage de 1538 est cependant très intéressante à cause des planches ajoutées qui n'avaient pu été terminées pour l'édition de 1538. Dans la dédicace placée en tête de cette édition, Jean de Vauzelles déplore la mort de « *celluy qui nous en a ici imaginé si élégantes figures..... Elle lui accéléra si fort ses jours qu'il ne peult parachever plusieurs figures jà par lui trassées, même celle du charretier froisse et épaulli soubs son ruyné charriot.* »

Ces 12 planches que Frellon fit terminer pour les ajouter à l'édition de 1547 seraient donc du même artiste que les 41 de l'éd. de 1538. Ici se pose un problème qui n'est pas résolu ; de qui sont ces dessins? de qui sont les gravures ? On semble d'accord pour attribuer la gravure à Hans Lützelbürger dont le monogramme HL se lit sur la planche de la page 36 (Éd. de 1538). Mais on ne cesse de l'être pour l'attribution des dessins. Sont-ils de Holbein ? A lire la page consacrée par Jean de Vauzelles à l'artiste qui a *imaginé* ces figures, il semblerait que cette attribution n'est pas possible puisque Holbein n'est mort qu'en 1556. Faut-il dire avec M. Brunet que le mot *imaginé* s'entend du travail du graveur ?

Cependant tout le passage de Jean de Vauzelles s'applique à un artiste qu'il qualifie de *grand peintre*, qu'il compare à *Zeuxis* et à *Apelle*. Traiterait-il ainsi un simple tailleur d'images ? Si on n'admet pas l'interprétation donnée par M. Brunet du mot *imaginé* il faut renoncer à la légende qui attribue à Holbein les dessins des Simulachres de la mort.

D'aucuns pensent que l'artiste, dont J. de Vauzelles déplore la fin, avait dessiné les planches et les avait gravées; qu'il était mort avant d'avoir terminé la gravure, et qu'il laissait 12 dessins que Frellon n'aura osa voulu faire figurer dans l'éd. de 1538 gravés par une autre main que la sienne ; plus tard quand il dut faire retoucher les planches pour l'éd. de 1547, il fit graver ces dessins par la même main qui travaillait aux retouches.

Cette opinion se concilie fort bien avec le dire de J. de Vauzelles.

298. LES SIMVLACHRES ET FACES HYSTORIEES DE LA MORT. *On les vend a Paris en la rue neufue Nostre dame en la boutique de Denys Ianot Libraire, s. d. (vers 1540).* In-16, fig. sur bois. mar. rouge, dos orné de têtes de morts et d'os croisés, fil., dent. int., tr. dor. (*Trautz-Bauzonnet.*)

Coll. A-M par huit. Le 8e f. du cahier A est blanc. 96 ff.

Ce rare volume que nous ne trouvons cité dans aucun catalogue et qui a échappé aux bibliographes, donne une reproduction du texte de l'édition de

Lyon 1538. L'éditeur a ajouté à la fin une pièce intitulée : « *Instruction chrestienne pour soi disposer à bien vivre, pour si peu de temps que nous avons à être en ce misérable monde et pour soi préparer à bien mourir.* »

Ce qui le rend particulièrement intéressant, c'est qu'il nous donne la copie au trait faite par un tailleur de bois Parisien des figures de l'édition de Lyon 1538.

L'artiste a pris de grandes libertés avec son modèle et a su donner à sa copie une allure originale et personnelle.

Il y a sur le titre un curieux fleuron très macabre qui avait déjà servi pour le titre du Triomphe de la mort, dans l'édition des Triomphes de Pétrarque, donnée par Denys Janot en 1538, et dans celle sans date vers 1539. Les planches 33 et 34 de l'édition de 1538 n'ont pas été copiées. Elles sont remplacées par la planche 25 qui se trouve ainsi répétée trois fois.

Cet exemplaire a été acquis à la vente LIGNEROLLES.

299. MORTALIUM NOBILITAS. *S. l. n. d.* (*Antverpiæ*, 1651). Pet. in-4, pl., mar. rouge, dos orné, fil., tr. dor. (*Rel. anc.*)

Suite de 30 planches de la *Danse des Morts* de 1538 copiées en taille douce par *Wenceslas Hollar.*

Chaque sujet est compris dans un encadrement orné (8 différents) gravé par *Hollar* d'après *Diepenbeck.*

Très bel exemplaire du PREMIER TIRAGE, avant les numéros, avant les noms de Diepenbeck et de Hollar sur la première planche et avant la date de 1651 sur la seconde planche.

Il porte la signature de M. BOUCHOT un des conservateurs du cabinet des Estampes.

300. LA DANSE DES MORTS, comme elle est dépeinte dans la ville de Basle, dessinée et gravée sur l'original de feu Mathieu Mérian. *Basle, Rod. Imhof,* 1744. In-4, mar. vert jans., tr. dor. (*Trautz-Bauzonnet.*)

*Livres à figures du XV<sup>e</sup> et du XVI<sup>e</sup> siècle.*

301 † DE ARTIFI<sup>CI</sup> P̄SPEC<sup>VA</sup> VIATOR TER<sup>O</sup>.

*O bons amis, trespassez et vivens*
*Grans esperis, zeusins, apelliens*
*Decorans France, Almaigne et Italie,*
*Geffelin, Paoul et Martin de Pauye,*
*Berthelemi Fouquet, Poyet, Colin,*
*Andre Montaigne et Damyens Colin,*
*Le Pelusin, Hans Fris et Leonard,*
*Hugues, Lucas, Luc, Albert et Benard,*
*Jehan Iolis, Hans Grū et Gabriel*
*Vuastele, Urbain et lange Micael,*
*Symon du Mans..............*

Vicus.　　　Fons.　　　Diocesis

DE BOSCO JOANNIS : CORILONI : MALLEACENSIS :

Au recto du dernier feuillet :

*Impressum Tulli Anno Catholice veritatis Quingentesimo*

*vicesimo primo* (1521) *ad Millesimum VII idus septembris,*
*Solerti opera Petri Jacobi p͡bri incole pagi S. Nicolai.*
*Sola fides sufficit.*
In-fol., fig. sur bois, vélin. (*Rel. anc.*)

Sign. A-C par 10 ff.

Troisième édition du traité de perspective de Jean Pelegrin dit Viator qui diffère notablement des précédentes pour le texte et pour les planches qui sont en plus grand nombre et mieux gravées. Certaines de ces planches ont une grande importance en ce qu'elles représentent des monuments aujourd'hui détruits, entre autres, la grande salle du Palais.

Les vers ci-dessus, qui ne figurent pas dans les deux éditions précédentes, offrent un grand intérêt pour l'histoire de l'art. Ils nous donnent les noms de plusieurs artistes dont les œuvres sont restées jusqu'ici inconnues. Pelegrin dit Viator était originaire de l'Anjou; il vint à Toul vers 1500 et fut chanoine de la cathédrale de cette ville.

On a ajouté et intercalé dans le cahier C 6 feuillets tirés d'un livre de perspective fait à l'imitation du Viator. Cet ouvrage nous est inconnu.

L'exemplaire porte l'ex-libris de la bibliothèque du Comte Nostitz.

302. Incomincia el dignissimo Fasciculo de Medecina in volgare el quale tracta de tute le infirmitate del corpo humano e de la Anatomia di quello : e multi altri tractati composti p. Diversi Excellentissimi doctori con auctorita e Testi provadi : et prima la exposition del colore delle urine e judicio de quelle. — A la fin : — *Qui finisce el Fasciculo de medecina vulgarizato per Sebastiano Manilio Romano estãpito per Zuane et Gregorio de Gregorii nel M.cccclxxxxiii,* (1493), *adi ij. Februario in Venexia.* In-fol., mar. brun, dos orné, fil. et comp. à froid, milieux dorés, tr. dor. (*Thibaron-Joly.*)

Sign. A-H par 6 ff., 1 par 4 ff., 52 ff. non chiffr. 10 fig.

Première édition de la traduction italienne du *Fasciculus medicinæ* de Johannes de Ketham, ornée de planches gravées sur bois au simple trait, et d'un grand style.

Le dessin de ces planches est attribué à Mantegna.

La planche représentant la leçon d'anatomie au verso du f. F ii est tirée en rouge, noir et jaune. Elle est regardée comme le premier essai de tirage en couleur.

Très bel exemplaire de ce livre précieux.

De la bibliothèque de Eug. Piot.

303. De plurimis Claris sceletisque mulieribus opus prope divinum novissime congestum. — In fine : — *Opus de claris selectisque plurimis mulieribus a fratre philippo Bergomense editum explicit, maxima cum diligentia revisum et castigatum per Reveren. Sacre theologie doctorem magistrum Albertum de Placentia, et fratrem Augustum de Casali..... Ferrarie impressum opera et impensa magistri Laurentii de Rubeis de Valencia tertio kal. maias anno salutis nostræ* 1497. *Religioso invictissimo que principe divo Hercule duce secundo ferrariensibus legitime imperante.* In-fol., ais de bois, dos de basane, fermoirs en cuivre. (*Reliure originale.*)

4 ff. lim. non chiffrés. 170 ff. chiffrés. Le r° du f. 170 est occupé par le colophon, le registre et la marque de Laurent Le Rouge de Valence.

Les feuillets liminaires contiennent le titre en caract. xylographiques, au verso du titre une très belle planche représentant l'auteur offrant son livre à Béatrice d'Aragon, femme de Mathias Corvin, une épître à Béatrice d'Aragon en forme de prologue et la table alphabétique.

Ce ne sont point les biographies du moine Augustin Philippo Bergomense qui font l'intérêt du livre, mais bien les charmantes figures sur bois dont il est orné. La plupart des portraits sont de pure imagination. Cependant un amateur français, Eug. Piot, qui connaissait bien l'histoire de l'art italien a cru pouvoir en identifier un certain nombre. Ce sont ceux de Marie Visconti, Genévre Sforce, Cassandra Fedele, et Damisella Trivulcia, nièce du maréchal de Trivulce.

Les gravures sont sur fond noir ou sur fond blanc. M. Lippman, dans son livre sur la gravure sur bois au xvᵉ siècle, suppose qu'il faut reconnaître dans les fonds noirs le procédé des artistes florentins et dans les fonds blancs la main des tailleurs de bois vénitiens. Il en conclut que plusieurs artistes ont concouru à l'exécution de ce précieux volume, qui est l'un des plus beaux parmi les livres à figures italiens du xvᵉ siècle.

Voir Piot, *Le Cabinet de l'amateur*, années 1861 et 1862. *Paris* 1863, p. 123.
Voir Lippman, *The art of Wood Engraving in Italy in the fifteenth century. London. B. Quaritch*, 1888.

304. VITA EPISTOLE DE SANCTO HIERONIMO VOLGARE. — A la fin : — *Impressa e la presente opera cosi con diligentia emendata como di iocunde caractere et figure ornata ne la inclita cita da Ferrara per Maestro Lorenzo di Rossi da Valenza ne gli anni M.CCCC.XCVII. a di XII de ottobre* (1497). In-fol., mar. fauve, comp. dor., tr. dor. et ciselée. (*Rel. du XVIᵉ siècle.*)

> Coll. 4 ff. non ch. et sans sig. pour la vie de saint Jérôme, 269 ff. ch. pour le texte, et 1 f. non ch. pour le registre des cahiers.
> Première édition de la traduction italienne de la Vie et des Lettres de saint Jérôme, faite par Matteo da Ferrara.
> Elle est ornée de figures au trait gravées sur bois par des artistes de l'école vénitienne et ces figures sont du même genre et aussi remarquables que celles qui décorent la Bible de Mallermi et le Boccace de 1492.
> Le premier plat de la reliure porte en lettres dorées : *Eple S. Hieronimi. Ducisse Urbini.*
> Morceau remis dans la marge du titre.

305. NOVELLINO DE MASUCCIO Salernitano. — A la fin : — *Finisce el Novellino de Massuccio Salernitano. Impresso in Venetia del Mcccccx* [1510]. *adi XX de Febraro.* In-fol. de 64 ff. ch. à 2 col. car. ronds, fig., mar. rouge jans., dent. int. ; tr. dor. (*Cuzin.*)

> Cette édition, sans nom d'imprimeur, sort probablement des presses de Bartholomio de Zannis da Portese qui avait déjà édité le Novellino en 1503 dans le même format, et avec les mêmes bois qui sont la copie retournée des figures du Novellino de 1492.

306. APULEGIO VOLGARE, diviso in undeci libri. Novamento stampato et in molti lochi aggiontovi che nella prima impressione gli manchava, et de molte piu figure adornato et diligentemente correcto. Con le sue fabule in margine porse. Traducto per il magnifico conte Mattheo Maria Boiardo. — In fine : — *Finito Lucio apulegio volgare a cõsolatiõe de li animi pelegrini. Stampato t̄ la ĩclita*

*citta de Venetia adi* III *d. Septēbrio* 1519, *per io Nicolo daristotele da Ferrara, et Vincenzo de Polo da Venetia mio cõpagno regnante lo inclito principe Leonardo Lauredano.* In-8, mar. rouge, fil., dos orné. (*Padeloup.*)

Exemplaire de Pâris, qui a écrit sur la garde : « *Edizione pregiata* ».
Titre encadré. Nombreuses figures sur bois.
Exemplaire BECKFORD.

307. HYPNEROTOMACHIA POLIPHILI, ubi humana omnia non nisi somnium esse docet atque obiter plurima scitu sane quam digno commemorat. Cautum est, ne quis in dominio ill. S. V. impune hunc librum queat imprimere.— In fine : — *Venetiis, mense decembri* MID (1499), *in œdibus Aldi Manutii, accuratissime.* In-fol., fig., mar. rouge, tr. dor. et ciselée.

4 ff. limin. non signés et 230 ff. non chiffrés.
Sign. a-y par 8, z par 10, A-E par 8, F par 4.
*Hypnerotomachia poliphili*, ou « *le combat de l'amour en songe par l'amant de Polia* » est un roman mystique écrit en italien macaronique par un moine franciscain de Venise, sous le pseudonyme de Poliphile. Son vrai nom, Franciscus Columna, nous est donné par la réunion des lettres initiales de tous les chapitres de l'ouvrage : « *Poliam Frater Franciscus Columna peramavit* ».
Le grand intérêt du livre est dans les gravures sur bois dont il est orné et auxquelles il doit d'être le plus beau livre à figures de la Renaissance Italienne. On s'est évertué, sans arriver à une démonstration péremptoire, à leur chercher une origine illustre en les donnant à Bellini ou à Mantegna. Dans le champ des attributions, une large voie est ouverte aux hypothèses. Ne serait-il pas plus sage de se rallier à l'opinion émise par M. le duc de Rivoli, dans son intéressante étude sur les livres à figures édités à Venise, « *que les bois du Poliphile sont tout simplement l'œuvre d'un de ces excellents illustrateurs de livres que les imprimeurs de Venise avaient formés à la fin du XV⁰ siècle* » ?
Grandes marges.

308. HYPNEROTOMACHIE, ou Discours du Songe de Poliphile déduisant comme Amour le combat à l'occasion de Polia... Sous la fiction de quoy l'auteur monstrant que toutes choses terrestres ne sont que vanité, traicte de plusieurs matieres profitables et dignes de mémoire. Nouvellement traduict de langaige italien en françois. *A Paris, pour Jacques Kerver, aux deux cochets, rue St Jacques,* 1546. *Avec privilege.* — A la fin : — *Imprimé pour Jacques Kerver, marchant libraire juré en l'Université, par Loys Cyaneus, le vingtiesme jour d'aout, l'an* 1546. In-fol., fig. sur bois, lettres ornées, veau fauve, tr. dor. (*Rel. du XVI⁰ siècle.*)

6 ff. limin , 157 ff. chiffrés pour le texte, 1 f. pour la marque de Kerver à la fin.
La traduction du texte italien est de Jean Martin. On ignore le nom de l'artiste qui a reproduit les figures de l'édition Aldine. Rien n'est plus intéressant que la comparaison de l'original Italien et de la copie Française, d'où ressortent si vivement les différences entre l'art Français et l'art Italien sous la Renaissance.
L'artiste auquel on doit le Poliphile Français était un maître. Serait-ce

J. Cousin ? Serait-ce J. Goujon ? Ce dernier a fait pour J. Martin les
planches du Vitruve de 1547 : N'aurait-il pas aussi fait pour lui celles du
Poliphile de 1546 ? Il y a entre les bois de ces deux ouvrages de telles
analogies que leur attribution à J. Goujon n'aurait rien de téméraire.

Sur les plats de la reliure on a au XVIII<sup>e</sup> siècle frappé les armes de
Condé. Quand j'ai acheté ce volume le dos était couvert d'une basane verte.
Les livres de Condé se rencontrent souvent avec cette horrible basane
imaginée sans doute par un bibliothécaire pour donner aux rayons un aspect
uniforme.

Aux armes de CONDÉ.

309. LA PASSION DE JÉSUS-CHRIST, gravée sur cuivre par
Albert Dürer. 1507-1513. 16 pièces. In-8 , mar. brun.
(*Trautz-Bauzonnet.*)

Belles épreuves des seize planches qui composent cette suite.

Elles ont de la marge et sont légèrement fixées par un onglet entre des
feuilles de papier ancien.

310. APOCALIPSIS CUM FIGURIS. — In fine : — *Impressa
denuo Nurnberge per Albertum Durer pictorem, anno
christiano millesimo quingentesimo undecimo* [1511]. In-
fol. de 16 ff., fig.

PASSIO DOMINI NOSTRI JESU, ex Hieronymo Paduano,
Dominico Mancino, Sedulio et Baptista Mantuano, per fratrem
Chelidonium collecta, cum figuris Alberti Dureri Norici
pictoris. — In fine : — *Impressum Nurnberge per Albertum Durer pictorem, anno Christiano Millesimo quingentesimo undecimo* [1511]. In-fol. de 12 ff., fig.

EPITOME IN DIVÆ PARTHENICES MARIÆ historiam ab Alberto
Durero norico per figuras digestam cum versibus annexis
Chelidonii. — In fine : — *Impressum Nurnberge per
Albertum Durer pictorem, anno christiano quingentesimo
undecimo* [1511]. In-fol. de 20 ff., fig.

Trois parties en un vol. in-fol., veau brun, comp. à froid
et milieux. (*Rel. anc.*)

Très rare recueil des trois grands ouvrages ornés des figures gravées
sur bois d'après les dessins d'Albert Dürer.

*Apocalypse,* vignette sur bois sur le titre et 15 grandes estampes portant
la marque de Dürer ; 4<sup>e</sup> édition d'après Passavant.

*Passion de N. S. J. C.,* titre avec grande vignette sur bois et 11 grandes
estampes avec la marque de Dürer et la date 1510 ; 2<sup>e</sup> édition d'après
Passavant.

La *Vie de la Vierge* est ornée d'un bois sur le titre et de 19 grandes
estampes portant la marque de Dürer et les dates 1509 à 1510 ; 2<sup>e</sup> édition
d'après Passavant.

Exemplaire très grand de marges, avec des figures en superbes épreuves,
dans sa première reliure en veau estampé. Reliure allemande du XVI<sup>e</sup> siècle.
Acheté à une vente faite à Leipzig.

311. PASSIO CHRISTI AB ALBERTO DURER Nurembergensi
effigiata cum Varii generis carminibus Fratris Benedicti
Chelidonii Musophili. — In fine : — *Impressum Nurnberge
per Albertū Durer Pictorē anno Christi Millesimo
quingentesimo undecimo* [1511]. In-4, vélin. (*Rel. anc.*).

Suite connue sous le nom de *Petite Passion.* Elle se compose d'un bois sur le titre et de 36 planches gravées sur bois portant le monogramme d'Albert Dürer et quelques-unes la date de 1510 (Bartsch, 16-52).

Magnifique exemplaire du deuxième tirage, suivant Heinecken et Passavant, avec des épreuves de la plus grande beauté et d'une remarquable fraîcheur ; le titre porte une dédicace de Dürer à Corn. Grapheus, datée de 1521 ; il a été cité pour ce fait par Heller, dans *Das leben und die werke Albrecht Dürers*, p. 1605 et dans Thauzing, *A. Dürer*, p. 433. Il avait appartenu à M. A. A. Renouard qui a écrit sur la garde la phrase suivante : « *Les épreuves en sont très belles et la note écrite sur le titre rend le volume doublement intéressant* ».

Exemplaire de Beckford.

312. Petri de Blarrorivo Parhisiani insigne Nanceidos opus de bello nanceiano. Hac primum exaratura climatissime nuperrime in lucem emissum. — Au verso du f° X 6 : — *Impressum in celebri Lotharingie pago divi Nicolaï de portu per Petrũ Jacobi prim̃ loci paganũ. Anno.... M.D.XVIII Nonas Januar* [1519 n. s.]... In-fol., fig., mar. vert, fil., dos orné, tr. dor. (*Derome le jeune*.)

Livre rare imprimé en lettres rondes. C'est un volume de 130 ff. non chiffr., sign. A par 8 ff., B à U par 6 et X par 8.

Les nombreuses figures sur bois dont il est orné sont fort intéressantes Celle du titre représente René II, duc de Lorraine, à cheval.

Le poème a pour sujet la défaite et la mort de Charles le Téméraire sous les murs de Nancy.

L'étiquette du relieur collée à la garde est conçue comme suit : « *Relié par Derome le jeune, rue St Jacques au dessus de St Benoit, seul possédant l'établissement de défunt son père.* »

313. Historiarum veteris Testamenti icones ad vivum expressæ, una cum brevi quoad fieri potuit, dilucida earumdem expositione. *Lugduni, sub scuto coloniensi*, 1538. — Sur le dernier feuillet, dans un cartouche : — *Excudebant Lugduni Melchior et Gaspard Trechsel fratres*, 1538. In-4, mar. brun, doublé de mar. rouge, tr. dor. (*Mercier*.)

Première édition.

Coll. A-M par 4. 48 ff. 92 planches.

Les figures sur bois sont accompagnées d'un texte latin. Elles ont été gravées d'après Holbein par Hans Lutzelbürger qui a gravé également *Les simulacres et historiées faces de la mort.*

Très bel exemplaire.

Haut. 189. Larg. 133.

314. Historiarum Veteris Testamenti Icones ad vivum expressæ. Una cum brevi, sed quoad fieri potuit, dilucida earumdem et latina et gallica expositione. *Lugduni, sub scuto Coloniensi, M.D.XXXIX* [1539]. — A la fin : — *Lugduni, Melchior et Gaspar Trechsel fratres excudebant.* Pet. in-4, fig. sur bois, mar. citron, mosaïque, milieu doré à petits fers, dos orné, dent., tr. dor. (*Trautz-Bauzonnet*.)

Deuxième édition.

Coll. A-N par 4 ff. 94 figures. Au recto du dernier f., la grande marque de Trechsel.

Dans cette édition, les figures sont accompagnées de quatrains en français par Gilles Corrozet.

Le f. A2 contient deux pièces en vers latins adressées au lecteur par Bourbon de Vandœuvre. Ces pièces nous donnent le nom de l'auteur des figures, Hans Holbein. Nous citerons la dernière. C'est un distique écrit en grec et en latin.

« Cernere vis hospes simulacra simillima vivis ?
« Hoc opus Holbinæ nobile cerne manus. »

On a ajouté dans cette édition deux figures nouvelles qui se trouvent placées aux ff. G et L recto.

315. Icones Historiarvm Veteris Testamenti, ad viuum expressæ, extremaque diligentia emendatiores factæ, Gallicis in expositione homœoteleutis, ac versuum ordinibus (qui prius turbati, ac impares) suo numero restitutis. *Lugduni, apud Ioannem Frellonium,* 1547. In-4, vél. blanc. (*Rel. anc.*)

> Troisième édition. Elle contient quatre figures nouvelles.
> Collat. 52 ff. 98 figures.
> Exemplaire du premier tirage sous cette date. V. Brunet, t. III, p. 253.

316. Biblicæ Historiæ artificiosissimis picturis effigiatæ per Sebaldum Behem pictorem Francofortensem. *Sine loco et anno.* — Typi in Apocalypsi Joannis depicti ut clarius Vaticinia Joannis intelligi possint. *Francofurti, Chr. Egenolphus excudebat,* 1539. Deux parties en 1 vol. pet. in-4, mar. brun jans., tr. dor. (*Trautz-Bauzonnet.*)

> Collat. 1re partie, A-K par 4 ff., il y a 8 fig. par cahier, sauf au cahier K qui en a 9. En tout 81 figures.
> Coll. 2e partie, A-D par 4 ff. Le dernier feuillet du cahier D est blanc. En tout, un titre gravé et 27 figures.
> Les deux parties sont de la première édition. On pensait que l'édition de 1536 était la première des *Biblicæ Historiæ,* avant que le libraire Tross eût découvert celle sans date.
> Voir Brunet, T. V, p. 253.

317. Discovrs dv Voyage d'outre mer au Sainct Sepulcre de Ierusalem et autres lieux de la Terre Saincte. Auec plusieurs traictez, dont le Catalogue est en la page 265. Par Anthoine Regnaut bourgeois de Paris. *Imprimé à Lyon aux despens de l'Autheur,* 1563. *Auec priuillege du Roy. On les vend a Paris aux Faulxbourgs sainct Iaques a lenseigne de la Croix de Hierusalem.* In-4, fig. sur bois et cartes, mar. rouge jans., dent. int., tr. dor. (*Cuzin.*)

> Exemplaire contenant la seconde partie : Ordonnances des empereurs, roys et princes de France qui ont esté souverains et chefs de l'Ordre des Chevaliers et Voyagers du Saint Sepulchre de nostre Redempteur Jesu-Christ, en Jerusalem outre mer. *Imprimées à Paris, par Nicolas du Chemin pour Anthoine Regnault, 1573.*
> 4 ff. limin. 289 pp. (Les ordonnances commencent à la page 264). 8 ff. pour le Catalogue des traictés, la table et le dernier feuillet blanc. Hors texte, 4 cartes placées entre les ff. 18 et 19, 26 et 27, 58 et 59, 140 et 141.
> Le supplément au Brunet n'indique que 3 cartes. Il y a 59 figures sur bois par Moni. Les bois avaient servi pour les figures de la Bible avec les huitains de Gueroult.

**318.** Le Parangon de Novvelles honnestes et delectables à
tous ceulx qui desirent veoir Choses nouuelles et Recreatiues
soubz umbre et couleur de joyeuseté, Utiles et profitables
a un chescun vrai amateur des bon ppos et plaisants
passe-temps. 15 nouuellement 31.

Les paroles Joyevses et Dictz memorables des Nobles et
saiges hommes anciens Redigez par le Gracieulx et Hōneste
Poete Messire François Petrarque. 1531. *On les vend à
Paris, en la boutique de Romain Morin, libraire demourant
rue Mercière.* — A la fin : — *Fin des dicts joyeux et
memorables des anciens et saiges hōmes, cumulés par le
sientifique poète Messire Francois Petrarque. Imprimes
à Lyon par Denys de Harsy, pour Romain Morin,
libraire demourant en la rue Mercière,* 1531.

Deux part. en 1 vol. pet. in-8 carré, mar. citron, doublé
de mar. rouge, plats et dos ornés, dent. int. de feuillages
à petits fers, tr. dor. (*Trautz-Bauzonnet.*)

Coll. 80 ff. numérotés. Lettres rondes, titres imprimés en rouge et noir,
nombreuses figures sur bois.
Ces figures sont fort mauvaises. Ce sont les débuts de l'école lyonnaise.
Dans quelques-unes, il y a un souvenir des bois italiens.
Ce recueil est fort rare.

**319.** Les Trivmphes excellēs et magnifiques du tres elegant
poète, messire Françoys Petrarcque, traduyctz de lāgaige
Italien en langue Françoyse nouuellement imprimez, 1531.
*On les vend à Lyon, en la boutique de Romain Morin
libraire demourant en la rue Mercière.* Pet. in-8, fig.,
mar. rouge, dos orné, fil., tr. dor. (*Padeloup.*)

Collat. 208 ff. numérotés. Chacun des triomphes a son titre distinct. Le
premier seul est tiré en rouge et noir. Les figures sont les mêmes que
celles du Parangon, plus quelques bois nouveaux de meilleure qualité. La
reliure est excellente et très fraîche.
Exemplaire de Pixerécourt.

**320.** Le Grand Olympe des Histoires poëtiqves du prince de
poësie Ouide Naso en sa Metamorphose. Œuure authētique,
et de hault artifice, pleine de honneste recreation. Traduyct
de Latin en Francoys, et imprimé nouuellement. 1532. —
A la fin de la tierce partie : — *La fin du quinzième et
dernier liure du grand Olympe des histoires Poëtiques
contenant trois parties diuisées chascune par cinq liures,
œuure de grande efficace et merueilleux entendement
a tous vrais amateurs de lettres humaines. Imprime
nouuellement a Lyon par fidele imprimeur Denis de
Harsy, l'an de grace 1532. On les vend à Lyon en la
boutique de Romain Morin, libraire rue Mercière.* —
Trois part. en un vol. pet. in-8, mar. La Vallière. (*Mercier.*)

Coll. 1re partie, 88 ff.; 2e partie, 96 ff.; 3e partie, 107 ff.; 5 ff. non chiffr.
pour la table.
Chaque partie a son titre distinct. Ce titre a un encadrement comme les
titres des deux nos précédents. Il est également tiré en rouge et noir. Les

figures sont aussi les mêmes, il y en a quelques-unes ajoutées et d'une meilleure facture. Au point de vue des figures, ce volume est le meilleur des trois ouvrages publiés par D. de Harsy en 1531 et 1532.

**321.** LES ANGOYSSES DOVLOVREVSES qui procedent Damours : composees par Dame Helisenne De Crenne. *S. l. n. d., à la marque d'Icare.* — Trois part. en 1 vol. in-8, fig. sur bois, mar. rouge, fil., tr. dor. (*Bauzonnet.*)

> Ce volume a été imprimé par Denys de Harsy de 1536 à 1540. Il est divisé en trois parties.
> Coll. 1re partie, 64 ff. Sign. A-H par 8.
> 2e partie, 72 ff. Sign. AA-II par 8, le dernier blanc.
> 3e partie, 84 ff. Sign. AAA-DDD par 8, EEE par 2.
> A la fin du volume, 8 ff., sign. a, contenant *Ample Narration faite par Quezenstra.*
> Sur le titre des trois parties se trouve la marque de Denys de Harsy.
> On retrouve dans les figures une partie de celles qui ont figuré dans les trois nos précédents, auxquelles ont été ajoutées de nouvelles figures qu'on rencontre dans les diverses éditions lyonnaises du temps. Elles sont presque toutes fort médiocres.

**322.** LES TRIVPHES PÉTRARQUE traduictes de lãgue Tuscane en Rhime francoyse par le baron d'Opede. *Auec Priuilège du Roy. On les vend a Paris en la grand salle du Palais au premier et second piliers es bouticques des Angeliers. S. d.* In-12, fig. sur bois, mar. brun, plats et dos ornés de feuillages et d'emblèmes, tr. dor. (*Trautz-Bauzonnet.*)

> Sign. 14 cahiers de 8 ff., 1 cahier de 4 ff. dont le dernier pour la marque des Angeliers. En tout 116 ff. La pagination est défectueuse, mais la signature exacte.
> Le Privilège est accordé à Charles Langelier et daté du 14 février 1538. Mais le livre a été imprimé par Denys Janot qui a mis son adresse au fo à 7 vo, et il a dû paraître en 1539. Il est orné de fig. sur bois prises au hasard dans le fonds de Denys Janot et dont plusieurs sont excellentes. On y trouve répété plusieurs fois un bois qui a servi pour l'édition sans date du *Pathelin* de Est. Groulleau, lequel a dû être en préparation à la même époque que les *Triomphes de Pétrarque* et que les XV livres de la *Métamorphose d'Ovide.*
> La planche commune aux Triomphes et au Pathelin se trouve dans les Triomphes au vo du f. I, et dans le Pathelin au fo B v recto.

**323.** LES CONTROVERSES DES SEXES MASCVLIN et féminin (par Gratian du Pont, seigneur de Drusac). *S. l. (Paris),* 1538. 3 parties en 1 vol. in-16, lettres rondes, fig. sur bois, mar. rouge, fil., dos orné, tr. dor. (*Padeloup.*)

> Livre Ier : 40 ff. chiffrés.
> Livre II : 156 ff. chiffrés.
> Livre III : 88 ff. chiffrés.
> Exemplaire provenant des ventes SOLAR et D'AUTEUIL..

**324.** LES DIVERSES FANTASIES des hommes et des femmes, composées par Mère Sotte, contenant plusieurs belles exemples moralles, et le tout figuré de nouuelles figures, nouuellement imprimé à Paris, 1538. *On les vend en la rue neufve nostre Dame, à l'enseigne Saint Jehan Baptiste* *près Saincte Geneviève des ardents, par Denys Janot, libraire et imprimeur.* In-16, lettres rondes, fig. sur bois, veau fauve. (*Reliure du temps*).

127 feuillets numérotés plus un dernier feuillet pour l'adresse et la marque de Denys Janot.
Ce volume est un des plus rares parmi les petits livres à figures sur bois qu'a publiés Denys Janot.

325. LES TRIVMPHES PETRARCQVE. *On les vend à Paris en la rue neufue nostre Dame à l'enseigne sainct Jehan Baptiste pres Saincte Geneuiefue des Ardens, par Denys Janot, libraire et imprimeur* — Au dernier feuillet : — *Ci finissent les Triomphes de messire François Pétrarcque tres illustre poëte, nouuellement rédigez de son langage vulgaire Toscan en notre diserte langue Francoyse et imprimez nouuellement par Denys Janot, libraire imprimeur, demourant en la Rue neufue notre dame à l'enseigne Saint Jean Baptiste, près Saincte Geneuiève des ardents,* 1539. In-8, fig. sur bois, veau fauve, tr. jaspée. (*Anc. rel.*)

Coll. 208 ff. chiffrés. La marque de D. Janot au verso du dernier feuillet.
Cette traduction est la même que celle qui avait été donnée à Lyon par Romain Morin dans son édition des triomphes de 1531 ; les bois sont de diverses qualités.
L'exemplaire a appartenu à Du Fay, puis à Boyer de Cremilles qui a fait pousser ses armes sur les plats. Charmant livre fort rare.
Exemplaire du Baron PICHON.

326. LES XV LIVRES DE LA MÉTAMORPHOSE D'OVIDE, poète très élégant, contenans l'Olympe des histoires poétiques, traduictz de latin en françoys, le tout figuré de nouvelles figures et hystoires. *Nouvellement imprimé à Paris par Denys Janot, libraire et imprimeur. On les vend à Paris, en la rue neufve Nostre Dame, par Denys Janot,* 1539. In-8, lettres rondes, fig. sur bois, mar. citron, doublé de mar. rouge, dent. int., dos et plats ornés, tr. dor. (*Trautz-Bauzonnet.*)

L'Olympe est divisé en trois parties avec des titres distincts et pagination spéciale.
Le titre de la première partie est celui qui vient d'être transcrit.
La première partie contient 88 ff. chiffrés.
La seconde partie de la Métamorphose d'Ovide en ses histoires poétiques. *On les vend a Paris.... par Denys Janot, 1539.* 100 ff. chiffrés.
La tierce partie de la Métamorphose d'Ovide en ses histoires poétiques. *On les vend a Paris.... par Denys Janot, 1539.* 116 ff. chiffrés.
4 ff. pour la table.
Les figures ont été gravées en grande partie pour l'édition et se rapportent avec le texte.
Les majuscules sont celles de l'alphabet du Champfleury. L'élégance des bois au simple trait, la qualité du papier et les caractères ne laissent rien à désirer. C'est un des plus jolis livres sortis des presses de Denys Janot.

327. LES BLASONS DOMESTIQUES contenant la décoration d'une maison honneste et du mesnage estant en icelle : Invention

joyeuse et moderne. *Avec privilège*, 1539. *On les vend en la Grand Salle du Palais près la Chapelle de Messieurs en la boutique de Gilles Corrozet, libraire.* In-16, mar. bleu, doublé de mar. rouge, dent., tr. dor. (*Cuzin.*)

47 ff. chiffrés, plus un feuillet pour la marque de Corrozet, un cœur sur lequel s'étale une rose, le tout entouré de banderolles sur lesquelles on lit : *in corde prudentis revirescit sapientia proverbiorum.*
Sur la marque se trouve la croix de Tory.
Le privilège est du 6 mars 1538 ; il est accordé à *Denys Janot* et à *Corrozet.*
Ce petit volume orné de bois très curieux est l'ouvrage de Corrozet. Il a été réimprimé par les soins de la Société des Bibliophiles François. Il est très rare.

328. LAMANT MAL TRAICTÉ DE SA MIE (par Diégo de San Pedro). *On les vend au Pallais en la gallerie par ou on va à la chancellerie, en la boutique de Vincent Sertenas, S. d.* (1539). In-8, fig. sur bois, mar. citron, guirlande de fleurs au milieu des plats, dorure à petits fers, dos orné, dent. intér., tr. dor. (*Trauiz-Bauzonnet.*)

Coll. 8 ff. lim. A à H par 8 ff., I par 4 ff., K par 2 ff. 78 ff.
Première traduction de ce roman espagnol, faite par Nicolas Herberay, sieur des Essars ; elle est ornée de très jolies figures sur bois.
Ce volume a été imprimé pour Sertenas chez Denys Janot, dont nous retrouvons les bois modernes au trait, à la mode de Tory, et les bois ombrés plus archaïques.
De la bibliothèque de Ch. NODIER.

329. LES EMBLÈMES de maistre André Alciat, mis en rime françoyse (par Jeh. Le Fèvre), et puis nagueres réimprimé avec curieuse correction. *On les vend à Paris, en la maison de Chrestien Wechel, demeurant en la rue Sainct-Jaques, a lescu de Basle,* M. D. xxxjx. [1539]. In-12, fig., mar. bleu, tr. dor. (*Koehler.*)

Sign. A à P par huit ff., Q par quatre ff. Le quatrième f. porte la marque de Wechel. Mi-partie lettres rondes et caractères gothiques. Les figures sont dans le genre de celles de l'*Orus Apollo* de Kerver, 1538.
Exemplaire de VEINANT.

330. LE THÉATRE DES BONS ENGINS, auquel sont contenuz cent Emblemes moraulx. Composé par Guillaume de la Perrière Tolosain : Et nouuellement par iceluy limé, reueu, et corrigé. *Auec priuilege. De l'imprimerie de Denys Janot, imprimeur et libraire, s. d.* (1539). In-8, fig., veau fauve, fil. à froid, tr. dor. (*Rel. anc.*)

Première édition.
Ce volume est orné de 100 figures emblématiques gravées sur bois et d'encadrements à chaque page. Ces gravures doivent être rangées parmi les meilleures illustrations faites au XVIe siècle.
Très bel exemplaire, grand de marges, dans sa première reliure, portant sur les plats un dauphin couronné, emblème de FRANÇOIS II.
Coll. 108 ff. non chiffrés, 13 cahiers de A à N par 8 ff., 1 cahier O par 4 ff. dont le dernier est blanc.
Le vº du f. O II est occupé par la devise de Dolet. Le f. O III porte d'un

côté l'adresse de Denys Janot et de l'autre côté sa grande marque, placées dans des encadrements spéciaux.
Exemplaire de FRANÇOIS II.
Vente DESTAILLEUR.

331. LE THÉATRE DES BONS ENGINS, auquel sont contenuz cent Emblemes. *Avec privilège. On les vend à Paris en la rue Neuve Nostre-Dame à l'enseigne de St-Jean-Baptiste, près Saincte Geneviève des Ardents* [1539]. Pet. in-8, fig. sur bois, mar. rouge, dos et plats ornés, dent. int., tr. dor. (*Trautz-Bauzonnet.*)

> Cent et une figures sur bois entourées d'encadrements variés.
> Coll. 108 ff. non chiffrés. Sign. a-n par 8 ff., o par 4 ff.
> Quoique cette édition soit datée de 1539, et ait le même nombre de ff. que l'édition qui n'a que 100 figures, elle lui est évidemment postérieure ; le titre est différent. La marque de Denys Janot a disparu du dernier f. L'auteur a ajouté une conclusion à la dédicace à la reine de Navarre, et il n'y a plus de f. blanc au dernier cahier.

332. HECATOMGRAPHIE. C'est-à-dire les descriptiõs de cent figures et hystoires, contenantes plusieurs Apophthegmes, Proverbes, Sẽtẽces et dictz tant des Anciens que des modernes. *On les vend à Paris, par Denys Janot, Libraire et Imprimeur, demourant en la rue Neuve Nostre-Dame, à l'enseigne St Jehan Baptiste contre Saincte Geneviève des Ardents*, 1540. Pet. in-8, fig. sur bois, mar. rouge, dos orné, milieux à petits fers, tr. dor. (*Trautz-Bauzonnet.*)

> Première édition.
> 14 cahiers. Le premier et le dernier par 4, les 12 autres par 8 ff. ; en tout, 104.
> Le privilège est du vingt-cinquième jour de mai 1540 et l'achevé d'imprimer du vingt-deux juin.
> Les figures sont entourées de cadres gravés offrant 4 dessins différents.
> Les vers sont de Corrozet, dont la devise « *plus que moins* » se trouve au dernier f.
> Il y a une contrefaçon de l'Hécatongraphie sous ce titre : « *La fleur des Sentences. Lyon, Claude de la Ville, 1548.* » Brunet a cité cet ouvrage parmi ceux de Corrozet, mais ne s'est pas aperçu que c'était l'Hécatongraphie sous un titre différent.

333. LE MIROVER DE PRVDENCE par Maistre Jehan Cabosse. *Nouuellement imprimé à Paris*, 1541.— Traicte du treshault et excellent mistere de l'incarnation du verbe diuin, extraict du viel & nouueau testamẽt, demonstrant le chemin de lœternelle fœlicite (par Jehan Cabosse). *Auec priuilège*, 1541 *A Paris, chez Denys Janot Imprimeur et libraire.* — 2 ouvr. en 1 vol. pet. in-8, mar. bleu, tr. dor. (*Chambolle-Duru.*)

> Coll. Le Mirouer de prudence. 16 ff. non chiffrés sign. A.-B. par 8.
> La marque de Denys Janot est au verso du dernier f.
> Traicté de l'incarnation. 40 ff. non chiffrés. Sign. A-E par 8. Le dernier f. du cahier E porte au recto la marque de Denys Janot et est blanc au verso.
> Les figures sur bois qui décorent le Traicté de l'incarnation sont toutes

empruntées à la Tapisserie de l'Eglise Chrétienne qui avait sans doute paru avant 1541 quoique nous n'en connaissions d'autre édition que celle de 1549.

La Croix du Maine fait mention de Jean Cabosse et ne cite de lui que ces deux petits ouvrages. Ils sont l'un et l'autre fort rares.

Exemplaire du Baron PICHON.

**334.** LES FABLES DV TRÈS ANCIEN ESOPE Phrigien premierement escriptes en Grec, et depuis mises en rithme Françoise. *Auec priuilège du Roy*, 1542. *A Paris en l'imprimerie de Denys Janot, demourãt en la rue Neufue Notre Dame à l'enseigne St Jean Baptiste.* In-8 de 104 ff., mar. rouge, fil., dos orné, tr. dor. (*Lortic.*)

Sign. A par 4, B-N par 8, O par 4.

Les 4 premiers ff. sont occupés par le titre, le privilège du 4 août 1542, et la dédicace en vers adressée par Corrozet à Très Hault et Très puissant Prince, Monseigneur Henry, Daulphin Viennois, Duc de Bretaigne, etc. Les 100 ff. suivants sont remplis par la traduction en vers de 100 fables d'Esope ornées de 100 figures sur bois entourées d'encadrements variés..

Les figures sur bois et les encadrements peuvent être attribués aux artistes de l'atelier de Geoffroy Tory. Les gravures au simple trait, les portiques qui les encadrent, rappellent la manière du maître et le cartouche qui entoure la marque de Denys Janot, au vº du dernier f., est la copie réduite de celui qui encadre la marque de Tory à la fin du *Champfleury*.

Cette édition de 1542 est la première, la plus belle et la plus rare. Celle qui suit n'a pas au vº du dernier f. la belle marque dont nous venons de parler.

Grandes marges. Haut. 165ᵐ.

Exemplaire de la vente DIDOT.

**335.** LES FABLES DV TRÈS ANCIEN ESOPE Phrigien premierement escrites en Grec, et depuis mises en rithme Françoyse. Auec la vie dudit Esope extraite de plusieurs et diuers autheurs. *A Paris par Estienne Groulleau, demourant en la rue Neuue Nostre Dame, à l'enseigne Sainct Jean Baptiste,* 1548. — Le second liure des Fables d'Esope Phrigien ancien poëte Grec, escrites en prose et vers François, auec leurs arguments. *Auec priuilège du Roy. A Paris par E. Groulleau, demourant en la rue Neuue Nostre Dame à l'enseigne Saint Jean Baptiste,* 1548. Deux parties en un vol. in-16, mar. rouge, milieux, tr. dor. (*Trautz-Bauzonnet.*)

1ʳᵉ partie, 112 ff. non chiffr. Sign. A-O par 8. Titre, portrait d'Esope au vº. 3 ff. pour la dédicace, 100 fables avec les arguments, les vers et les figures de l'édition de 1542, mais sans les cadres. 7 ff. pour la vie d'Esope extraite de Volaterrain et autres autheurs, par Anthoine du Moulin Masconnois. 1 f. pour la grande marque de Groulleau, le chardon avec la devise « *Nul ne s'y frotte.* »

2ᵐᵉ partie. Sign. A-I par 8, K par 6 ff., 78 ff. non chiffrés. Titre, au vº Privilège à la date du 27 mars 1547. 3 ff. pour un envoi de Gilles Corrozet, parisien, au lecteur. 73 fables traduites en prose ou en vers accompagnées de figures gravées sur bois dans le même style et par les mêmes artistes que celles de la 1ʳᵉ partie.

Au bas du 77ᵐᵉ feuillet vº on lit : Fin du second livre des Fables d'Esope, qui fut achevé d'imprimer à Paris par Estienne Groulleau, le VI jour d'octobre **1548.**

Le 78ᵐᵉ et dernier f. porte au r° le portrait d'Esope, et au v° la marque de Denys Janot.

Les figures de la première partie sont les mêmes que celles qui ornent l'édition de 1542 sans les encadrements.

L'exemplaire du second livre des Fables d'Esope phrigien que nous venons de décrire est, jusqu'à présent, LE SEUL CONNU.

Ce second livre a paru pour la première fois sous cette date et n'a pas été réimprimé.

Exemplaire très grand de marges. Témoins.

336. LA DIFFINITION et perfection d'amour, le Sophologe d'amour, traictez plaisants et delectables oultre l'utilité en iceulx contenue. *Avec privilège, 1542. On les vend au Palais en la boutique de Gilles Corrozet.* Pet. in-8, fig., mar. bleu, dos orné, fil., tr. dor. (*Trautz-Bauzonnet.*)

Petit livre fort rare orné de figures au trait gravées sur bois. L'auteur du *Sophologe* est Ant. Vias, natif du pays d'Auvergne.

Coll. 29 ff. pour la Définition d'amour, 31 ff. pour le Sophologe d'amour. Le privilège du 7 septembre 1541 est au v° du titre. Au v° du 60ᵐᵉ f., la grande marque de Corrozet avec la croix de Lorraine.

Il est probable que ce livre a été imprimé pour Corrozet par Denys Janot. Exemplaire de la vente VEINANT.

337. LE PHILOCOPE de Messire Jehan Boccace Florentin, contenant l'histoire de Fleury et Blanche fleur, divisé en sept livres traduits d'Italien en Françoys par Adrian Sevin gentilhomme de la maison de Monsieur de Gié. M.D.XLII [1542]. *Avec privilège du Roy, on les vend à Paris en la Grand salle du Palais en la boutique de Jehan André libraire juré en l'Université de Paris. —* A la fin : — *Fin des sept livres du Philocope de messire Jehan Boccace Florentin nouvellement imprimé par Denys Janot, imprimeur et libraire, le XXiiii jour de Février mil. VC.XLii.* In-fol., figures sur bois, mar. vert. (*Bedford.*)

Coll. 6 f. prél. 174 ff. numérotés pour le texte. Sur le titre se trouve la marque de Jehan André.

Ce volume est orné de nombreuses figures sur bois d'un grand style et d'une bonne exécution. Elles sont placées dans des cadres d'ornement dont plusieurs portent la date de 1522.

Aux armes du Baron SEILLIÈRE.

338. LE TABLEAU DE CEBES de Thebes, ancien philosophe, & disciple de Socrates : Auquel est paincte de ses couleurs la vraye image de la vie humaine, & quelle voye l'homme doit elire pour pervenir à vertu & perfaicte science. Premieremēt escript en Grec, & maintenant exposé en Ryme Francoise. *Avec privilège du Roy pour cinq ans, 1543. A Paris de l'imprimerie de Denys Janot, imprimeur du Roy en langue Francoyse.—* Au verso du dernier feuillet :— Fin du Tableau de Cebes de Thebes, de la Volupté vaincue et des emblèmes. *Imprimé nouvellement à Paris par Denys Janot, imprimeur du Roy en Langue françoise,* 1543. In-8

de 64 ff., inexactement chiffrés, mar. rouge, dos et milieux ornés, dent. int., tr. dor. (*Trautz-Bauzonnet.*)

Coll. Sign. A-H par 8 ff. Le cahier H est chiffré 62-39 par erreur au lieu de 57-64. Le privilège est au v° du titre. Il y a 29 figures dont la plupart se retrouvent dans les livres imprimés par Denys Janot.

Cet exemplaire, au nom de Denys Janot, a cependant la grande marque de Corrozet sur le dernier f.

Il y a des exemplaires dont le titre est à l'adresse de Corrozet. Ces exemplaires sont du second tirage. On le reconnaît facilement aux filets d'encadrement qui sont souvent brisés dans le second tirage.

339. L'AMOUR DE CUPIDO ET DE PSICHÉ mère de volupté prise des cinq et sixiesme livre de la metamorphose de Lucius Apuleius, Philosophe. Nouvellement historiée et exposée tant en vers Italiens que Françoys. *Avec privilège du Roy. A Paris, de l'imprimerie de Jeanne de Marnef, vefve de Denys Janot, demourant en la rue Neuve Notre Dame à l'enseigne Saint Jan Batiste*, 1546. In-12, veau fauve, milieux et coins dorés. (*Rel. du XVI° siècle.*)

Sign. A-F par 8 ff. 48 ff. Il y a, à la suite de l'*Amour de Cupido et Psiché*, un petit poème de Jean Maugin avec un titre spécial qui commence au f. E VIII : *Le plaint du vaincu d'amour, avec aucuns epigrammes de divers propos amoureux, par Jean Maugin, dit le petit Angevin. Soing et secret.* Au verso du dernier f., on lit : « *En l'imprimerie de Jeanne de Marnef, vefve de Denys Janot.* »

Le privilège est du 14 août et l'achevé d'imprimer du 15 septembre 1546.

Les figures sur bois qui décorent ce livre ont été gravées par un artiste inconnu d'après les cartons attribués à Michel Coxie, élève de Raphaël. M. Coxie était Flamand.

Ces cartons, qui avaient été précédemment reproduits par le maître au dé, servirent de modèles à l'artiste qui exécuta pour le connétable Anne de Montmorency les vitraux aujourd'hui conservés à Chantilly. Un manuscrit appartenant à Mgr. le duc d'Aumale fait connaître les noms des poètes à qui sont dus les huitains qui accompagnent les figures gravées et les vitraux du connétable. Les dix premiers sont de Claude Chapuis, les dix suivants sont de Antoine Heroet, enfin les dix derniers sont de Mellin de Sainct-Gelays. Il y a deux huitains dont on ignore l'auteur, ce sont les n°ˢ 21 et 22.

Il y a des différences dans les exemplaires de même date. Voici la description de ceux que nous croyons de premier tirage.

Titre, 1 f.

Extrait du privilège, 1 f.

Epitre aux lecteurs, 8 ff.

A VI r°. Second titre dans un cartouche : *Le Sommaire de l'Amour de Cupido et de Psyché, mère de Volupté.*

E VI v°. Dans un cartouche différent : *Fin de l'amour de Cupido et Psyché.*

E VII r° *Aux lecteurs Françoys.*

E VII v°. Cartouche avec la devise :

*Amour ne peult*
*Ou rigueur veult.*

E VIII r° Titre : *Le plaint du vaincu d'amour* dans le même encadrement que le titre de l'*Amour de Cupido et Psyché.*

E VIII. v°. *A une Dame.*

F VIII. Marque de Jeanne de Marnef dans un cartouche.

Cet exemplaire dans sa première reliure et qui n'a jamais été lavé, est très beau d'épreuves.

Il est de premier tirage.

340. LES FIGURES DE L'APOCALIPSE de Saint Jan Apostre et dernier Evangeliste, exposées en latin et vers françois.

*Avecq privilège du Roy pour 6 ans. A Paris, 1547, de l'imprimerie d'Estienne Groulleau, demeurant en la rue Neuve Notre-Dame à l'enseigne Saint Jan Batiste.* In-16 de 48 ff., fig., mar. brun, doublé de mar. rouge, tr. dor. (*Trautz-Bauzonnet.*)

Ce volume est orné de 36 vignettes gravées sur bois, exécutées par les artistes qui illustrèrent l'*Amour de Cupido et de Psyché*, et la *Tapisserie de l'Eglise Chrestienne.*

Il comprend deux parties ; la première pour les *Figures de l'Apocalipse*, la deuxième intitulée: *Dix histoires du nouveau Testament... avec un cantique chrestien;* celle-ci est précédée d'un avis : *A tous pourtrayeurs et paintres*, dans lequel Maugin donne des renseignements curieux sur la publication de la *Tapisserie* et des *Figures de l'Apocalipse.*

Dans son épître *A tous Pourtrayeurs*, Maugin dit : « *Ayants doncq les révélations de St-Jan l'evangéliste esté exposées en prose latine et rytme Françoyse par l'un de mes meilleurs amys, et demeurant encore un nombre de tables du Nouveau Testament non jamais mis sous la presse, je me suis desrobé de mes vacations accoutumées pour vous les mettre d'ordre en lumière.* » Il faut en conclure que le texte de la première partie, l'*Apocalypse*, n'est pas de Maugin, mais que Maugin ayant trouvé chez l'imprimeur un certain nombre de planches préparées pour le Nouveau Testament, et jusque-là sans emploi faute de texte, a composé celui de la seconde partie afin de les utiliser.

Rien n'autorise du reste à penser que Maugin ait été graveur et qu'on lui doive les planches de l'*Amour de Cupido* et de l'*Apocalypse*. Il est impossible de ne pas rapprocher ces deux petits livres. Les mêmes encadrements entourent leur texte et les figures semblent avoir été gravées par le même artiste.

Le privilège est daté du 14 août 1546, comme pour l'*Amour de Cupido*, mais l'achevé d'imprimer est du 13 août 1547. L'*Apocalypse* a paru un an plus tard.

Exemplaire de Ch. Nodier.

341. **Exhortation a prier Dieu**, de saint Jean Crisostome, traduite de græc en rithme françoyse par Pierre Rivrain Vandosmoys, avecq' la louange de parfaite oraison, et autres petitz œuvres spirirituelz, traduitz de latin en françoys, par le dit autheur. *Paris, Est. Groulleau*, 1547. Pet. in-8, fig. sur bois, mar. rouge, fil., tr. dor. (*Rel. anc.*)

Coll. Sign. A à G par 8 ff., H par 4 ff., 1 f. pour l'errata et la marque de Denys Janot devenue celle de Groulleau depuis son mariage avec la veuve de Denys Janot. 1 f. blanc, 12 figures dans le texte.

Exemplaire du duc de La Vallière.

342. **La Tapisserie de l'Eglise chrestienne** et Catolique en laquelle sont depaintes la Nativité, Vie, Passion, Mort et Resurrection de nostre Sauveur et Redempteur Jesus-Crist. Il y a un huitain sous chacune histoire pour l'intelligence d'icelle. *A Paris, de l'imprimerie d'Estienne Groulleau, demourant en la rue Neuve Nostre-Dame à l'enseigne Saint Jan Batiste*, 1549. In-16 de 104 ff., fig., mar. vert, dos orné, large dent., doublé de tabis, tr. dor. (*Derome.*)

Sign. A-N par 8 ff. Le dernier f. du cahier N est occupé par la marque de Denys Janot.

Ce livre est des plus rares. Il est orné de 189 figures sur bois que l'on attribue à J. Cousin.

Ces dessins se rapportent aux Évangiles, à la Passion et à la Rédemption de Jésus-Christ. Les huitains qui accompagnent chaque gravure sont l'œuvre de Gilles Corrozet, dont le nom se lit dans l'épître aux lecteurs.

Exemplaire du duc de LA VALLIÈRE, recouvert d'une riche reliure de *Derome* très fraîche. Il a passé depuis dans les ventes BECKFORD et DESTAILLEUR.

343. LE JARDIN D'HONNEVR, contenant plusieurs Apologies, Prouerbes, & ditz moraux auecq' les histoires & figures. Aussi y sont aioustez plusieurs Balades, Rondeaux, Dixains, Huitains & Trioletz fort joyeux. Reuu et corrigé outre les précédentes impressions. *A Paris, Par Estienne Groulleau, demourant en la rue Neuue notre Dame....* 1550. In-16. fig. sur bois, mar. citron, doublé de mar. bleu, dent., guirlande de fleurs, tr. dor. (*Trautz-Bauzonnet.*)

Sign. A-H par 8. 64 ff. non chiffrés.
On trouve dans ce petit livre les bois de Denys Janot et de Groulleau distribués au hasard à travers le texte, suivant la coutume des éditeurs parisiens du XVI^me siècle.

344. MAISTRE PIERRE PATHELIN, de nouveau reveu et mis en son naturel. Avec le Blason et Loyer des faulses et folles amours. *A Paris, pour Estienne Groulleau, s. d.* In-16 de 112 ff. non chiffr. dont un blanc, fig., mar. rouge.

Édition en lettres rondes ornée de petites figures très bien gravées sur bois pour le livre même.
A la suite du *Loyer des faulses Amours* est une pièce de vers intitulée : *Triomphe des Muses contre Amour.*
Cette édition, sans date, a dû paraître de 1548 à 1550. Groulleau a trouvé cette édition en préparation dans le fonds de Janot. En effet, une des figures, évidemment faite pour le *Pathelin*, se trouve dans la traduction des *Triomphes de Pétrarque* par le baron d'Oppède, dont le privilège est de 1538.

345. LE PREMIER LIVRE de l'histoire et ancienne Chronique de Gerard d'Euphrate, duc de Bourgongne... Mis de nouveau en nostre vulgaire Françoys. *A Paris, Par Estienne Groulleau...* 1549. — A la fin : — *Fin du Premier livre de Gerard d'Euphrate, imprimé à Paris, par Estienne Groulleau, pour luy, Ian Longis, et Vincent Sertenas, Libraires,* 1549. In-fol., fig. sur bois, veau br., tr. dor. (*Rel. anc.*)

Édition rare, ornée de 46 figures sur bois.
Parmi ces figures, plusieurs méritent une attention particulière. Celle du f. 5, au simple trait, porte la croix de Lorraine. Celle du f. 14, également au trait, rappelle la facture des bois qui décorent la traduction de l'*Iliade d'Homère* par Hugues Salel.
Enfin les 3 grandes planches à pleine page des ff. 9, 25 et 28 qui représentent la fée Oriande, une bataille entre des êtres fantastisques et la Cour du Roi des Enfers ont beaucoup plus de caractère que les bois employés d'ordinaire à l'ornement des livres. M. Didot a pu très légitimement les attribuer à Jean Cousin.

346. LACTANCE FIRMIAN, des Divines Institutions, contre les gentils et idolastres, nouvellement recogneu aux premiers

exemplaires et imprimé avec histoires. Traduict du latin de françoys par René Fame. *Paris, Est. Groulleau*, 1551. In-16, fig. sur bois, mar. brun, tr. dor. (*Motte.*)

> Volume orné de près de 180 gravures sur bois, dont beaucoup se répètent, 16 ff. liminaires, 774 pp. chiffrées.
> Les bois qui décorent cette édition sont placés sans souci de la concordance avec le texte. On y trouve quelques pièces de la *Tapisserie de l'Eglise Chretienne*, un certain nombre de copies des figures de la *Bible d'Holbein*, *Icones Veteris Testamenti*, 1538, et beaucoup d'autres bois dont il est impossible d'identifier l'origine.

347. LES TRIVMPHES PETRARQVE. *Paris, Est. Groulleau*, 1554. Un tome en deux volumes in-16, fig. sur bois, veau fauve, dos orné, tr. jaspée. (*Padeloup.*)

> Coll. 291 ff. chiffrés. Le f. 291 est, par erreur, chiffré 289. 1 f. non chiffré pour la marque de Groulleau.
> Les *Triumphes de Pétrarque* finissent au vº du f. 289. Les ff. 290 et 291 sont occupés par *les Visions de Pétrarque translatées par Clément Marot*.
> M. E. Picot attribue cette traduction en prose à Georges de la Forge, Bourbonnais (Cat. Rothschild, p. 654).
> Les bois allégoriques des *Triumphes* sont les mêmes que ceux des éditions de 1538 et sans date. Tous les autres bois sont, comme presque toujours tirés du fonds de l'atelier de Denys Janot et placés sans aucun souci de leur concordance avec le texte.
> L'exemplaire a appartenu à MÉON.

348. LES XV LIVRES DE LA MÉTAMORPHOSE D'OVIDE, poète très élégant, contenans l'Olympe des histoires poétiques, traduictz de latin en français. Reveu et corrigé. *A Paris, par Estienne Groulleau*, 1554. In-16, fig. sur bois, mar. rouge jans., dent. int., tr. dor. (*Trautz-Bauzonnet.*)

> 386 ff. chiffrés. 6 ff. non chiffrés pour la table.
> C'est le même texte que celui de l'édition de Denys Janot, 1539, et en partie les mêmes bois assez fatigués. On a remplacé ceux qui étaient détruits par d'autres bois pris au hasard. Cette édition est très inférieure à celle de Denys Janot.

349. LES VIES ET MOTZ DOREZ des sept sages de Grèce : Ensemble le miroir de prudence. Le tout mis en Françoys, avec une briève et familière exposition sur chacune autorité et sentence. *A Paris, Par Estienne Groulleau demourant en la rue Neuve nostre Dame à l'enseigne St Jean Baptiste*, 1554. In-16, mar. rouge jans., tr. dor. (*Cuzin.*)

> Collat. 112 ff. chiffr. Signat. A-O par 8 ff.
> Groulleau pour décorer le livre de Corrozet s'est servi de bois pris au hasard et d'un certain nombre de bois de la *Tapisserie de l'Eglise chrétienne*. Il avait à sa disposition tous les bois de Denys Janot depuis son mariage avec sa veuve.

350. LE CONSEIL DES SEPT SAGES DE GRÈCE, ensemble le miroer de Prudence, le tout mis en Frācoys auec une briefue et familiere exposition sur chascune authorité et séntence. *A Paris, chez Jehan Ruelle, s. d.* In-16, fig. sur bois, mar.

brun, fil., dos orné, dorure à petits fers, dent. int., tr. dor. (*Trautz-Bauzonnet.*)

> Collat. 112 ff. chiffrés. Signat. A–O par 8 ff.
>
> C'est une contrefaçon du volume publié par Groulleau en 1554 sous le titre : *Les vies et motz dores des sept sages de Grèce.* Cependant les gravures sur bois ne sont pas distribuées de même. Plusieurs sont des copies de la *Tapisserie de l'Eglise chrétienne.*

351. L'HISTOIRE PALLADIENNE, traitant des gestes & généreux faitz d'armes et d'amours de plusieurs grandz princes et seigneurs, specialement de Palladien filz du roy Milanor d'Angleterre, & de la belle Selerine sœur du Roy de Portugal : nouuellement mise en nostre vulgaire Françoys, par feu Cl. Colet, champenois. *A Paris, pour Ian Dallier...* 1555. — Au dernier f.: — *Nouuellement imprimée à Paris, par Estienne Groulleau Libraire et imprimeur...* In-fol., fig. sur bois, veau écaille, fil., tr. dor. (*Rel. anc.*)

> Roman de chevalerie rare. Il contient 39 figures entourées de cadres ; plusieurs d'entres elles avaient déjà servi dans le Philocope imprimé par Denys Janot en 1542.
>
> Aux armes de la comtesse DE VERRUE.

352. ORI APOLLINIS NILIACI, de Sacris notis et sculpturis libri duo, ubi ad fidem vetusti codicis manuscripti restituta sunt loca permulta, corrupta ante ac deplorata quibus accessit versio recens per Jo. Mercerum uticensem concinnata, et observationes non infrugiferæ. *Parisiis, apud Jacobum Kerver, via Jacobæa sub duobus gallis,* 1551. In-8, fig., mar. rouge jans, tr. dor. (*Trautz-Bauzonnet.*)

> 10 ff. limin. 241 ff. In fine : *Excudebat Morelius.* 1 feuillet à la fin pour la marque de Kerver.

353. CHANTZ ROYAVLX figurez moralement sur les mysteres miraculeux de nostre saulueur & redempteur Iesuchrist, & sur la Passion auec plusieurs deuotes Oraisons & Rondeaulx contemplatifz, côposez par Pierre Gringoire dict Vaudemôt, Herault darmes de monseigneur le Duc de Lorraine. *A Paris, Chez Oudin Petit, en la ruë Sainct Iaques, a la Fleur de Lis,* 1541. Pet. in-8 de 36 ff., lettres rondes, fig. sur bois, mar. rouge jans., dent. int., tr. dor. (*Trautz-Bauzonnet.*)

> Sept figures sur bois bien dessinées et bien gravées.
>
> De la bibliothèque de CH. NODIER.

354. LE DÉCAMERON de Messire Jehan Boccace florentin nouuellement traduict d'Italien en Françoys par maistre Anthoine le Maçon conseiller du roy et trésorier de l'extraordinaire de ses guerres. *Avec privilège du roy pour six ans. Imprimé à Paris pour Etienne Roffet dict*

*le Faulcheur, libraire demeurant sur le pont Sainct Michel à l'enseigne de la Rose blanche,* 1545. In-fol., veau fauve. (*Rel. anc.*)

Coll. 8 ff. lim. pour le titre, la dédicace en français à Marguerite de Navarre, par Le Maçon, la dédicace en italien signée Emilio Ferretti, l'avis de Röffet aux lecteurs, l'errata, la table et 254 ff. chiffrés pour le texte. Le privilège qui est daté du deuxième jour de novembre 1544 est imprimé au verso du titre. La dédicace en français de Le Maçon a été imprimée à nouveau et occupe le premier f. chiffré, mais elle n'offre aucune différence de texte avec celle placée dans les ff. liminaires.

Cette édition est la première de la traduction de Le Maçon.

En tête de chacune des journées se trouve une figure entourée d'un ornement.

Ces figures d'un très bon style ont cet intérêt particulier qu'elles sont un des premiers essais de gravure sur cuivre. Monsieur Piot avait trouvé un des cuivres, celui de la première journée, et l'avait fait tirer dans un article inséré au *Cabinet de l'amateur*, année 1861-1862. Paris, 1863, page 74. Mais par une erreur singulière et inexplicable de la part d'un homme qui connaissait si bien les livres, il attribuait à cette gravure une origine italienne. Ce cuivre a passé avec d'autres dans sa vente et a été acheté par le libraire Morgand.

Exemplaire aux armes d'une PRINCESSE DE CONDÉ.

355. DELIE OBJECT DE PLUS HAULTE VERTU (par Maurice Sceve). *Lyon, Sulpice Sabon, pour Ant. Constantin,* 1544. Pet. in-8, fig. en bois, mar. rouge, dos orné, tr. dor. (*Rel. anc.*)

Recueil de 458 dizains, accompagnés de 50 figures d'emblèmes gravées sur bois, dans de jolis encadrements.

Avec privilège pour 6 ans.

Coll. 204 pp. chiffrées, plus 10 ff. pour l'ordre des figures, la table et la marque de Constantin.

Sur le 1er feuillet, la grande marque de Constantin. Au vo du 2e feuillet, le portrait de Maurice Sève dans un bel encadrement.

À la fin de la dernière page, on trouve la devise de M. Scève : « *Souffrir non souffrir* ».

La marque de Constantin au dernier feuillet n'est pas la même que celle du titre, elle est réduite.

Exemplaire du Baron de LACARELLE.

356. PETIT TRAITÉ DE ARNALTE ET LUCENDA. Autresfois traduit de langue Espaignole en la Françoise, & intitulé l'Amant mal traité de s'amye : Par le Seigneur des Essars Nicolas de Herberay. *A Lyon, Par Iean de Tournes,* 1547. In-16, fig. sur bois, mar. brun, compart. de fil., dos orné, tr. ciselée et dorée. (*Rel. anc.*)

Collat. 173 pp. chiffrées plus 1 feuillet blanc.

L'original espagnol est de DIEGO DE SAN PEDRO.

Curieuse reliure du XVIe siècle portant sur les plats du volume la devise : « *Quoy qu'yl tarde* ».

Au vo du f. 173 une des marques de J. de Tournes qu'on rencontre rarement. Elle figure une meule sur laquelle en exergue on lit : « *A chacun son tour* »; au contre, un prisme avec ces mots : « *Vertu ne peut cheoir* ».

357. CLARISSIMI VIRI D. Andreæ Alciati Emblematum libri duo. *Lugduni, apud Joan. Tornæsium et Gulielmum Gazeium,*

1549. In-16, mar. rouge, comp. (*Reliure italienne du XVI° siècle.*)

Les figures sur bois sont probablement de Bernard Salomon. Il y en a 113 pour le premier livre, le second livre n'est pas orné de figures.

143 pp. chiffrées. Au v° du dernier feuillet la marque : « *Nescit labi virtus* ».

Sur la feuille de vélin qui sert de garde, on a peint les armoiries d'une famille de Venise.

358. LES ANGOISSES ET REMÈDES D'AMOUR du traverseur en son adolescence (J. Bouchet). *A Lyon, par Iean de Tournes*, 1550. In-16, mar. citron, dos et plats ornés, tr. dor. (*Trautz-Bauzonnet.*)

Ce petit volume, un des plus charmants qui soient sortis des presses de J. de Tournes, est orné de 9 fig. sur bois qui peuvent être attribuées à Salomon Bernard. Il se compose de 173 pp. chiffrées, plus un feuillet blanc.

Sign. a-l par 8 ff.

Les 136 premières pages sont occupées par les *Angoisses d'amour*. Les 37 pages qui suivent sont consacrées à un opuscule en vers intitulé : *Dizains moraux sur les Apophtegmes*, c'est-à-dire : *Subtiles réponses des sept sages de Grèce*. Ces dizains qu'on a attribués à Corrozet se retrouvent dans les *Vies et Mots dorez des sept sages de Grèce. Paris, E. Groulleau, 1554.*

359. QUADRINS HISTORIQUES de la Bible (par Claude Paradin). *A Lyon, par Jean de Tournes*, 1553. Pet. in-8 de 44 ff. n. chiffr. — Quadrins historiques d'Exode. *A Lyon, par Iean de Tournes*, 1553. Pet. in-8 de 64 ff. n. chiffr., mar. rouge, fil., dos orné, tr. dor. (*Du Seuil.*)

Premières éditions des figures de la Bible de Bernard Salomon dit le Petit Bernard.

Sign.: 1re partie, A-E par 8, F par 4 ; 2e partie, A-H par 8.

Aux armes de CHARRON DE MÉNARS.

360. METAMORPHOSE, autrement, l'Asne d'or de l'Apulée de Madaure philosophe platonique, traduite de latin en notre vulgaire par Georges de la Bouthière Autunois. *A Lyon, par Iean de Tournes et Guillaume Gazeau*, 1553. In-12, fig. sur bois, veau marbré.

Collat. 646 pp. chiffrées. 1 feuillet pour la marque : « *Nescit labi virtus* ».

Cette traduction est beaucoup plus rare que celle de J. Louveau. Elle offre une particularité remarquable, c'est que les bois ont tous été gravés pour l'édition et placés régulièrement dans le texte.

361. IVLES OBSEQUENT DES PRODIGES. Plus Trois Liures de Polydore Vergile sur la mesme matiere. Traduis de Latin en François Par Georges de la Bouthiere Autunois. *A Genève, Par Ian de Tovrnes*, M.D.LV [1555]. Pet. in-8, fig. sur bois, mar. bleu, dentelles, tr. dor. (*Du Seuil*).

Coll. 8 ff. limin., 292 pp. chiffrées, 6 ff. pour la table.

Exemplaire de PÁRIS. Il avait appartenu à BONNEMET, n° 278 du Catalogue.

362. Les XXI Epitres d'Ovide. Les dix premieres sont traduites par Charles Fontaine, Parisien : le reste est par lui reuû et augmenté de prefaces. — Les Amours de Mars et Venus, et de Pluton vers Proserpine, imitacion d'Homere et d'Ouide (trad. par Joachim Du Bellay). *A Lion, par Ian de Tournes et Guil. Gazeau*, 1556. In–16, fig. sur bois, mar. rouge, dent., fers à froid, tr. dor. (*Chambolle-Duru*.)

Toutes ces traductions sont en vers. Celles des onze épîtres qui n'appartiennent pas à Ch. Fontaine sont d'Oct. de Saint-Gelais, à l'exception de la 17e et de la 18e qui sont du seigneur de Saint-Romat.

363. La Metamorphose d'Ovide figurée. *A Lyon, Par Iean de Tournes*, M.D.LVII [1557]. Pet. in-8, fig. sur bois, mar. vert jans., dent. int., tr. dor. (*Cuzin*.)

Première édition de ce volume dont les figures sont l'œuvre du graveur Bernard Salomon, dit le Petit Bernard. Il contient 178 figures sur bois entourées d'encadrements variés dont quelques-uns, fort grotesques, rappellent les figures des *Songes drolatiques de Pantagruel*. Les vers qui accompagnent les figures sont de Barthélemy Aneau. Coll. A-L par 8 ff., M par 4 ff., le dernier blanc. 100 ff. non chiffrés. Cette première édition est fort rare.

364. Povrtraits divers. *A Lion, par Ian de Tournes, MDLVII* [1557]. Pet. in-8, fig. sur bois, mar. bleu jans. (*Trautz-Bauzonnet*.)

1 titre et 62 planches.
Ce sont les tirages à part des bois qu'employait Jean de Tournes.
On a ajouté un certain nombre d'autres bois découpés dans les livres publiés par Denys Janot, Etienne Groulleau, Langelier, Macé Bonhomme et autres. Il y en a 66. Ces mutilations sont anciennes et remontent à un temps où tous ces petits volumes à figures sur bois, si recherchés aujourd'hui, n'intéressaient point les grands amateurs.

365. Les illustres Observations antiques du Seigneur Gabriel Symeon Florentin. En son dernier voyage d'Italie l'an 1557. *A Lyon, Par Ian de Tournes*. M.D.LVIII [1558]. In-8, fig., mar. rouge, fil., dos orné, doublé de tabis, dent. int., tr. dor. (*Derome*.)

8 ff. limin. 134 pp. chiffr. et 1 feuillet blanc.

366. Devises héroïques par M. Claude Paradin, chanoine de Beaujeu. *A Lyon, par Ian de Tournes, et Guil. Gazeau*, 1557. In-8, vélin blanc doré.

Ce très joli volume est orné de 182 emblèmes gravés sur bois, avec leur explication ; on y trouve les devises des principaux personnages du XVIe siècle.
261 pp. chiffrées. Le titre est dans un encadrement que de Tournes a employé dans les *Portraits divers*. Le vo du dernier feuillet est occupé par la marque de de Tournes, avec la devise : « *Art en ton Dieu* »

367. L'Eneïde de Virgile, prince des poëtes latins, translatée de latin en françois, par Louis des Masures Tournisien. *A*

*Lion, par Ian de Tournes*, 1560. In-8, titre gravé et fig., vélin. (*Rel. anc.*)

Ce rare volume est orné d'un titre encadré et de 12 vignettes sur bois attribuées à Bernard Salomon, dit le Petit Bernard.

Exempl. à toutes marges dans sa première reliure en vélin à recouvrement. 666 pp. chiffr., 1 f. pour le privilège, 1 f. pour l'adresse de de Tournes. 1 f. pour la marque, 2 ff. pour l'errata.

Exemplaire de Méon.

368. Hymnes du temps et de ses parties. *A Lyon, par Jan de Tournes imprimeur du Roy.* 1560, *Avec privilege.* In-4, mar. violet, fil., tr. dor. (*Trautz-Bauzonnet.*)

Coll. 88 pp. chiffr. 17 figures sur bois. L'imprimeur dans son avis au lecteur lui apprend que les vers sont de Guéroult et les figures de Bernard Salomon « *peintre autant excellent qu'il y en ait point en notre Hémisphère.* » Ce petit livre est extrêmement rare. Je n'en ai jamais vu passer en vente d'autre exemplaire. Il a appartenu à M. Yemeniz et ensuite a figuré dans la collection de Lord Ashburnham. Je l'avais poussé et perdu contre lui à la vente Yemeniz. Je l'ai retrouvé 40 ans plus tard à sa vente..

369. Thesaurus Amicorum, variis iconibus ijsque per elegantibus illustratus. *S. l., apud Ioann. Tornœsium, s. d.* In-8, portraits en médaillons gravés sur bois, encadrement varié à chaque page, mar. bleu jans., dent. int., tr. dor. (*Thibaron-Joly.*)

Ce livre nous offre une curieuse collection de cadres dont Jean de Tournes ornait ses livres vers le milieu du xvɪᵉ siècle. Il comprend en tout 197 ff. soit 2 ff. prél. 94 ff. non ch. sig. A-M par 8 ff. sauf L qui n'a que 6 ff. plus 101 ff. sans ch. réclames ni sig.

Le recto de chacun des 94 ff. sig. A-M contient un portrait en médaillon, gravé sur bois, d'homme célèbre, accompagné de devises en toutes sortes de langues. Les cadres des 101 ff. suivants sont restés blancs.

Chaque page de ce volume est avec encadrement gravé sur bois. Ces cadres, dont nous avons compté quatorze spécimens différents, contiennent des arabesques gravées en blanc sur fond noir et aussi en noir sur fond blanc, et des sujets grotesques.

Au xvɪᵉ siècle on faisait de ces pages ornées de cadres des recueils destinés à recevoir des signatures, des vers et des pensées d'amis ou de gens célèbres. On appelait ces recueils « *album amicorum.* »

Exemplaire de la vente Piot.

370. Les pseaumes mis en rime Française. Par Cl. Marot et Theodore de Beze. *A Lyon par Jan de Tournes, pour Antoine Vincent*, 1563. *Avec privilege du Roy.* In-8, veau, tranche ciselée. (*Rel. anc.*)

Coll. sign. A-Z, Aa-Pp, a-q. par 8. 432 ff. non chiffr., titre et texte encadrés dans les ornements employés par J. de Tournes pour la Métamorphose d'Ovide figurée, 1557.

371. Le Premier Livre des Emblemes. Composé par Guillaume Gueroult. *A Lyon, chez Balthazar Arnoullet*, MDxxxxx [1550], 72 pp. — Second Liure de la Description des Animaux, contenant le Blason des Oyseaux, composé par

Guillaume Gueroult. *A Lyon, par Balthazar Arnoullet,* MDxxxxx [1550], 72 pp. In-8, réglé, fig. sur bois, mar. bleu, compart. à la Grolier, tr. dor. (*Niedrée.*)

> Collat. Sign. A-D par 8, E par 4.
> Même signature pour les deux parties.
> La pagination de la seconde partie est très inexacte. Le dernier feuillet du cahier E de la seconde partie est un feuillet blanc.
> Bel exemplaire, à toutes marges, avec témoins, d'un ouvrage recherché pour ses figures sur bois. Elégante reliure.
> Exemplaire d'HUZARD et de YEMENIZ.

372. IMAGINATION POËTIQUE, traduicte en vers françois, des latins et grecz, par l'auteur mesme d'iceux (par B. Aneau). *A Lyon, par Macé Bonhomme,* 1552. In-8, mar. bleu, milieux, tr. dor. (*Trautz-Bauzonnet.*)

> 159 pp. — 106 figures.
> Aneau dans sa préface nous raconte qu'il a écrit son livre pour utiliser des bois que Mace Bonhomme avait en magasin. Ces bois sont attribués au petit Bernard.
> L'exemplaire est d'une taille exceptionnelle, 165$^{mm}$.

373. LES CONSIDERATIONS DES QUATRE MONDES à savoir est : Divin, Angelique, Celeste & Sensible : Comprises en quatre Centuries de quatrains, Contenans la Cresme de Divine & humaine Philosophie. Par Guillaume de la Perriere, Tolosan. *A Lyon, Par Macé Bonhomme,* 1552. In-8, mar. rouge, fil., dos orné, tr. dor. (*Rel. anc.*)

> Coll. A-O par 8 ff. P par 6 ff. en tout 118 ff. encadrés.
> Exemplaire du DUC DE LA VALLIÈRE.

374. LA MOROSOPHIE de Guillaume de la Perriere Tolosain, Contenant Cent Emblemes moraux, illustrez de Cent Tetrastiques latins, reduit en autant de quatrains Françoys. *A Lyon, par Macé Bonhomme,* 1553. Pet. in-8, fig., mar. rouge, dos orné, fil., tr. dor. (*Rel. anc.*)

> Ce volume est orné de 100 figures sur bois. Chaque page est comprise dans un encadrement ; ces bordures, qui sont très variées, ont été gravées sur bois par *Jean Monnier* et *Perrin.* On attribue les figures à Jean Moni.
> Collat. Sign. A-O par 8 ff. P par 2 ff. dont 1 blanc. En tout 114 ff. non chiffrés.
> Exemplaire du DUC DE LA VALLIÈRE.

375. L'ENFER DE CUPIDO, par le seigneur des Coles, *Lyon, Macé Bonhomme,* 1555. Pet. in-8, fig. en bois, mar. rouge, plats ornés, tr. dor. (*Trautz-Bauzonnet.*)

> Coll. 53 ff. chiffrés, 1 f. blanc à la fin du cahier D.
> Cette rare plaquette reproduit plusieurs bois déjà employés par Macé Bonhomme dans l'*Imagination poétique.*

376. TROIS PREMIERS LIVRES de la Métamorphose d'Ovide, traduictz en vers françois, le premier et second par Cl.

112 BEAUX-ARTS.

Marot, le tiers par B. Anéau. Mythologisez par allégories historiales,... illustrez de figures et images convenantes. *A Lyon, par Guill. Roville*, 1556. In-8, fig., mar. brun jans., tr. dor. (*Chambolle-Duru.*)

Encadrements gravés sur bois à chaque page et vignettes aussi gravées sur bois.

377. Pinax iconicus antiquorum ac variorum in sepulturis rituum, ex Lilio Gregorio excerpta, picturisꝗ juxta Hypographas exacta arte elaboratis effigiata... ad antiquorum morum utilem cognitionem, oculorum jucundam inspectionem et operosam manus artificis imitacionem. *Cum privilegio Regis. P. Woeiriot, in.* (In fine:) *Lugduni, apud Clementem Baldinum*, 1556. Pet. in-4 oblong, fig., mar. vert, fil. et comp. à froid, tr. dor. (*Bauzonnet.*)

Collat. 4 ff. liminaires. Frontispice. Portrait de Woeiriot. Dédicace au Duc de Lorraine. 1 f. blanc. 20 ff. pour le texte. Sign. A-E par cahiers de 4 ff. dont plusieurs ne sont imprimés que d'un côté.
Le cahier E comprend le privilège et la marque de Baldinus gravée par Woeiriot. 32 ff. pour les planches et le texte.
Il y a neuf grandes planches hors texte. En tout treize figures gravées. Exemplaire de Chartener.

378. Henrici II Galliarum Regis Elogium, cum ejus verissime expressa effigie, Petro Paschalio Autore. Ejusdem Henrici Tumulus Autore eodem. *Lutetiæ Parisiorum, apud Michaëlem Vascosanum*, 1560. In-fol., pl., mar. La Vallière. (*Cuzin.*)

Coll. 19 pp, chiffr. pour le texte, le portrait de Henri II, la dédicace au cardinal de Lorraine et le texte latin. 6 ff. non chiffr. pour le dessin du tombeau du Roy et les inscriptions en latin. 14 pp. chiffr. pour la traduction française. 1 f. pour le privilège, 16 pp. chiffr. pour la traduction italienne, 13 pp. pour la traduction espagnole. 1 f. blanc.
L'*Elogium* est suivi de sa traduction en français par Lancelot de Carle, évêque de Riez, en italien par D. Ant. Caracciolo et en espagnol par Garcia Sylves.
Ce volume est orné d'un portrait de Henri II, gravé sur cuivre par *Estienne Delaulne*, de la figure du tombeau de Henri II, de vignettes, en-têtes et lettres ornées. Toutes ces planches gravées sur bois sont attribuées à *Jean Cousin* par M. Duplessis (*Peintre-graveur*, IX, 5).
Ce volume appartenait à M. Woodhull qui a écrit sur le garde le prix et la date de l'acquisition, 5 shellings à la vente White le 25 août 1770.

379. La Plaisante et amovrevse histoire du cheualier Dore et de la Pucelle surnommee Cœur Dacier. *A Lyon, par Benoist Rigaud.* — A la fin : — *Imprimé à Lyon, par Fr. Durelle*, 1570. In-16, mar. rouge, compart., tr. dor. (*Bauzonnet.*)

Bel exemplaire d'un petit roman de chevalerie des plus rares, provenant de la bibliothèque de J.-Ch. Brunet.
Les figures sur bois sont de mauvaises copies faites par les ouvriers lyonnais des fines gravures au trait des artistes parisiens.

**380.** EMBLEMES, ov DEVISES CHRESTIENNES, Composees par Damoiselle Georgette de Montenay. *A Lyon, par Iean Marcorelle. M. D. LXXI* [1571]. In-8, vélin blanc.

Livre curieux et rare, dédié à Jeanne d'Albret, reine de Navarre. Il se compose de 8 ff. lim., dont un blanc, de 100 ff. contenant autant de gravures en taille-douce par *Pierre Woeiriot*, avec un huitain au bas de chacune, et de 8 autres ff. non chiffrés.

Le portrait de Georgette de Montenay se trouve dans quelques exemplaires. Il est dans celui que nous venons de décrire. Mais il y a été ajouté. Le feuillet où il aurait dû être tiré est resté blanc. Il est probable qu'il sera arrivé un accident à la planche au commencement du tirage et que très peu d'exemplaires l'auront reçu. On ne peut pas s'expliquer autrement sa grande rareté.

**381.** Luc. APULEE de l'âne doré traduit en françois par J. Louveau d'Orléans. *Lyon, J. Temporal, impr. par N Perrineau*, 1558. In-16, fig., mar. r. jans., tr. dor. (*Derome.*)

**382.** DESCRIPTION DE LA LIMAGNE D'AUVERGNE en forme de dialogue, avec plusieurs médailles, statues, oracles, épitaphes, sentences et autres choses mémorables, et non moins plaisantes que proufitables aux amateurs de l'antiquité, traduit du livre italien de Gabriel Syméon en langue françoyse par Antoine Chappuys du Dauphiné. *A Lyon, par Guillaume Roville*, 1561. In-4, figures sur bois et carte, mar. bleu, tr. dor. (*Rel. anc.*)

144 pp. chiffr. 3 ff. de table. 3 ff. blancs.
Exemplaire de la vente BECKFORD.

**383.** LIVRE DE LA CONQUESTE DE LA TOISON D'OR, par le prince Jason de Thessalie, faict par figures avec l'explication d'icelles. *S. l.*, 1563. In-fol. oblong, vélin. (*Rel. anc.*)

Suite rare de 26 estampes gravées en taille-douce par *René Boyvin*, d'après les dessins de *Léonard Tyri*. (*Cat. de René Boyvin*, 39-64.)

Ces estampes sont précédées d'un texte explicatif, par Jacques Gohory, formant 4 ff. y compris le titre et l'épître *Au Roy* de Jehan de Mauregard. Dans cette épître l'éditeur explique qu'il a fait reproduire en gravure par *René Boyvin*, d'Angers, les dessins de *Léonard Tyri de Belges*, afin de pouvoir les utiliser comme patrons de tapisserie. Léonard Tyri fut un des peintres appelés à Fontainebleau par François Ier.

Premier état des planches avant les numéros et la légende.

**384.** RECUEIL DE PIÈCES gravées par E. Delaulne :
1 pièce servant de titre. Johanni filio inven. Stephanus pater etatis 60 feliciter Sculpsit 1579. R. D. 441.
**7** pièces : arabesques ovales sur fond noir. R. D. 362. 363. 364. 371. 372. 373. 374.
1 pièce : médaille de Henri II. R. D. 148.
6 petites pièces en ovale. R. D. 255 à 260.
5 pièces : arabesques sur fond noir ovales. R. D. 359. 360. 361. 375. 376.

5 pièces : arabesques carrées sur fond noir. R. D. 416.
418. 419. 420. 421.

4 pièces : les arts libéraux sur fond noir. R. D. 403. 404.
406. R. D.

3 pièces : arabesques sur fond blanc.

6 pièces : arabesques sur fond noir, format carré. R. D.
428 à 433.

2 pièces : La paix. L'abondance. R. D. 181. 182.

3 pièces : Les mois, septembre, octobre, novembre.

13 pièces : Ancien testament.

2 pièces : Orion et Diane.

1 pièce : L'atelier d'orfèvrerie.

1 pièce : Jonas.

En tout 60 pièces dont une partie est remontée à châssis.
In-12 oblong, mar. vert jans. (*Cuzin.*)

L'atelier de l'orfèvre est une pièce très rare.

385. PREMIER VOLUME CONTENANT QUARANTE TABLEAUX OU
HISTOIRES DIVERSES qui sont mémorables touchant les
Guerres, Massacres et Troubles advenus en France en ces
dernières années. Le tout recueilli selon le témoignage de
ceux qui y ont esté en personne, et qui les ont veues,
lesquels sont pourtrais à la vérité. *S. l. n. d. (Genève, Jean
de Laon, 1569 et années suiv.*). In-fol. obl., pl., vélin.
(*Rel. anc.*)

Exemplaire très grand de marges, parfaitement conservé et dans sa
première reliure en vélin. Très rare en aussi bel état. Il renferme, outre le
titre, imprimé au milieu d'une bordure gravée sur cuivre, le rarissime *Avis au
lecteur* imprimé dans l'encadrement ayant servi pour le titre, et la planche
*Le Tournoy où le Roi Henri II fut blessé à mort*, gravée sur cuivre et sur
bois. En tout 42 planches.

Les estampes furent dessinées par *Perissin*, et gravées sur bois par
*Jacques Le Challeux*, sur cuivre par *Perissin* et *Tortorel* pour le compte des
sieurs Castellin et Le Vignon. (Voy. Th. DUFOUR, *la Vie de Tortorel et
Perissin.* — Grandes scènes historiques du XVIᵉ siècle.)

La planche gravée sur bois, représentant le tournoi où fut blessé Henri II,
est différente de celle gravée sur cuivre. Elle porte imprimée au verso la
quatrième charge de la Bataille de Dreux gravée sur cuivre.

386. CENTO FAVOLE MORALI dei piu illustri antichi e moderni
autori Greci et Latini. Scielte et trattate in varie maniere di
versi volgari da M. Gio. Mario Verdizotti. *In Venetia, Giord.
Ziletti,* 1570. In-4, mar. bleu, milieux dorés, dos orné, tr.
dor. (*Hardy.*)

Frontispice et 102 figures sur bois.

6 ff. préliminaires. Cah. A 4 ff. 17 cahiers de 8 ff. le cahier T 6 ff. 4 ff.
pour la table, en tout 312 pp. Le numérotage est inexact.

Première édition. L'éditeur, dans une épître au lecteur, nous apprend que
Verdizotti est l'auteur du texte et des figures, *s'étant adonné à l'art du dessin
dès son enfance pour son agrément et sans en faire profession.*

La légende ajoute que Verdizotti eut pour collaborateur le Titien, son ami.

387. LE IMAGINI dei Dei degli antichi nelle quali si contengono gl' idoli, riti, ceremonie, & altre cose appartenenti alla religione degli antichi, raccolte dal. Sig. Vincenzo Cartari, et con molta diligenza riviste et ricorrette. *Lyon, Barthélemy Honorat*, 1581. In-8, mar. bleu, tr. dor. (*Rel. anc.*)

Exemplaire aux armes du MARQUIS DE LA VIEUVILLE.

388. ANTITHESIS CHRISTI et Antichristi, videlicet Papæ, id est exemplorum, factorum, vitæ et doctrinæ utriusque ex adverso collata comparatio, versibus et figuris illustrata (studio Sim. Rosario). (*Genevæ*), *E. Vignon*, 1578. Pet. in-8, 36 fig. sur bois, mar. rouge, dos orné, fil., tr. dor. (*Padeloup*.)

De la bibliothèque de MICHEL DELACOUR, avec son ex-libris. Exemplaire de TURNER.

389. RECUEIL DES FIGURES de Philippe Galle pour l'Esbatement moral des animaux. *Anvers, chez Ph. Galle*, 1578. In-4 oblong, veau fauve. (*Rel. anc.*)

120 planches et un frontispice, tirés hors texte. Exemplaire aux armes de J. A. DE THOU.

390. TABLEAUX ACCOMPLIS de tous les Arts liberaux, contenans brievement et clerement par singuliere méthode de doctrine, une générale et sommaire partition des dicts arts, amassez et reduicts en ordre pour le soulagement et profit de la jeunesse. Par M. Christofle de Savigny, Seigneur dudict lieu et de Priment en Retelois. *Paris, Jean et François de Gourmont frères*, 1587. In-fol. de 37 ff., vélin. (*Rel. anc.*)

Ce très rare volume est orné de 19 planches gravées sur bois, y compris le titre. Ces planches, intéressantes surtout par les encadrements, contiennent des légendes explicatives imprimées en caractères mobiles. L'une d'elles, très importante, représente l'auteur offrant son livre à Lud. de Gonzague, duc de Rethelois, prince de Mantoue.
Papillon attribue ces planches à J. Cousin et son opinion a été soutenue par les dévots de cet artiste, mais sans aucune preuve à l'appui. Il semble beaucoup plus probable que le beau frontispice aux armes de la FAMILLE DE GOURMONT et la planche d'hommage au Duc de Mantoue, sont, comme tout le reste du livre, l'œuvre de Jean de Gourmont, qui étoit peintre et graveur et dont on a, outre un portrait du cardinal de Bourbon, de nombreuses pièces signées I. D. G. Jean de Gourmont.

## Livres à figures du XVII<sup>e</sup> siècle.

391. LES ADVENTURES AMOUREUSES de Theagènes et Chariclée, sommairement descrites et représentées par figures. Dédié au Roy, par Pierre Vallet, son brodeur ordinaire. *Paris,*

*Pierre Vallet et Gabriel Tavernier*, 1613. In-8, front. gravé, mar. rouge, dos orné, fil., tr. dor. (*Rel. anc.*)

M. Robert Dumesnil, page 101 du tome VI du Peintre graveur francais, décrit ce volume, qui contient 120 eaux-fortes dues à Pierre Vallet, artiste distingué, né à Orléans en 1575, et il ajoute, « *Que parmi les estampes dues à Vallet, les plus remarquables décorent le livre des Aventures amoureuses de Théagène et de Chariclée, véritable bijou bibliographique de la plus grande rareté.* »

392. QUADRIGA ÆTERNITATIS, in Domino moriens ille beatus obit, universi generis humani meta, carmine composita, iconibus, sententiis illustrata ; questus iambici de vitioso horum temporum statu (auct. Guil. Gailkircherio). *Monaci, apud Raph. Sadelerum*, 1619. Pet. in-8, frontisp. gr. et fig. mar. brun jans., dent. intér., tr. dor. (*Duru.*)

Livre orné de 9 jolies figures très finement gravées par Raph. Sadeler.

393. PUTEANI (Er.) BRUMA : Chimonopægnion, de laudibus hiemis, ut ea potissimùm apud Belgas. Accedunt Andr. Valeri breves notæ, imaginibus Raph. Sadeleri illustratæ, *Monaci*, 1619. In-12, vélin.

394. L'ENDIMION DE GOMBAULD. *A Paris, chez Nicolas Buon*, 1624. In-8 réglé, veau brun, dos orné, tr. dor. (*Rel anc.*)

Ce roman, qui fut fort à la mode, est orné d'un titre gravé et de 17 figures gravées par Léonard Gaultier et Crispin de Pas. Les allusions qu'on crut y trouver ont fait sa fortune.

En effet, on lit dans Tallemant des Réaux que Marie de Médicis avait eu quelque affection pour Gombauld. « *Il fit l'Endymion durant qu'il estoit le mieux. Ce livre fit un furieux bruit. On disoit que la Lune c'estoit la Reyne mère, et, en effet, dans les tailles-douces, c'est la Reyne mère avec un croissant sur la tête. On disoit que cette Iris qui apparoit à Endymion au bout d'un bois, c'estoit Mademoiselle Catherine (femme de chambre de la Reyne).* » Tallemant des Réaux, 1862, in-12, tome II, page 455.

Aux armes de VALENTIN CONRART, l'académicien.

395. MANEIGE ROYAL, où l'on peut remarquer le défaut et la perfection du chevalier, en tous les exercices de cet art, digne des Princes, fait et pratiqué en l'instruction du Roy, par Anthoine Pluvinel, son escuyer principal, conseiller en son conseil d'estat, son chambellan ordinaire, et sous-gouverneur de Sa Majesté. Le tout gravé et représenté en grandes figures de taille douce, par Crispian de Pas, flamand, à l'honneur du Roy, et à la mémoire de M. de Pluvinel. *A Paris, en la boutique de l'Angelier, chez Claude Cramoisy*, 1624. In-fol. obl., front. gr., fig., mar. rouge, dos orné, fil. (*Thibaron-Joly.*)

Première édition du Maneige Royal.

Coll. 6 ff. lim. pour le Frontispice gravé, le titre imprimé, la dédicace au Roy par M. de Pluvinel, le portrait du Roy, le portrait de M. de Pluvinel avec des vers latins et au verso l'avis de l'éditeur, Peyrol, la dédicace au Roy par Crispin du Pas, portant au verso le privilège daté du

30 septembre 1623; 18 ff. imprimés à deux colonnes et chiffrés de 1 à 69 pour le texte; 64 planches entourées de cadres de six dessins différents.

Le grand Frontispice gravé porte une rédaction différente de celle que nous offre le titre imprimé transcrit ci-dessus. « *Le Maneige de M. de Pluvinel premier écuyer du Roy, dedans lequel se voit la manière de bien dresser les chevaux, traictant de tout ce qui y est requis et nécessaire pour rendre un excellent et parfaict cavalier. Le tout suivant l'usage de ses académies. Embelly de plusieurs excellentes figures faites au naturel et gravées en taille-douce par Crispin de Pas le jeune ; le tout reveu et corrigé par l'autheur lui-même. Imprime à Paris au dépense de Crispin de Pas le vieux à Utrecht, 1623.* »

J'ai ajouté à l'exemplaire :

1° Une double épreuve du Frontispice gravé dans un état antérieur à l'état terminé ; dans cette planche on n'a pas encore gravé le dessin de mors sur le livre que tient la femme à gauche.

2° Un double du portrait de Pluvinel ; dans cette épreuve, le portrait est entouré de vers français et ne porte pas au verso l'avis au lecteur de Peyrol.

Brunet n'indique que 63 planches, plus le frontispice et les deux portraits. en tout 66 pièces. C'est une erreur, il doit y en avoir 67. J'ai vérifié, en collationnant les exemplaires de la Bibliothèque Nationale, aux Estampes et aux Imprimés. Ils ont 67 pl.

Le numérotage des planches est incorrect. C'est ce qui aura trompé Brunet. Car la dernière planche est chiffrée 63. Le frontispice est à la date de 1623, le titre est à la date de 1624. Cependant quelques exemplaires portent le titre à la date de 1623 ; mais ils ont été corrigés et on a ajouté à l'encre un trait pour faire 1624. C'est ce qui se voit sur l'exemplaire du Roi Louis XIII qui est à la Bibliothèque Nationale.

Exemplaire de la bibliothèque HUZARD.

---

**396.** MARIA. Reverendissimo domino D. Joanni Maldero Antuerpiensium episcopo meritissimo. Hieronymus Wierx eternum devotus Dicabat, faciebat, excudebat. *S. d.* In-8 vélin. (*Rel. anc.*)

Suite de 7 planches gravées sur cuivre. Premier état.

---

**397.** LES JEUX ET PLAISIRS DE L'ENFANCE, invantez par Jacques Stella et gravez par Claudine Bouzounet Stella. *A Paris, chez la dite Stella.* 1657. In-8, titre gravé et fig., veau marbré, dos orné, fil., tr. rouge. (*Rel. anc.*).

3 feuill. prél., titre, armoiries des DE THOU, dédicace, 50 planches et l'extrait du privilège.
Exemplaire de dédicace aux fils de J. A. de Thou.
Aux armes de J. A. DE THOU.

---

**398.** RECUEIL DES PLUS ILLUSTRES PROVERBES, divisés en trois livres. *Mis en lumière par Jacques Lagniet, à Paris, sur le quai de la Mégisserie au fort l'Evesque. S. d.* (1657). 4 parties en un vol. in-4, veau fauve, tr. jaspée. (*Rel. anc.*)

Première partie, *Proverbes moraux*, 60 pl.; IIe partie, *Proverbes joyeux*, 70 pl.; IIIe partie, *Vie des Gueux*, 30 pl.; IVe partie, *Vie de Thiel Wlespiegle*, 26 pl. et 12 pièces de la *Malice des Femmes*. En tout 198 planches.

## OEUVRE DE JACQUES CALLOT.

399. ESSEQUIE della sacra catol. e real maesta di Margharita d'Austria regina di Spagna, celebrate dal S. D. Cosmo II, gran duca di Toscana, descritte da G. Altoviti. *In Firenze*, 1612. In-fol., fig., vélin doré. (*Rel. anc.*)

> Ce volume est orné de 29 estampes : 26 sont numérotées; 3 autres, représentant un catafalque et des décorations funèbres par J. Parigi, sont sans numéro. Sur ces 26 estampes, quinze sont de Callot.
> Les épreuves sont en premier état. Les angles des planches sont aigus. Meaume, 440.
> Cet exemplaire d'un livre très rare dans cette condition vient de la bibliothèque BECKFORD.
> Aux armes de TENARRE DE MONTMAIN.

400. TRATTATO DELLE PIANTE et immagini de Sacri édifizi da terra santa designate in Jerusalem dal Bernardino Amico da Gallipoli. *In Firenza, appresso Pietro Cecconcelli alle Stelle medicee con Licenza de Super*. 1620. Pet. in-fol., vélin blanc. (*Rel. anc.*)

> 47 fig. sur 35 planches gravées par Callot mais non signées par lui.
> Cet exemplaire porte l'ex libris de Lord HALIFAX.

401. VIE DE LA MÈRE DE DIEU représentée par emblesmes. Sans lieu ni date. 4 ff. préliminaires et 26 estampes. — Lux claustri : la Lumière du cloistre, représentée par figures emblématiques, dessignées et gravées par Jacques Callot. *Paris, François Langlois*, 1646, 27 estampes. In-4, mar. rouge, compart., tr. dor. (*Le Gascon.*)

> La vie de la mère de Dieu est de premier état. M. 207-233.
> La lumière du cloître est de deuxième état. M. 234-260.
> Exemplaire de MARIETTE et de la vente BECKFORD.

402. GUERRA D'AMORE festa del Serenissimo gran Duca de Toscano Cosmo secondo fatta en Firenze il carnavale del 1615. *In Firenze, nella stamperia di Zenobi Pegnoni l'anno* 1615. Con licenzia, 1615. — Guerra di bellezza festa a cavallo fatta in Firenze per la venuta del serenissimo Principe d'Urbino l'ottobre del 1616. *In Firenze, nella stamperia di Zenobi Pegnoni*. Con licenzia. 1616. Deux parties en 1 vol. in-4, vélin doré. (*Rel. anc.*)

> La première partie contient quatre planches :
> 1° Les chars de la fête avec les habillements des Chevaliers. En bas à droite : J. Callot F.
> 2° Les quadrilles dans l'amphithéâtre. A gauche : Callot F.
> 3° Le combat des tenants de chaque quadrille. En bas à droite : J. Callot F.
> 4° Plan des différents quadrilles.
> Les trois planches sont en premier état. M. 633-635.

La seconde partie contient cinq planches :

1° Le Mont Parnasse. En bas à droite Jullius Parigi in. J. Callot delineavit F.

2° Le char du Soleil. J. Parigi inv. J. Callot F.

3° Le char de Thétis. Cette pièce est AVANT TOUTE LETTRE. Cet état a échappé à M. Meaume.

4° Le char de l'Amour. Parigi, inv. J. Callot F.

5° Vue d'ensemble de la fête. En bas à droite Julius Parigi inv. J. Callot delineavit et F.

Exemplaire très bien conservé de deux plaquettes fort rares.

De la bibliothèque de M. PIOT.

403. EL SOLIMANO, tragedia del Co. Prospero Bonarelli al Serenissimo Gran Duca di Toscana. (*Sine loco et anno*). La dédicace est datée de 1619. In-4, vélin.

Cette tragédie est décorée de six estampes, y compris le titre.

Le titre est du second état. Pour les cinq autres planches il n'y a qu'un état. Elles sont numérotées de 1 à 5. M. 484-439.

De la bibliothèque de M. PIOT.

404. COMBAT A LA BARRIÈRE, faict en Cour de Lorraine le 14 febvrier en l'année présente 1627. Représenté par les Discours et Poésie du sieur Henry Humbert. Enrichy des figures du sieur Jacques Callot et par luy dédié à Madame la Duchesse de Cheuvreuse. A *Nancy, par Sébastien Philippe*, 1627. In-4, fig., veau fauve, dos orné. (*Rel. anc.*)

Volume illustré par *Callot* d'eaux-fortes qui comptent parmi les meilleures de l'artiste lorrain. Le volume contient la relation d'une fête donnée par Charles IV, duc de Lorraine, en l'honneur de la duchesse de Chevreuse.

Le volume est orné d'un frontispice, de 9 grandes planches qui se déplient et d'une figure tirée dans le texte (le bras armé), *Meaume, Œuvre de Callot*, 492. Le frontispice est de premier état. Le bras armé est avant la banderolle et l'inscription «*fecit potentiam in brachio suo* ».

405. LES MISÈRES ET LES MALHEURS de la guerre, représentez par Jacques Callot et mis en lumière par Israël son amy. *A Paris*, 1633. In-4 oblong, mar. rouge jans., dent. int., tr. dor. (*Cuzin*.)

Deuxième état. 18 pièces chiffrées, à toutes marges. Au bas les vers de l'abbé de Marolles. M. 564-581.

406. LES MISÈRES ET LES MALHEURS de la guerre. *A Paris*, 1633. In-fol. oblong, mar. rouge (*Mercier*.)

16 pièces AVANT LA LETTRE. La dix-huitième est du second état. Le titre est avec la lettre. Il n'existe pas d'autre état de cette planche. M. 564-581.

407. RECUEIL DE PLANCHES GRAVÉES PAR CALLOT. In-4, mar. La Vallière.

Ce recueil contient quatre suites remontées à chassis.

1° NOUVEAU TESTAMENT, faict par Jacques Callot qui n'a sceu finir le reste, prévenu de la mort, l'année 1635. *A Paris, Israël Henriet ex.*

Épreuves de premier état, AVANT LES NUMÉROS.

La planche de Jésus parmi les docteurs est avec la remarque. 11 pièces avec le titre gravé par Abr. Bosse. M. 37-47.

2° LA PASSION DE NOTRE SEIGNEUR.

Suite de douze pièces, dite la *Petite Passion*. Epreuves du premier état.

3° VITA ET HISTORIA BEATÆ MARIÆ VIRGINIS, matris Dei, a nobili viro J. Callot inventa, delineata atque in æs incisa, et ab Israele amico suo in lucem edita. Ad illustrissimum virum Claudium Maugis, abbatem Sancti Ambrosii, Parisiis.

Suite de 14 pièces AVANT LES NUMÉROS. Epreuves du premier état. M. 76-89.

On a ajouté à cette suite les deux Annonciations décrites par Meaume sous les Nos 71 et 73. Ces deux pièces sont rares.

4° VARIÆ TUM PASSIONIS CHRISTI tum vitæ Beatæ Mariæ Virginis.

Un titre par Collignon et 20 pièces sur trois feuilles.

Premier état, AVANT TOUTES LETTRES. Très rare. M. 31-36.

408. NOUVEAU TESTAMENT faict par Jacques Callot qui na sceu finir le reste prevenu de la mort l'année 1635. *Paris, Israël Henriet exc., s. d.* In-16 oblong, vélin. (*Reliure du temps.*)

Suite de onze pièces y compris le titre par *A. Bosse ;* elle est complétée par la gravure de *Saint-Jean dans le Désert* (M. 37-47). Epreuves AVANT LES LÉGENDES.

Le même volume renferme :

1. La Vie de l'Enfant prodigue, 1635 (53-63). 11 pièces, épreuves AVANT LES NUMÉROS.

2. Les Fantaisies de noble J. Callot. *Paris, Israël,* 1635 (868-881). 14 pièces y compris le titre, épreuves AVANT LES NUMÉROS.

3. Misère (sic) de la guerre fait par J. Callot. *Paris, Israël Henriet,* 1636 (557-563), titre et 6 pièces.

4. Exercices militaires fait par noble J. Callot. *Paris, Israël.* 1635 (582-594), titre et 12 pièces, épreuves AVANT LES NUMÉROS.

5. La Rencontre à l'épée et la Rencontre au pistolet (595-596), 2 pièces, épreuves AVANT LES NUMÉROS.

6. Balli di Sfessania di Jacomo Callot (641-664). 24 pl., épreuves AVANT LES NUMÉROS.

Ensemble 83 pièces.

Ce recueil dans sa première reliure est composé d'épreuves très fraîches et très brillantes à toutes marges.

409. VARIE FIGURE DI GOBBI di Jacopo Callot. *Fatte in Firenza l'anno* 1616, *Excudit Nanceij.* In-12 oblong, mar. citron. (*Cuzin.*)

Cette suite est en premier état, AVANT LES NUMÉROS.

21 pièces avec marges remontées à châssis. M. 747-767.

410. CAPRICCI DI VARIE FIGURE di Jacopo Callot, all' Ill. principe Don Lorenzo Medici. *J. Callot f., in aqua forte. In Fior.* In-4 oblong, mar. citron. (*Cuzin.*)

Suite de cinquante pièces, y compris le titre et la dédicace, exécutée à Florence vers 1617. Elle n'a jamais été chiffrée. Remontée à châssis. M. 768-867.

411. LA NOBLESSE (Costumes de la noblesse de Lorraine, vers 1625). In-4, mar. r. (*Trautz-Bauzonnet.*)

Suite de 12 pièces in-4. On y voit six gentilshommes et six dames. Épreuves du premier état.

M. 678-684.
Grandes marges. Les fonds sont très bien venus.

**412. VARIE FIGURE di Jacopo Callot. In-4, mar. bleu. (*Cuzin.*)**

16 planches remontées à châssis. Troisième état. M. 730-746.

**413. LES GUEUX. Pet. in-fol. oblong, mar. r. jans. (*Cuzin.*)**

Suite de 25 pièces y compris le frontispice.
Épreuves du premier état.
Ces planches sont tirées deux par deux sur le papier au chiffre de
Charles IV. M. 685-709.

**414. RECUEIL CONTENANT 33 PIÈCES PAR CALLOT. 1 vol. oblong, mar. rouge. (*Capé.*)**

1° Le Combat à la Barrière 10 pièces.{ M. 492-503.
2° Le Bras armé 1 p.
3° Les planches non employées parce qu'elle ont été gravées à nouveau
dans un plus petit format (Très rare). 7 p. M. 490-491.
4° Les quatre Paysages. M. 715-718.
5° Les Bohémiens. 4 pièces, deuxième état. M. 667-670
6° La Grande Passion. 7 pièces, premier état. M. 12-18.

**415. RECUEIL DE DIVERS PAYSAGES. In-fol. oblong, veau fauve.**

1° DIVERSE VEDUTE *designate in Fiorenza per Jacopo Gallott.*
Un titre AVANT LA LETTRE, le même avec la vue de Florence. 10 planches.
A la suite, deux vues de Rome. En tout 14 pl.
Toutes ces planches ont été gravées par Collignon sur les dessins de
Callot pour les 11 premières, et de Silvestre pour les deux vues de Rome.
M. 1187-1198.
2° SIX PAYSAGES oblongs portant sur la première et la troisième pièce
J. Callot in. Ciartres ex. AVANT LES NUMÉROS. M. 1168-1173.
3° SUITE DE PAYSAGES, *Callot inv.* 12 pièces. M. 1121.
4° DIVERS PAYSAGES *mis en lumière par Israel dediés à Monseigneur Louis de
Crevant, marquis d'Humières. Callot invente. Avec Privilège.* Ce titre est placé
dans un cartouche aux armes d'HUMIÈRES.
Au bas d'un paysage, un second titre : LIVRE DE DIVERS PAYSAGES *mis en
lumière par Israel. Avec privilège du roi.*
Très rare. Suite de 19 planches gravées par Collignon, d'après les
dessins de Callot.
Elle est ici de PREMIER TIRAGE AVANT TOUT NUMÉRO.
Cette suite n'a pas la Chasse au lièvre qui se trouve dans l'exemplaire de
la Bibliothèque de l'Arsenal et qui d'après Meaume porterait à 20 pièces les
planches de premier tirage. Exemplaire à toutes marges. M. 1098-1120.
5° LE COMBAT DES QUATRE GALÈRES. 4 pièces, troisième état.
6° LE MARTYRE DE SAINT-LAURENT.
Avec la signature de Mariette au verso.
Cette pièce, quoique signée Jac. Callot, n'est pas du maître. Elle est
attribuée à Israel Henriet. M. 1000.
7° BOURGEOISES DANS DIFFÉRENTES ATTITUDES.
Deuxième suite. 7 pièces par Henriet. M. 1213-1219.

**416. CALLOT. Œuvre. In-fol. oblong, mar. noir.**

Volume contenant les pièces suivantes :
1. LE PORTRAIT DE LOUIS DE LORRAINE. *Epreuve sur papier au lion couronné.
Très belle. M. 508.*
2. L'ÉVENTAIL. *Deuxième état. M. 617.*

3. Le jeu de boules. *Premier état. Très belle épreuve. M. 625. On a placé à côté un fragment du dessin de Callot pour cette estampe.*

4. Le parterre de Nancy. *Premier état. M. 622.*

5. Le brelan. *Deuxième état. M. 666.*

6. Le portrait de François de Médicis. *Premier état. M. 429.*

7. Le portrait de Delorme. *Deuxième état. M. 506.*

8. Le portrait de Dervet. *Premier état. M. 505.*

9. Le grand rocher. *État unique. M. 616.*

10. Le catafalque de l'empereur Mathias. *Premier état. M. 597.*

11. Les trois intermèdes, *Joués à Florence en 1616. M. 630-632.*

12. Le massacre des innocents. *Première planche. Deuxième état. M. 5.*

13. Le massacre des innocents. *Deuxième planche. Deuxième état. M. 6.*

14. Le benedicite. *Premier état. M. 65.*

15. Les trois pantalons. *Premier état. M. 627-629. Le Cassandre est en double, l'une des deux épreuves porte la signature de Mariette.*

16. La petite vue de Paris. *Premier état. M. 712.*

17. La petite vue de Paris. *Deuxième état. M. 712.*

18. Les supplices. *Deuxième état. Gr. marge. M. 665.*

19. Le passage de la mer rouge. *Premier état. M. 1.*

20. La petite treille. *Gr. marge. M. 710.*

21. La petite ferme. *Gr. Marge. M. 2.*

22. Pandore. *Ep. sans le foudre. M. 729 prétend que c'est le deuxième état contrairement à l'opinion de Gersaint, Cat. Lorangère.*

23. Les deux pantalons. *M. 626.*

24. L'ensevelissement. *M. 11.*

25. Titre de l'Harpalice. *M. 427.* Rare.

26. Débarquement de troupes. *Premier état. M. 533.*

27. Le bataillon. *M. 556.*

28. Le miracle de Saint-Mansuy. *Sixième état. M. 141.*

29. Saint-Nicolas. *Deuxième état. M. 140.*

30. La carrière de Nancy. *Premier état. M. 621.*

31. Les deux grandes vues de Paris. *Deuxième état. M. 713-714.*

32. Bourgeoises dans différentes attitudes. *4 pièces. Premier état. La remière pièce est double en deux états. M. 1209-1212. Première suite.* Rare.

33. Frontispice. 2ᵉ état. *M. 90.*

34. Judith. 2ᵉ état. *M. 91.*

35. Adoration des mages. 1ᵉʳ état. *M. 92.*

36. Les hommages du petit Saint-Jean. 1ᵉʳ état. *M. 93.*

37. Jésus en croix. 2ᵉ état. *M. 94.*

38. La conversion de Saint-Paul. 1ᵉʳ état. **M. 97.**

39. Les pénitents et pénitentes. Six pièces. *M. 147-152.*

40. Les péchès capitaux. Sept pièces. 1ᵉʳ état. *M. 157-163.*

41. La dévideuse et la fileuse. 1ᵉʳ état. *M. 671.*

42. Dames de qualité debout. 1ᵉʳ état. *M. 672.*

43. Portrait du sénateur. *M. 430.*

44. Portrait de Peri. *M. 433.*

45. La tentation de Saint-Antoine. 3ᵉ état. *M. 139.*

---

## *Livres à figures du XVIIIᵉ siècle.*

417. Les Amours pastorales de Daphnis et Chloé [traduites du grec de Longus par J. Amyot avec un avertissement par Ant. Lancelot]. 1718. *S. l. [Paris, impr. de Quillau].* Pet. in-8, fig. gravées par Audran d'après les dessins de

Philippe duc d'Orléans, mar. rouge, larges dent., dos orné, (*Padeloup.*)

Édition dite du Régent.
On a ajouté à l'exemplaire la 29ᵉ planche intitulée : *Conclusion du Roman*, gravée en 1728 par le comte de Caylus.

418. Longi Pastoralium de Daphnide et Chloe libri quatuor (græce et latine), ex recensione et cum animadversionibus Joh. Bapt. Gasparis d'Ansse de Villoison. Excudebat Franc. Ambr. Didot. *Parisiis, sumpt. Guill. De Bure*, 1778. 2 vol. in-4, fig., mar. rouge, fil., dos ornés, tr. dor. (*Derome.*)

Exemplaire en GRAND PAPIER, auquel on a joint les figures du Régent, entourées d'ornements gravés par S. Fokke pour l'édition de 1757, dite des Curieux.

419. Les Amours pastorales de Daphnis et Chloé, traduites du grec de Longus, par Amyot. *A Paris, de l'impr. de P. Didot l'aîné, an VIII*, 1800. Gr. in-4, fig., mar. rouge, tr. dor. (*Bauzonnet-Trautz.*)

Exemplaire en GRAND PAPIER VÉLIN, orné de 9 figures de Gérard et Prudhon, AVANT LA LETTRE.

420. Faunillane, ou l'Infante jaune, conte. [Par M. de Tessin]. *A Badinopolis, chez les frères Ponthommes à l'enseigne du Roi d'Egypte* [*Paris, Prault*], 1741. In 4, réglé, mar. rouge, dent., dos orné, tr. dor. (*Rel. anc.*)

Titre, 2 ff. liminaires, 28 pp. chiffrées, 1 f. blanc.
Ce volume contient : un fleuron, une vignette, un frontispice et 9 figures dessinés par Boucher, gravés par Chedel.
M. De Bure possédait un exemplaire de la réimpression in-12 du conte de Faunillane. Il y a joint une notice qui donne de curieux renseignements sur l'in-4 de Faunillane, ou l'infante jaune, sur l'in-4 d'Acajou et Zirphile et sur la réimpression in-12 de Faunillane, et d'Acajou et Zirphile.
Le comte de Tessin, ministre de Suède en France, composa, vers 1741, sous le titre de Faunillane ou l'Infante jaune, un conte allégorique relatif à la Société dans laquelle il vivait à Paris et le dédia à la comtesse de Sparre. Il eut la fantaisie de joindre à ce conte des planches dessinées par Boucher et de le faire imprimer à deux exemplaires seulement. Mais l'imprimeur avec ou sans son agrément, en tira deux de plus qui furent donnés au Ministre des Affaires étrangères Amelot et au Ministre de la Guerre d'Argenson.
L'exemplaire que nous venons de décrire passe pour avoir appartenu à Madame de Sparre.
De la bibliothèque de Madame Gabriel Delessert.

421. Acajou et Zirphile, conte par Duclos. *A Minutie* (*Paris*), 1744. In-4, fig., mar. rouge, fil., tr. dor. (*Padeloup.*)

4 feuil. limin. 83 pp. chiffrées.
1 frontispice et 9 figures dessinés par Boucher et gravés par Chédel, un fleuron sur le titre et un en-tête dessinés et gravés par Cochin et un cul-de-lampe gravé par Duflos.
Un jour Duclos vit chez l'imprimeur Prault les planches de Boucher qui venaient de servir pour l'impression de Faunillane ou l'Infante jaune, conte par M. de Tessin. L'idée lui vint de faire un conte sur ces planches,

comme on remplit des bouts-rimés, et il imagina d'écrire Acajou et Zirphile et de le faire imprimer in-4, dans le format des planches.

Ce conte eut un grand succès et Prault fit réduire les planches pour en donner une édition in-12.

422. FAUNILLANE, OU L'INFANTE JAUNE, conte (par le comte de Tessin). Sur l'un des deux imprimés in-4. *A Badinopolis, les frères Ponthommes*, 1743. — Acajou et Zirphile, conte (par Duclos). *A Minutie*, 1754. In-12, fig., mar. bleu. tr. dor. (*Rel. anc.*)

M. De Bure a placé en tête du volume, sur les contes de Faunillane et d'Acajou, une notice qui nous en donne toute l'histoire.

L'imprimeur Prault avait commencé par tirer Acajou et Zirphile in-4, le succès de cette première édition lui donna l'idée de réduire les planches et de tirer une édition in-12.

En même temps un compagnon imprimeur qui avait gardé les épreuves du conte de Faunillane s'avisa d'en faire aussi une édition furtive in-12 et d'y joindre les estampes réduites.

Duclos informé, craignit que cette publicité clandestine donnée à la bluette du comte de Tessin ne mécontentât ce personnage devenu gouverneur du Roi de Suède. Il s'empressa d'acheter l'édition et de la remettre au Ministre de Suède à Paris. Elle fut entièrement brûlée moins huit exemplaires que le comte de Tessin fit donner à Duclos.

423. IL DECAMERONE di M. Giovanni Boccaccio. *Londra (Paris)*, 1757. 5 vol. in-8, pap. de Hollande, fig., mar. vert, larges dent., dos ornés, doublés de mar. rouge, dent. intér., tr. dor. (*Cuzin.*)

Cet exemplaire a été formé par le graveur Martenasi qui a réuni toutes les figures en épreuves d'état, moins 5, T. 1er Giorn 1, nov. 8. Giorn. 2, nov. 5; T. II Giorn. 3, nov. 6; T. III Giorn. 6, nov. 2; T. IV Giorn. 10. Elles sont remplacées par des planches portant le paraphe au verso. Soit 111 épreuves d'état et 5 avec les numéros. On a ajouté le titre du T. 1er et le le portrait de Boccace tirés en rouge, et le frontispice AVANT LA LETTRE des estampes galantes ; dans le T. II, l'EAU-FORTE du titre.

Les figures se présentent sous quatre états différents, ou avant toute lettre, ou avant les cadres, ou avec les noms d'artistes à la pointe sèche, ou avant les numéros seulement. On a ajouté la suite des estampes galantes.

Les exemplaires en italien ayant été tirés les premiers offrent les meilleures épreuves des culs-de-lampe.

La suite des figures AVANT LA LETTRE est fort rare.

424. CONTES ET NOUVELLES EN VERS, par M. de la Fontaine. *A Amsterdam [Paris, David jeune]*, 1745. 2 tomes en un vol. in-12, mar. rouge, fil., dos orné, tr. dor. (*Rel. anc.*)

Ce volume contient un frontispice, une vignette, 2 fleurons et 69 vignettes dessinés par Cochin, gravés par Chedel, Fessard et Ravenet.

Exemplaire de premier tirage.

De la bibliothèque de M. le baron J. PICHON.

425. CONTES ET NOUVELLES EN VERS, par M. de La Fontaine [Edition publiée aux frais des Fermiers-Généraux, avec une Notice par Diderot]. *A Amsterdam [Paris, Barbou]*, 1762.

2 vol. in-8, fig., mar. rouge, fil., tr. dor. (*Derome le jeune.*)

Le Cas de conscience, le Diable de Papefiguière et le Remède sont en épreuves de remarque.

426. ZÉLIS AU BAIN, poëme (par le marquis de Pesay). *Genève, s. d.* (*Paris*, 1763), in-8, réglé, mar. bleu, large dent., doublé de tabis, tr. dor. (*Rel. anc.*)

Charmantes figures d'Eisen. 4 grandes vignettes et 8 fleurons en culs-de-lampe. Exemplaire tiré sur PAPIER DE HOLLANDE.

427. NELLA VENUTA IN ROMA di Madame Le Comte e dei signori Watelet e Copette. Componimenti poetici di Luigi Subleyras colle figure in rame di Stefano della Vallee-Poussin. *S. l.* (*Roma*), 1764. Pet. in-4, cart., non rogné. (*Rel. du temps.*)

Volume tiré à un petit nombre d'exemplaires ; il contient : un frontispice, 12 planches gravées par Lavallée-Poussin et Robert et un très joli portrait de Madame Le Comte, gravé par Weirotter.

428. CONTES MORAUX, par Marmontel. *Paris, Merlin*, 1765. 3 vol. in-8, portrait d'après Cochin, gravé par Saint-Aubin, fig., mar. rouge, fil., tr. dor. (*Rel. anc.*)

Un frontispice répété trois fois et 23 figures de Gravelot gravées par de Longueil, Pasquier, Rousseau, etc.
Aux armes de la COMTESSE D'ARTOIS.

429. LES SENS, poëme en six chants (par du Rosoy). *Londres* (*Paris*), 1766. In-8, mar rouge, fil., dos orné, tr. dor. (*Rel. anc.*)

PAPIER DE HOLLANDE. Figures, vignettes, et culs-de-lampe, par Eisen et Wille.

430. LUCRÈCE. DE LA NATURE DES CHOSES, traduction nouvelle, avec des notes (par La Grange). *Paris, Bleuet*, 1768, 2 vol. in-8, front. et fig. de Gravelot, mar. rouge, dos orné, dent., doublé de tabis, tr. dor. (*Derome jeune.*)

Exemplaire tiré sur GRAND PAPIER provenant de la bibliothèque de RENOUARD, qui y a ajouté tous les ornements de l'édition d'Amsterdam ; il est revêtu d'une élégante reliure, avec larges dentelles à petits fers, exécutée dans le goût le plus pur du XVIIIe siècle.

431. LE DIABLE AMOUREUX, nouvelle espagnole (par Jacq. Cazotte). *A Naples* (*Paris, Lejay*), 1772. In-8, fig., mar. rouge, dos orné, fil., tr. dor. (*Cuzin.*)

EDITION ORIGINALE, ornée de curieuses gravures. On attribue ces caricatures à Moreau le Jeune.

432. QUERLON. LES GRÂCES. *Paris, L. Prault*, 1769. In-8, fig.,
mar. rouge, dos orné, fil., tr. dor. (*Rel. anc.*)

> Frontispice dessiné par Boucher, titre et 5 figures gravées d'après les
> dessins de Moreau.
> Exemplaire en PAPIER DE HOLLANDE.

433. LES VŒUX DE LA FRANCE et de l'Empire, médaillons
allégoriques pour le mariage de Monseigneur le Dauphin
1770, par Messire Jean Raymond de Petity, prédicateur de la
Reine, prieur commandataire de Vieux Vicq et Dangeau.
*A Paris, Chez Pierre Chenu, graveur, rue de la Harpe.
Paillasson scripsit. Laurent Sculpsit.* In-4. Dans son
cartonnage en papier doré.

> Il y a 7 médaillons, les deux derniers sont dessinés par Gravelot.

434. LES BAISERS, précédé du mois de Mai, poëme (par Dorat). *A
La Haye et se trouve à Paris, chez Lambert et Delalain*,
1770. In-8, front. et fig., cart., non rogné.

> PREMIER TIRAGE. Exemplaire dans le cartonnage de l'éditeur.
> Ce volume est orné d'un frontispice, d'une figure, de 23 vignettes en-têtes,
> d'un fleuron de titre et de 22 culs-de-lampe, le tout dessiné par Eisen, sauf
> 2 culs-de-lampe qui l'ont été par Marillier.
> PAPIER DE HOLLANDE.

435. LES MÉTAMORPHOSES D'OVIDE en latin et en françois, de
la traduction de M. l'abbé Banier, avec des explications
historiques. *A Paris, chez Le Clerc*, 1767-1771. 4 vol. in-4,
mar. bleu, dent. intér., tr. dor. (*Cuzin.*)

> Cet exemplaire contient :
> La suite des 140 estampes de Moreau, Boucher, Eisen, Monnet, etc.,
> en épreuves AVANT LA LETTRE et à l'état d'EAUX-FORTES.
> 2° La suite de un frontispice, 4 fleurons pour les titres, 30 vignettes
> en-têtes et un grand cul-de-lampe, dessinés et gravés par Choffard, tirés
> HORS TEXTE.
> 3° Les EAUX-FORTES du frontispice du T. Ier et du cul-de-lampe du T. IV
> à TOUTES MARGES.
> 4° La dédicace au Duc de Chartres en DOUBLE ÉTAT, avant et avec le
> texte imprimé.
> 5° Les figures DÉCOUVERTES : *Jupiter et Io, Diane et Actéon, Calisto, Céphale
> et l'Aurore, Pan et Syrinx*, à TOUTES MARGES.
> Les figures AVANT LA LETTRE, le frontispice, les vignettes, les fleurons
> et culs-de-lampe sont à TOUTES MARGES mais les figures à l'état d'EAUX-
> FORTES sont remargées à châssis, ayant été tirées sur un papier plus petit que
> celui de l'édition. Manque 21 eaux-fortes.
> On ne connait qu'un très petit nombre d'exemplaires réunissant ces
> différents états en pareille condition.

436. LA GERUSALEMME LIBERATA, di Torquato Tasso. *In Parigi,
appresso Delalain, S. d.* (1771), 2 vol. in-8, dédicace
gr., front., fig. et culs-de-lampe de Gravelot, mar. rouge, dos
orné, fil., tr. dor. (*Rel. anc.*)

**437.** Le Temple de Gnide. Nouvelle édition, avec figures gravées par N. Le Mire, des Acad. de Vienne en Autriche et de Rouen, d'après les dessins de Ch. Eisen. Le texte gravé par Droüet. *À Paris, chez Le Mire,* 1772. Gr. in-8, mar. vert, larges dent., dos orné, doublé de tabis, tr. dor. (*Derome*).

Titre gravé, frontispice renfermant le portrait de Montesquieu en médaillon, vignette en tête de la dédicace (armes d'Angleterre) et 9 figures dont 2 pour *Céphise et l'Amour.* Épreuves AVANT LES NUMÉROS.

**438.** Anacréon, Sapho, Bion et Moschus, traduction nouvelle en prose, suivie de la Veillée des Fêtes de Vénus, et d'un choix de pièces de différents auteurs. Par M. M** C** (Moutonnet Clairfons). *A Paphos, et se trouve à Paris, chez le Boucher,* 1773, in-4, front. et fig. d'Eisen, mar. rouge, dos orné, fil., tr. dor. (*Rel. anc.*)

Exemplaire en GRAND PAPIER.

**439.** Fables nouvelles (par Dorat). *La Haye et Paris, Delalain,* 1773. 2 vol. in-8, fig., vign. et culs-de-lampe de Marillier, mar. rouge. dent. sur les plats, dos orné, tr. dor. (*Rel. anc.*)

Exemplaire sur papier crème. Très beau d'épreuves. Il a appartenu à EMMANUEL MARTIN.

**440.** Contes moraux et nouvelles idylles de D... (Diderot) et Salomon Gessner. *Zurich, chez l'auteur,* 1773. In-4, titre et fig. gravés par Gessner, mar. rouge, fil., tr. dor.

Les contes joints aux idylles de Gessner sont de Diderot. Ce sont les *Deux Amis de Bourbonne* et *Entretiens d'un père avec ses enfants, ou le Danger de se mettre au-dessus des lois.*
Cet exemplaire avait sans doute été offert à Mᵐᵉ du Barry, car, avant la préface, on trouve une épître en vers, d'une belle écriture, imitant l'impression, qui lui est adressée par Meister, traducteur des idylles de Gessner, qui font partie de ce volume.
Aux armes de Madame du BARRY.
De la bibliothèque du baron PICHON.

**441.** Orlando Furioso di Lodovico Ariosto. *Birmingham, Baskerville,* 1773. 4 vol. gr. in-8, portr. et fig., mar. rouge, fil., tr. dor. (*Derome*).

Edition illustrée d'un portrait de l'Arioste gravé par Ficquet et de 46 figures par Greuze, Eisen, Moreau, Cipriani.
La reliure porte sur la garde l'étiquette de Derome le jeune.

**442.** Œuvres de M. de Saint-Marc. *Genève et Paris,* 1775. In-8, portr. frontisp. et vign. d'Eisen, mar. rouge, fil. dos orné, tr. dor. (*Derome.*)

Exemplaire en PAPIER DE HOLLANDE.
L'encadrement du titre dessiné par Eisen et gravé par Gaucher est une des plus charmantes pièces du xviiie siècle. Il est ici très beau d'épreuve.

443. SAINT-LAMBERT. LES SAISONS, poëme Septième édition. A *Amsterdam* (*Paris*), 1775. In-8, front. et fig., mar. rouge, dos orné, fil. (*Cuzin.*)

> Ce volume est orné de 7 figures de Moreau, gravées par Delaunay, Duclos, etc., d'un fleuron sur le titre et de 4 vignettes en-têtes dessinés et gravés par Choffard. Cet exemplaire renferme la suite des figures de Moreau AVANT LA LETTRE ; les 5 fleurons de Choffard eu tirage HORS TEXTE, épreuves à toutes marges et les figures de Leprince pour l'édition de 1769.
> Les fleurons de Choffard hors texte sont fort rares.

444. PYGMALION, scène lyrique de M. J. J. Rousseau, mise en vers par M. Berquin, le texte gravé par Drouët. *Paris*, 1775. In-8, titre gravé et vignettes, mar. vert, dos orné. (*Cuzin.*)

> Cet ouvrage se compose de deux parties : la première, comprenant *Pygmalion*, est ornée d'un titre gravé d'après Marillier, et de 6 charmantes vignettes en tête dessinées par Moreau, gravées par De Launay et Ponce, la seconde contenant l'*Idylle* est ornée d'un en-tête et d'un cul-de-lampe dessinés par Marillier, gravés par Gaucher.

445. LES BIENFAITS DU SOMMEIL ou les quatre rêves accomplis A *Paris*, *chez Brunet*, 1776. In-8, fig., mar. bleu, fil., dent. intér., tr. dor. (*Hardy.*)

> Titre gravé par De Launay d'après Moreau et 4 figures gravées et dessinées par les mêmes artistes.
> Exemplaire du PREMIER TIRAGE.
> On a ajouté à cet exemplaire un précieux et charmant portrait de Louis XVI encore Dauphin, AVANT TOUTE LETTRE et portant la signature à l'encre de Gaucher le graveur, et en plus, l'EAU-FORTE de la planche 2.

446. LES A-PROPOS DE SOCIÉTÉ, ou Chansons de M. L** (Laujon), avec les A-propos de la Folie. *S. l.* (*Paris*), 1776. 3 vol. in-8, titres gravés, vignettes et culs-de-lampe dessinés par Moreau et gravés par Simonet, de Launay, Martin, veau fauve, fil., tr. dor. (*Derome.*)

> Très bel exemplaire. La reliure, une des meilleures de Derome, quoiqu'elle ne soit qu'en simple veau fauve, vaut les plus parfaites reliures en maroquin.

447. ORIGINE DES GRÂCES, par Mademoiselle D... (Dionis Du Séjour). A *Paris*, 1777. In-8, front. et fig., demi-rel. dos et coins mar. rouge, tête dor., non rogné.

> Six figures dessinées par Cochin et gravées par Aliamet, De Launay, Masquelier, Née, Simonet et Aug. de Saint-Aubin
> Je possède quatre des six dessins de Cochin, exécutés à la sanguine, pour cette suite.

448. ROMANS ET CONTES de M. de Voltaire. *A Bouillon, aux dépens de la Société typographique*, 1778. 3 vol. in-8, fig., mar. citron, fil., dos ornés, tr. dor. (*Trautz-Bauzonnet.*)

Cette édition est ornée d'un fleuron sur les titres, d'un portrait de Voltaire gravé par Cathelin, d'après La Tour; de 13 vignettes et de 57 figures, dessinées par Marillier, Martini, Monnet et Moreau, gravées par Baquoy, Châtelain, Dambrun et Patas.
Épreuves AVANT LES NUMÉROS.

449. RECUEIL DES MEILLEURS CONTES EN VERS, par La Fontaine, Voltaire, Vergier, Senecé, Perrault, Moncrif, le P. Ducerceau, Grécourt, Autereau, Saint-Lambert, Chamfort, Piron, Dorat, La Monnoye et François de Neufchâteau. *Londres* [*Paris, Cazin*], 1778. 4 vol. in-18, fig. de Duplessis-Bertaux en tête de chaque conte, mar. rouge, fil., dos ornés, tr. dor. (*Rel. anc.*).

De la bibliothèque de VIOLLET-LE-DUC.

450. LES QUATRE HEURES DE LA TOILETTE DES DAMES, poëme érotique en quatre chants, par M. de Favre. *A Paris, chez J. F. Bastien*, 1779. In-4, front. gravé, fig. et culs-de-lampe de Le Clerc, cartonné.

On a ajouté le tirage à part de la vignette du Chant I.

451. LA PUCELLE D'ORLÉANS, poëme en 20 chants. Édition avec des notes et des pièces qui y ont rapport. *Londres* (*Paris, Cazin*), 1780. 2 vol. in-18, fig. de Duplessis-Bertaux, mar. rouge, fil., tr. dor. (*Rel. anc.*)

Des bibliothèques de VIOLLET-LE-DUC et de M. QUENTIN-BAUCHART.

452. CHANSONS NOUVELLES de M. de Piis. *Paris, Ph.-D. Pierres*, 1785. In-12, pap. vélin, mar. rouge, fil., tr. dor. (*Rel. anc.*)

Portrait de Piis, gravé par Gaucher; musique et 12 figures, par Le Barbier, AVANT LES NUMÉROS, frontispice gravé par Choffard portant la dédicace au Comte d'Artois.

453. TABLEAUX DE LA BONNE COMPAGNIE, ou Traits caractéristiques, anecdotes secrètes..., recueillis dans les sociétés du bon ton pendant les années 1786 et 1787 (par Restif de la Bretonne), accompagnées de planches en taille-douce, dessinées et gravées par Moreau le jeune. *A Paris*, 1787. Pet. in-12, mar. rouge, fil., dent. int., doublé de tabis, tr. dor. (*Hardy.*)

454. HISTOIRE DU PETIT JEHAN DE SAINTRÉ et de la dame des Belles-Cousines; extraite de la vieille chronique de ce nom, par M. de Tressan, édition ornée de figures en taille-douce

9

dessinées par M. Moreau le jeune. *A Paris, de l'imprimerie de Didot jeune*, 1791, Pet. in-12, mar. rouge, tabis, dent., tr. dor. (*Bozérian.*)

> PAPIER VÉLIN, 4 figures par Moreau en double état, AVANT LA LETTRE et avec la lettre.

455. HISTOIRE DE GÉRARD DE NEVERS et de la belle Euriant, sa mie, par Tressan. Edition ornée de figures en taille-douce, dessinées par Moreau le jeune. *A Paris, de l'imprimerie de Didot jeune*, 1792, Pet. in-12, fig., mar. rouge, dent., dos orné, tabis, tr. dor. (*Bozérian.*)

> PAPIER VÉLIN, 4 figures par Moreau en double état, AVANT LA LETTRE et avec la lettre.

456. ŒUVRES CHOISIES DE GRESSET. Edition ornée de figures en taille-douce dessinées par Moreau le jeune. *De l'imprimerie de Didot jeune. A Paris, chez Saugrain, l'an deuxième* (1794). Pet. in-12, mar. bleu, dos orné, plats ornés, tabis, tr. dor. (*Bozérian.*)

> Exemplaire en GRAND PAPIER VÉLIN. Cinq vignettes de Moreau AVANT LA LETTRE, dont quatre pour *Vert-vert* et une pour *Le Lutrin vivant*.

457. MÉMOIRES DU COMTE DE GRAMMONT, par Hamilton, édition ornée de 72 portraits gravés d'après les tableaux originaux. *Londres, Edwards* (1792). In-4, mar. rouge, coins et dent., doublé de moire, dent., mors de mar., tr. dor. (*Rel. anc.*)

> Exemplaire contenant les notes et les éclaircissements. Il provient de la bibliothèque du roi LOUIS-PHILIPPE, et porte le cachet de la Bibliothèque de Neuilly sur le titre.
> Ce volume a été relié par le comte de Caumont qui, pendant l'émigration, avait ouvert un atelier de reliure à Londres. Voilà pourquoi on lit sur le dos du volume les deux noms du comte de Grammont qui avait écrit le livre et du comte de Caumont qui l'avait relié.
> Il avait été donné à M. le comte de Montalivet par le Roi Louis-Philippe qui lui avait raconté ce curieux épisode de l'émigration.

458. IDYLLES DE BION ET DE MOSCHUS, traduites en français par J.-B. Gail. Ouvrage orné de figures dessinées par Le Barbier. *De l'imprimerie de Didot jeune. A Paris, chez Gail, l'an troisième* (1795). Pet. in-12, fig., veau, tr. dor. (*Rel. anc.*)

> Ce volume est orné du portrait de Gail et de 4 figures par Le Barbier gravés par Gaucher, Dambrun et Delignon. Exemplaire en PAPIER VÉLIN avec les figures AVANT LA LETTRE et avec les EAUX-FORTES.

459. LE TEMPLE DE GNIDE, par Montesquieu. *Paris, de l'impr. de P. Didot l'aîné, an III*, 1795. In-18, fig. de Lebarbier, mar. rouge, dent. sur les plats, tabis, tr. dor. (*Bozérian.*)

> PAPIER VÉLIN ; figures AVANT LA LETTRE.

460. LES LIAISONS DANGEREUSES. Lettres recueillies dans une société, et publiées pour l'instruction de quelques autres par C*** de L*** (Choderlos de Laclos). *Londres (Paris)*, 1796, 2 vol. in-8, front. et fig., mar. **rouge**, dos orné, tr. dor. (*Rel. anc.*)

> Exemplaire en PAPIER VÉLIN contenant la suite complète des figures de Monnet et de Mlle Gérard, en triple état, avec la lettre, AVANT LA LETTRE et EAUX-FORTES.

461. ŒUVRES POISSARDES de J.-J. VADÉ, suivies de celles de l'Ecluse; édition tirée à 300 exemplaires, dont 100 sur grand papier et ornée de figures imprimées en couleur. *A Paris, de l'imprimerie de Didot le jeune, l'an IV*, 1796. Gr. in-4, demi-rel. mar. citron, *non rogné.* (*Purgold.*)

> Exemplaire en GRAND PAPIER VÉLIN avec les 4 gravures coloriées de Monsiau.

462. LETTRES D'UNE PÉRUVIENNE, par M$^{me}$ de Grafigny. Nouvelle édition, augmentée d'une suite qui n'a point encore été imprimée. *A Paris, de l'imprimerie de P. Didot l'aîné An V*, 1797. 2 vol. pet. in-12, fig., mar. rouge à grains longs, tr. dor. (*Lefebvre.*)

> L'édition est ornée d'un portrait gravé par R. de Launay et de 8 figures dessinées par Lefèvre, gravées par Coiny.
> Exemplaire en PAPIER VÉLIN. Épreuves AVANT LA LETTRE.
> De la bibliothèque de la duchesse de RAGUSE.

463. ŒUVRES DE P. J. BERNARD, ornées de gravures d'après les dessins de Prudhon. *Paris, Didot l'aîné*, 1797. Gr. in-4, pap. vél., fig., mar. rouge, large dent., tr. dor. (*Bozérian.*)

> PAPIER VÉLIN fort d'Angoulême, tiré à 150 exemplaires, contenant les opéras de l'auteur. Les figures sont AVANT LA LETTRE. Les trois planches de l'Art d'aimer sont gravées par Beisson et Copia. Celle du troisième chant, Phrosine et Mélidore, estdessinée et gravée par Prudhon.
> Exemplaire de V. Masséna, Prince d'Essling et du comte de La Bédoyère.
> Le prince d'Essling avait pour marque les deux initiales V. M. inscrites en haut de la 1$^{re}$ garde du volume.

464. PAUL ET VIRGINIE, par Jacques-Bernardin-Henri de Saint-Pierre, avec figures. *A Paris, chez P. Fr. Didot, de l'imprimerie de Monsieur*, 1789. Pet. in-12, mar. bleu, dos orné, doublé de tabis, tr. dor. (*Bozérian.*)

> Édition originale. Exemplaire tiré sur PAPIER VÉLIN, avec les figures de Moreau et J. Vernet, épreuves AVANT LA LETTRE. Dans sa fine reliure janséniste en maroquin bleu à grains longs par Bozérian, c'est un livre charmant.

465. PAUL ET VIRGINIE, par J.-H. Bernardin de Saint-Pierre. *Paris, L. Curmer*, 1838. Gr. in-8, fig. sur bois et sur acier.

d'après T. Johannot, Meissonier, Huet, Isabey, etc., mar.
vert, dos orné, fil. sur plats, dent. int., tr. dor. (*Trautz-Bauzonnet.*)

Exemplaire avec les figures AVANT LA LETTRE, le portrait de Bernardin de
Saint-Pierre dit à la Sphère, et le portrait du Docteur par Meissonnier.
Les plats de la reliure sont ornés d'un encadrement de neuf filets poussés
avec une sûreté de main et une régularité dont Trautz était très fier. Il avait
fait cette reliure pour lui-même dans un moment de chômage ; à la même
époque il a relié encore un autre ouvrage, un *Béranger* qui a appartenu à
M. PAILLET.

*Suites d'Estampes tirées hors texte et en épreuves*
*avant la lettre.*

466. SUITE DE FIGURES en-têtes dessinées et gravées par Gillot,
Coypel, Edelinck, Bernard Picart, Cochin, Tardieu et
Simonneau, pour les Fables de La Motte. In-4 oblong, mar.
rouge jans. (*Rel. anc.*)

Epreuves d'artistes tirées HORS TEXTE sur papier fort.
Ces figures qui ont été faites pour l'édition des Fables de la Motte de
1719 ne doivent pas être confondues avec celles de l'édition in-12 de 1727
dont le tirage à part a un titre spécial.

467. LIVRE DE SCÈNES COMIQUES inventées par Gillot. *Paris,*
*Huquier, s. d.* Pet. in-fol. oblong, pl., vélin.

Titre ornementé et 11 planches gravées par *Huquier.* Belles épreuves à
toutes marges. On a ajouté une planche : *Colombine avocat pour et contre,*
dessinée et gravée par *Gillot.*
Recueil rare.
Exemplaire de M. DESTAILLEUR. (1891, n. 283 : 305 f. )

468. SUITTE D'ESTAMPES DES PRINCIPAUX SUJETS DES COMÉDIES
DE MOLIÈRE, gravées sur les esquisses de Charles Coypel,
dédiée au public en 1726. *Se vend à Paris chez Surrugue,*
*ruë des Noyers,* 6 pl. in-fol. oblong, cartonné.

Cette suite, de toute rareté, a été gravée entièrement par *Joullain.* Chaque
pièce porte son nom ainsi que ceux de *Coypel* et de *Surrugue* ; une pièce
porte de plus le nom de *L. Borde,* scrip.
Cette pièce, qui sert de titre à la suite, est des plus rares et des plus
curieuses. Elle représente la scène, la toile baissée, les avant-scènes et le
commencement du parterre de la Comédie Française.
Un homme passe sa tête à travers une fente du rideau. Sur ce rideau est
gravée la *dédicace de Coypel* au public.
Les autres sujets traités représentent *George Dandin,* où on trouve le
portrait de Molière, l'*Ecole des femmes,* les *Femmes savantes, M. de Pourceaugnac,*
et *Psiché.*
Exemplaire grand de marges.

469. RECUEIL D'ESTAMPES gravées par Cars, graveur du roi,
d'après les dessins de Boucher, contenant le portrait et les

33 figures représentant une scène de chacune des pièces mises au théâtre par Molière. 1734. In-4, mar. rouge jans. (*Trautz-Bauzonnet.*)

On a ajouté la suite des fleurons, culs-de-lampe et lettres ornées, dessinés par Blondel et Oppenord, gravés par Joullain pour le texte de l'édition.

470. SUITE DE UN PORTRAIT ET DE TRENTE-TROIS ESTAMPES dessinées et gravées par Punt d'après les compositions de Boucher, pour les Œuvres de Molière. *S. l. n. d.* (*Amsterdam,* 1741). In-12, vélin. (*Rel. anc.*)

Épreuves du premier tirage sur papier fort.
De la bibliothèque de M. DESTAILLEUR. *1891, n. 1234 : 385 fr.*

471. ANACRÉON, SAPHO, BION ET MOSCHUS. *A Paphos et se trouve à Paris,* 1773. In-4, mar. rouge. (*Cuzin.*)

Suite complète de un frontispice en double état, 12 vignettes et 13 culs-de-lampe dessinés par *Eisen,* gravés par *Massard,* épreuves tirées HORS TEXTE SUR PAPIER DE HOLLANDE.
Exemplaire NON ROGNÉ.
Le frontispice avant le nom des artistes est très rare.
Cette suite vient de la vente RENOUARD.

472. SUITE D'ESTAMPES DESSINÉES PAR MOREAU LE JEUNE pour l'édition des Œuvres de Molière, publiée par M. Bret. *Paris,* 1773. In-8, mar. rouge jans. (*Trautz-Bauzonnet.*)

Ce recueil contient :
1° Les TIRAGES A PART des 6 fleurons des titres.
2° Le portrait de Molière par Cathelin en double état, avec la lettre et AVANT LA LETTRE.
3° Les 33 figures en épreuves AVANT LA LETTRE.
Ces différentes pièces sont à toutes marges.
Les 33 figures avant la lettre ont été payées 600 fr. à la vente Maurice Duval. Les fleurons 5 fr. chez Jacquinot en 1858.
Mais à la vente La Béraudière en 1880 le portrait seul de Cathelin avant la lettre a été payé plus de 2.000 francs. *par Villeneuve*
En 1894 à la vente Lignerolles la même suite, avec 22 eaux-fortes en plus, a été payée 22.000 francs.
Je cite ces prix à titre de document pour l'histoire des variations de la valeur des livres à figures du dix-huitième siècle.

473. SUITE DES 25 FIGURES DESSINÉES ET GRAVÉES PAR J. M. MOREAU pour les Chansons de Laborde. *Paris,* 1773. In-4, mar. rouge. (*Cuzin.*)

Épreuves AVANT LA LETTRE, NON ROGNÉES.
Cet exemplaire vient de la bibliothèque de M. FEUILLET DE CONCHES ; il doit sa condition exceptionnelle à ce qu'il était relié avec d'autres planches d'un format plus grand qui l'ont protégé.
Ce recueil contient en outre :
1° Le portrait de Laborde par Denon, portrait dit à la lyre, état avant la date de 1774.
2° La dédicace à la Reine.
Ces deux pièces sont également NON ROGNÉES.
On a ajouté au recueil le titre du Tome 1er de l'ouvrage.
Ces trois dernières pièces n'étaient pas jointes au recueil de M. Feuillet de Conches. Elles ont été ajoutées depuis.

**474.** SUITE D'ESTAMPES pour servir à l'histoire des mœurs et du costume des François dans le dix-huitième siècle. Année 1775. *A Paris, de l'Imprimerie de Prault*, 1775, in-fol. Texte et 12 planches dess. par Freudeberg. — SECONDE SUITE D'ESTAMPES pour servir à l'histoire des mœurs et du costume en France dans le dix-huitième siècle. Année 1776. *A Paris, de l'imprimerie de Prault*, 1777, in-fol. Texte et 12 planches dess. par J.-M. Moreau. — TROISIÈME SUITE D'ESTAMPES pour servir à l'histoire des modes et du costume en France dans le dix-huitième siècle. Année 1783. *A Paris, de l'imprimerie de Prault*, 1783, in-fol. Texte et 12 planches dess. par J.-M. Moreau. — Ensemble trois parties en 1 vol. in-fol., mar. rouge, dentelles, dos orné. (*Cuzin.*)

Exemplaire entièrement NON ROGNÉ.

Il contient le texte et les 36 planches des trois suites d'estampes dessinées par *Freudeberg* et *J.-M. Moreau*, gravées par *Romanet, Voyez, Lainé, Lingée, Martini, Baquoy, Trière, Dambrun, Delignon*, etc.

Le texte de la troisième suite est fort rare.

Les 12 planches dessinées par Freudeberg composant la première suite sont AVANT LES NUMÉROS, les 24 planches dessinées par J.-M. Moreau, composant les seconde et troisième suites portent au bas les lettres A. P. D. R. Elles sont fleur de coin. Leur fraîcheur et leur beauté sont dues à cette circonstance que depuis le tirage, elles étaient restées enveloppées de leur couverture originale sur les tablettes d'un marchand d'estampes hollandais.

Ce recueil est le plus beau livre à figures qu'ait produit le XVIIIe siècle.

**475.** SECONDE SUITE D'ESTAMPES pour servir à l'histoire des modes et du costume en France, dans le XVIIIe siècle, année 1776. *A Paris, chez M. Moreau, graveur du cabinet du Roy, cour du mai au palais, Hôtel de la Trésorerie.* A. P. D. R. In-8, mar. rouge jans., dent. intér., tr. dor. (*Cuzin.*)

Réduction de la Seconde suite d'Estampes.

Ces charmantes réductions ont été exécutées sous les yeux de *Moreau*; sur la première planche : « *La déclaration de la grossesse* », on lit : *se vend chez M. Moreau, Cour du Mai, au Palais, à l'hôtel de la Trésorerie.*

Chaque vignette porte quelques vers, dont on ne connaît pas l'auteur. Contrairement à ce qu'annonce M. Mahérault dans l'*Œuvre de Moreau le jeune* quelques pièces ont des noms de graveur, mais ces noms sont en caractères d'une telle ténuité qu'il faut une loupe pour les déchiffrer ; on peut lire ainsi la signature de *Camligue* sur les *Petits parrains*, les *Adieux* et la *Dame du Palais de la Reine* et celle de *Guttenberg* dans l'angle inférieur de la planche de *N'ayes pas peur, ma bonne amie*. Ces planches sont numérotées de 13 à 24. La pl. 14, *les Précautions* ne porte pas de numéro.

En feuilles, légèrement fixées sur des onglets.

**476.** SUITE D'ESTAMPES DESSINÉES PAR J.-M. MOREAU LE JEUNE pour les Annales de Marie-Thérèse. *Paris*, 1775. In-8, mar. rouge. (*Cuzin.*)

Cette suite comprend le portrait de Marie-Thérèse par Cathelin, les deux portraits de Marie-Antoinette et de Joseph II, gravés par Gaucher en épreuves tirées HORS TEXTE, et les quatre figures AVANT LES NUMÉROS. L'exemplaire est NON ROGNÉ.

**477.** Suite d'Estampes dessinées par J.-M. Moreau le jeune pour les Œuvres de J.-J. Rousseau. *Londres (Genève)*, 1774-1783. Gr. in-4, mar. vert. (*Cuzin.*)

> Ce recueil comprend :
> 1° La suite de 8 titres avec fleurons de *Moreau* et *Choffard*.
> 2° Le tirage à part de 3 de ces fleurons.
> 3° Le portrait de Rousseau.
> 4° Les 30 estampes de *Moreau*, AVANT LES NUMÉROS, sur papier fort.
> L'exemplaire est NON ROGNÉ.

**478.** Estampes destinées a orner les éditions de M. Voltaire. Gravées d'après les dessins de M. Moreau, dessinateur et graveur du Cabinet du Roy et de son Académie Royale de peinture et sculpture ; elles se vendent séparément des éditions. *A Paris chez l'auteur, rue du Coq St-Honoré près le Louvre.* A. P. D. R. Grand in-8, mar. rouge, dos orné, dent. sur les plats, tr. dor. (*Bradel-Derome.*)

> Epreuves AVANT LA LETTRE.
> Cette suite d'estampes a été gravée pour la grande édition imprimée à Kehl par les soins de Beaumarchais en 1785. Elle comprend un frontispice, un portrait dédicace, 93 figures et 19 portraits divers.
> Elle est rare AVANT LA LETTRE. Brunet estime qu'il y en a eu à peine 25 exemplaires complets. Les bons exemplaires sont ceux qui comptent le plus de planches où les noms des artistes sont gravés à la pointe. Notre exemplaire qui a appartenu à M. Decroix, l'éditeur, et ensuite à Renouard, a été choisi par le libraire Saugrain qui a pris soin de le composer du plus grand nombre de planches d'état. Aussi pour la beauté des épreuves il ne laisse rien à désirer. On peut regretter cependant que M. Decroix ait pris la peine d'écrire au bas de chaque planche la légende explicative.
> De la bibliothèque d'Ant.-Aug. Renouard.

**479.** Les amours de Psyché et de Cupidon avec le poème d'Adonis par La Fontaine. Edition ornée de figures dessinées par Moreau le Jeune et gravées sous sa direction. *A Paris, de l'imprimerie de Didot le Jeune. L'an troisième.* [1795]. In-4, mar. rouge, dentelles, tr. dor. (*Bozérian.*)

> Exemplaire avec les figures AVANT LA LETTRE.

**480.** Histoire du Roy Louis XV par médailles. 1753-1770. In-fol. mar. vert. (*Cuzin.*)

> Ce magnifique ouvrage entrepris par Cochin en 1753 a été interrompu en 1770 et est resté inachevé. Jombert, dans le Catalogue de l'œuvre de Cochin, Paris, Prault, 1770, nous apprend qu'à cette date il y avait treize planches terminées. Cochin dirigeait le travail confié à différents artistes, mais il a lui-même dessiné et gravé neuf pièces.
> Voici le détail de la suite ici décrite :
> Naissance de Louis XV. *Cochin fils, inv. et sculps.*, *1753*. Eau-forte et épreuve terminée.
> Mort de Louis XIV. *Cochin, inv. et sculps.*, *1753*. Eau-forte et épreuve terminée.
> Avènement de Louis XV au trône. *Cochin, inv. et sculps.*, *aquâ forti*, *1754*. Eau-forte et épreuve terminée.

La Régence du royaume déférée au Duc d'Orléans. *Cochin, inv. et sculps.*, *aquâ forti, 1754*. Eau-forte et épreuve terminée.

Entrée de Louis XV dans Paris par la porte Saint-Antoine. *Cochin delineavit. Gallimard sculps., 1754.* Eau-forte et épreuve terminée.

Application du Régent aux affaires. Espérances que donne le Roy. *Cochin delineavit. Flippart sculps.* Eau-forte et épreuve terminée.

Rétablissement du commerce. *Cochin inv. et sculps, aquâ forti, 1757.* Eau-forte et épreuve terminée.

Etablissement de la Chambre de Justice. *Cochin, invenit et direxit. Gallimard sculps. 1757.* Eau-forte et épreuve terminée.

Institution de l'école militaire. *Cochin delineavit. Gallimard sculps. 1770.* Eau-forte.

La Chambre de Justice fait rendre gorge aux Maltotiers. *Vien pinxit. Allianiet sculps.* Epreuve terminée.

Le progrès des études du Roy. *Lagrenée pinxit.* Eau-forte. Je crois l'eau-forte exécutée par Cochin, quoique Jombert ne l'indique pas.

L'instruction gratuite rétablie dans l'Université de Paris. *Hallé pinxit. Prevost sculps.* Eau-forte.

Ce recueil contient vingt pièces en parfaite condition. Leur réunion n'est pas commune.

Voir le catalogue du M<sup>is</sup> de Ménars. Paris, 1781, n° 474.

481. SUITE D'ESTAMPES gravées par madame la marquise de Pompadour, d'après les pierres gravées de Guay, graveur du Roy. *S. l. n. d. (Paris, vers 1775).* In-4, portr. et fig., mar. rouge, fil., dos orné, dent. int., tr. dor. *(Hardy.)*

Cet exemplaire contient le titre gravé et les 69 planches.

On y a joint un beau portrait de M<sup>me</sup> de Pompadour, par Anselin, et une épreuve de la figure de Rodogune dessinée d'après Vanloo par Boucher, gravée à l'eau-forte par M<sup>me</sup> de Pompadour et retouchée par C.-N. Cochin. PREMIER TIRAGE avant l'adjonction du texte.

482. FIGURES POUR LES ŒUVRES DE VOLTAIRE. Edition de 1768 gravées sur les dessins de Gravelot. In-4, veau fauve, fil., tr. dor. *(Rel. anc.)*

Portrait de Voltaire gravé par Cathelin, portrait de Gravelot par Massard, 1 frontispice et 47 estampes pour le Théâtre et la Henriade.

7 portraits, 1 frontispice, 10 figures pour la Henriade, 32 figures pour le Théâtre. Ensemble 50 pièces *(Sieurin, p. 223.)*

483. SONGS IN THE OPERA FLORA, with the Humorous Scenes in Hob design'd by y celebrated M<sup>r</sup> Gravelot, & engraved by G. Bickham jun<sup>r</sup>. *London, Cooper & Bickham,* 1737. In-8 de 26 ff., demi-rel. dos et coins de mar. vert, tr. dor.

Volume entièrement gravé, composé d'un titre, d'une dédicace et de 24 ff. portant chacun une vignette en largeur de Gravelot et une chanson avec musique gravée.

Cette suite de figures exécutée par Gravelot, durant son séjour en Angleterre, est extrêmement rare.

Des bibliothèques de BECKFORD et DESTAILLEUR.

484. LA FONTAINE. 20 figures de Fragonard, pour les *Contes et Nouvelles en vers. Paris, Didot, an III.* In-4, mar. vert. *(Cuzin.)*

Epreuves AVANT LES NUMÉROS et sans les noms des artistes, à toutes marges.

485. SUITE COMPLÈTE de dix-huit vignettes dessinées par Horace Vernet, Hersent et Devéria, et un portrait d'après Fragonard, pour les œuvres de Molière. In-4, mar. noir, dent.

Les figures sont AVANT LA LETTRE et avec 14 EAUX-FORTES.

486. TREINTA Y TRES ESTAMPAS que representan diferentes suertes y actitudes del arte de lidiar los Toros inventadas y grabadas al aqua fuerte en Madrid por Don Francisco de Goya y Lucientes. In-fol. oblong, demi-rel. mar. vert.

C'est le titre qui se trouve en tête de la première édition des planches donnée en 1815.
La première édition se reconnaît en outre au nom des fabricants de papier. Le bon papier porte les noms de Serra, ou Morato, ou Nolo dans le filigrane.
Sur les planches Nos 19, 28 et 31, Goya a gravé son nom et la date de 1815.
On connaît 3 états de ces planches.
Cet exemplaire avec les numéros est de troisième état.
Voir *Paul Lefort, Francisco Goya. Paris, Renouard, 1877, p. 69.*

### Suites de dessins originaux reliés.

491. DESSINS DE COCHIN POUR LES ŒUVRES DE BOILEAU. — LES ŒUVRES DE M. BOILEAU DESPRÉAUX. Avec des Éclaircissemens Historiques donnés par lui-même, & rédigés par M. Brossette; augmentée de plusieurs Pièces, tant de l'Auteur qu'aïant rapport à ses Ouvrages; avec des Remarques et des Dissertations Critiques, par M. de Saint-Marc. *À Paris, Chez David et Durand, 1747.* 5 vol. in-8, portr., mar. rouge, fil., dos ornés, tr. dor. (*Rel. anc.*)

On a ajouté à l'exemplaire les DESSINS ORIGINAUX de COCHIN pour les 6 figures du Lutrin, et en-tête du premier volume, une lettre autographe de Boileau à propos d'un de ses portraits; on y trouve l'épigramme bien connue :

  Du célèbre Boileau tu vois ici l'image:
  Quoi! c'est là, diras-tu, ce critique achevé.
  D'où vient le noir chagrin qu'on lit sur son visage;
  C'est de se voir si mal gravé.

Les dessins de Cochin ont figuré à l'exposition du Louvre en 1742. Ils sont sur VÉLIN (Goncourt, l'Art du XVIIIe s., page 420). Jombert nous apprend que « *ces six beaux dessins fesaient l'ornement du cabinet de M. Prault, imprimeur et ami de Cochin.* » Cat. Jombert, no 133.

492. OUDRY. Livre dans le quelle ge désigne tou se que ge peint, commencé en 1713 au mois de juin. — Segond Livre desquisse de tou seque gepeint ou désigne Commencé le premier août 1716, 2 vol. pet. in-fol, oblong, veau brun.

Ces deux titres dont l'orthographe est singulière sont écrits de la main d'Oudry sur des cartouches places dans des Frontispices à la sépia réhaussés de blanc.
Dans le Frontispice du premier volume, Oudry s'est peint lui-même à mi-corps, dans un cadre ovale, pinçant de la guitare.

Ce recueil contient les esquisses à la sépia rehaussées de blanc des portraits peints par Oudry de 1718 à 1718. Il était élève de Largillière et l'on reconnaît dans ces esquisses la manière de son maître.

Sur la garde du premier volume une note écrite au siècle dernier annonce pour les deux volumes du recueil « *107 attitudes différentes de portraits* ». On n'en compte plus aujourd'hui que 101. Les 6 qui manquent avaient déjà été enlevées avant que le Baron Pichon fit l'acquisition des deux volumes chez Guichardot, le marchand d'estampes.

Tous ces portraits forment une galerie de personnages de la Cour où figurent, entre autres, les Noailles, les d'Argenson, les Nicolaï, les Puységur, les Brancas, les de Mesme, les Nadaillac, etc. Mais ce qui est particulièrement intéressant, ce sont quatre études différentes pour le portrait de Pierre le Grand fait par Oudry lors du séjour du Czar à Paris en 1717.

**493. DESSINS D'OUDRY POUR LES CONTES BLEUS. — LES CONTES BLEUS. Fables critiques et morales. In-4, mar. vert, dos orné, doublé de tabis. (*Trautz-Bauzonnet*.)**

Ces fables ont été imprimées au poncif par l'auteur lui-même. Dans une pièce de vers placée à la fin du volume il nous dit avoir adopté ce procédé,
    « Comme plus amusant, ou plus propre au mystère
    « Que tout autre moyen pour écrire inventé. »
Ce mystère qu'il avait souhaité est resté impénétrable. Mais ses médiocres vers eussent depuis longtemps disparu s'il n'avait eu l'idée de les faire illustrer par OUDRY de trente-cinq dessins à l'encre de Chine de la grandeur des pages.

Ces dessins, inédits comme les fables, sont signés J.-B. OUDRY, et datés, les 7 premiers de 1746 et les suivants de 1747. En 1747, Oudry dirigeait la manufacture de tapisserie de Beauvais. Il est mort en 1755.

Ce volume m'a été cédé par M. COLLOT, amateur délicat comme son père, le directeur de la Monnaie. Celui-ci avait laissé à son gendre, M. de Saint-Aignan, un certain nombre de livres précieux parmi lesquels se trouvait un des rares exemplaires des *Contes de la Fontaine* (éd. des fermiers généraux) contenant toutes les eaux-fortes. Il a été détruit en 1871 dans l'incendie de la rue de Lille allumé par la Commune.

**494. DESSINS D'EISEN POUR L'ÉLOGE DE LA FOLIE. — L'ÉLOGE DE LA FOLIE, traduit du latin d'Erasme, par M. Gueudeville, édition revue et corrigée (par Meunier de Querlon) sur celle de Basle. (*Paris*), 1751. In-12, tiré in-4, front. et fig. d'Eisen, gr. par Tardieu et autres, mar. rouge, fil., tr. dor. (*Derome*.)**

On a ajouté à cet exemplaire les 17 DESSINS ORIGINAUX d'EISEN qui ont servi à la gravure des figures du livre. Ces dessins sont encadrés d'un large filet d'or. Sur la garde une note d'une écriture ancienne nous apprend que cet exemplaire a appartenu à Mad. Blondel d'Azincourt.

Les dessins d'EISEN sont à l'encre de Chine. Ils passent pour être son meilleur ouvrage.

**495. DESSINS DE J.-M. MOREAU POUR LES LETTRES A ÉMILIE. — LETTRES A ÉMILIE SUR LA MYTHOLOGIE, par C.-A. Demoustier. *Paris, chez Ant.-Aug. Renouard*, 1809. 6 vol. grand in-8, mar. bleu, dent., dos orné, tabis, tr. dor. (*Bozerian*.)**

Imprimé sur VÉLIN.

Cet exemplaire UNIQUE contient :

1° La suite des figures de l'édition en double état AVANT LA LETTRE et EAUX FORTES, sur Chine volant.

2° 36 DESSINS de MOREAU à la sépia pour l'édition.

3° 24 DESSINS plus petits du même artiste.

4° 14 DESSINS de LEBARBIER, qui n'ont pas été gravés.

5° Un portrait de Demoustier au crayon par Gaucher, avec la très rare EAU-FORTE du même portrait.

6° Une lettre écrite par l'auteur à ses amis deux heures avant sa mort.

Il avait été formé par RENOUARD et a figuré à sa vente. Il l'a décrit dans le catalogue de 1819, T. III, page 147.

Les 74 DESSINS ORIGINAUX qu'il renferme, dont 60 sont de *J.-M. Moreau*, en font un livre vraiment précieux.

496. DESSINS DE NICOLET POUR LES ŒUVRES DE SÉGUR. — CONTES, FABLES, CHANSONS et vers de L.-P. Ségur l'aîné. *Paris, Buisson*, 1801. In-8, mar. rouge, fil., tr. dor. (*Duru*.)

Exemplaire orné de 14 DESSINS ORIGINAUX inédits, à l'encre de Chine, par P. Nicolet.

Ségur l'aîné était l'Ambassadeur, l'ami de la grande Catherine et le père de l'illustre général Philippe de Ségur.

De la bibliothèque de M. DE LA BÉDOYÈRE.

497. CROQUIS DE GABRIEL DE SAINT-AUBIN. — CATALOGUE d'une collection précieuse de tableaux et de dessins des meilleurs maîtres des trois écoles. Bronzes, marbres, terres cuites et autres objets précieux dont la vente se fera dans la grande Salle de l'Hôtel d'Aligre, rue St-Honoré le lundi 15 et jours suivants du mois de mars 1779, par Boileau peintre de L.L. A.A. S.S. Nosseigneurs les Duc d'Orléans et prince de Conti. In-8, mar. vert, dos orné. (*Cuzin*.)

Vente des tableaux du Prince de-Conti repris à la vente de 1777.

Tout l'intérêt de cet exemplaire est dans les 275 croquis faits par GABRIEL DE SAINT-AUBIN sur les marges pendant que les tableaux et les objets d'art passaient aux mains du crieur.

SAINT-AUBIN a marqué les prix et les noms des acquéreurs. Sur le titre il a consigné la nouvelle de la mort de M. Lalive de July survenue le 30 mars pendant la vente. C'était un événement dans le monde des amateurs.

SAINT-AUBIN suivait toutes les ventes d'objets d'art, le crayon à la main. Il a laissé de nombreux catalogues décorés comme celui-ci. Mais il y en a peu contenant un aussi grand nombre de croquis et d'une aussi parfaite conservation.

(Voir l'*Art du XVIII° siècle* par les Goncourt. *Paris, Charpentier*, 1882. p. 283).

Ce catalogue a appartenu à Benjamin Fillon.

498. CROQUIS DE GABRIEL DE SAINT-AUBIN. — CATALOGUE de tableaux originaux des bons maîtres des trois écoles, figures et bustes de marbre et de bronze, porcelaines et autres objets curieux, qui composent le cabinet de M. L. C. de D. (le comte Dubarry). Cette vente se fera le lundi 21 novembre 1774. *Paris, P. Remy*, 1774. In-8, mar. rouge, dos orné, double rangée de fil., non rogné. (*Petit*.)

Ce catalogue est celui de la collection de Dubarry le roué, beau-frère de Mad. Dubarry, qui après la mort de Louis XV s'enfuit en Suisse pour échapper à la police. Le Roi Louis XVI avait donné l'ordre de l'arrêter en même temps qu'il faisait enfermer la belle-sœur à l'abbaye du Pont aux Dames.

SAINT-AUBIN sur le titre, après le mot « *porcelaine* » a ajouté au crayon « *et de Vases pris à Marly, dit-on* ». Il a illustré les marges de 165 croquis de tableaux, statues et vases.

Sur les deux gardes de la couverture il a dessiné deux pièces de l'hôtel où se faisait la vente, et il a pris soin d'écrire sur le titre que cet hôtel était celui du vicomte Dubarry, le fils du roué, qui avait épousé Mlle de Tournon.

L'un des deux dessins représente la chambre à coucher et le lit nuptial. Une légende de Saint-Aubin nous apprend que Venus soutenait l'impériale du lit et que l'Amour et l'Hymen en soutenaient les rideaux.

L'autre dessin est une vue du salon où se faisait la vente. On voit le crieur présentant à un amateur le tableau qu'il va vendre devant la puissante loupe qui servait à les examiner.

(Voir l'*Art du XVIII siècle* par les Goncourt, *Paris, Charpentier*, 1882. p. 116 à 119).

499. C.-N. COCHIN. — PEINTURES ET SCULPTURES qui sont dans l'Église des Invalides dessinées par le Sr Cochin, graveur du Roi, 1736. Gr. in-fol. oblong, mar. rouge. (*Cuzin.*)

Recueil de sujets peints en camaïeu ou dessinés au crayon rouge, glomisés et montés sur carton ancien.

Ces 52 dessins sont la moitié de la suite que Cochin a gravée pour la *Description historique de l'hôtel des Invalides par Granet, Paris*, 1736. *Avec 103 planches.*

Le titre a été écrit en rouge et noir par un très habile calligraphe, M. Bénard.

---

## OEUVRE DE FICQUET.

527. ŒUVRE DE FICQUET. 2 vol. in-4, mar. rouge.

MADAME DE MAINTENON. Faucheux, 93.
2me planche, 2me état sur papier double.
JEAN DE LA FONTAINE. 1re planche, F. 61.
4me état, tablette blanche, ruisseau blanc.
6me état, tablette avec tailles verticales, ruisseau blanc.
7me état, le nom sur la tablette, les noms des artistes, le ruisseau blanc.
JEAN DE LA FONTAINE. 2me planche, éd des ferniers généraux. F. 62.
1er état ayant le trait carré et le cadre.
3me état avec l'inscription sur fond ombré.
CHARLES EISEN. F. 51.
État non décrit. Signature au bas à droite, E. Ficquet 1761 au lieu de E. Ficquet *Sculpsit.* Le travail du portefeuille est différent de celui du dernier état. Cet état semble devoir se placer entre les états 4 et 5 indiqués par Faucheux. Dans cet état le portrait a tout son effet et toute sa fleur.
5me état avec l'inscription E. Ficquet sculpsit 1761.
VOLTAIRE. F. 162.
2me état, une seule taille sur le pied de la lyre.
3e état, deux tailles sur le pied de la lyre.
4me état, la tablette blanche, les noms des artistes.
5me état, la planche terminée.
SAUGRAIN. F. 135.
2me état.
TULLIUS CICERO. F. 32.
2me état, sur papier fort.
LOUIS XV. F. 89.
1er état, la signature de Ficquet à la pointe sèche, avant le nom du dessinateur Boisot. Inconnu à Faucheux.
J.-B. ROUSSEAU. F. 131.
1er état, tablette blanche, les ornements du cadre non terminés.
3me état, sans aucune lettre, la tablette ombrée, tous les ornements terminés.
MOLIÈRE. F. 101.

2ᵐᵉ état, l'encadrement est à l'eau-forte. Épreuve sur laquelle le graveur a, par des traits de plume, indiqué les travaux à faire sur la sphère.

3ᵐᵉ état, l'encadrement est terminé, sauf le masque de droite. Il y manque des tailles sur le front.

4ᵐᵉ état, le masque de droite n'est pas encore terminé. Les noms des artistes sont en gros caractères ; de là, le nom *d'épreuve à la grande lettre*. Cet état n'est pas signalé par Faucheux.

5ᵐᵉ état, le masque de droite est terminé. Le nom des artistes a disparu de la marge du bas.

6ᵐᵉ état, les noms des artistes sont en petits caractères.

DESCARTES. F. 39.

1ᵉʳ état, avant le cadre.

3ᵐᵉ état, avant les noms des artistes.

5ᵐᵉ état, avec les noms des artistes.

VADÉ. F. 150.

Épreuve sur papier fort. État unique.

CHENEVIÈRE. F. 31.

1ᵉʳ état, à l'eau-forte dans un ovale, avant l'encadrement. Cet état est resté inconnu à Faucheux.

2ᵐᵉ état, avant l'écriture sur les livres.

3ᵐᵉ état, avec la faute Cinsère au lieu de Sincère.

MONTAIGNE. F. 102.

3ᵐᵉ état, avant les noms des artistes.

J.-B. CORNEILLE. F. 34.

1ᵉʳ état, le cadre est à l'état d'eau-forte pure ; le portrait est esquissé à la pointe sèche et au pointillé ; il est à peine visible.

2ᵐᵉ état, le cadre est encore à l'état d'eau-forte ; le portrait est très avancé.

3ᵐᵉ état, l'encadrement est plus poussé, mais le portrait n'est pas encore au point, le bouclier est blanc.

4ᵐᵉ état, l'encadrement est terminé, mais le bouclier est encore blanc, ainsi que la flamme du génie.

5ᵐᵉ état, le pli du manteau qui est sous le rabat n'est encore que d'une seule taille ; l'encadrement est terminé ; le nom de Corneille est sur le bouclier. C'est l'état que Faucheux indique comme étant le 2ᵐᵉ.

6ᵐᵉ état, la tête a plus de ton, le pli du manteau est couvert de tailles croisées. C'est l'état N° 3 dans Faucheux.

7ᵐᵉ état, les noms des artistes au bas de la planche.

CRÉBILLON. F. 87.

2ᵐᵉ état, avant les noms des artistes.

LA MOTHE LE VAYER, F. 84, 1ʳᵉ planche.

4ᵐᵉ état, avant les noms des artistes.

5ᵐᵉ état, avec les noms des artistes.

LA MOTHE LE VAYER, 2ᵐᵉ planche, F. 85.

État unique.

J.-J. ROUSSEAU. F. 132.

1ᵉʳ état, épreuve d'essai, l'encadrement est à l'eau-forte pure ; le portrait est esquissé au pointillé.

4ᵐᵉ état. L'encadrement est encore à l'eau-forte un peu ombré ; le livre ouvert n'a pas encore la devise.

5ᵐᵉ état. L'encadrement est ombré sauf le bout de l'aile de la sphère et la draperie au-dessus de la lampe ; la devise est sur le livre.

6ᵐᵉ état. Le portrait et l'encadrement sont terminés, il n'y a point encore au bas de la planche les noms des artistes.

REGNARD. F. 122.

2ᵐᵉ état, avant l'écriture sur la sphère.

3ᵐᵉ état, avec les vers sur la sphère, avant les noms des artistes.

4ᵐᵉ état, avec les noms.

BOILEAU. F. 18.

4ᵐᵉ état, le portrait est terminé ; la tablette est blanche.

FÉNELON. F. 58.

3ᵐᵉ état, avant les noms des artistes.

ARIOSTE, planche de 1794. F. 4.

3ᵐᵉ état, l'écu est sous l'ovale ; l'ombre de l'ovale touche le trait carré.

4ᵐᵉ état, l'écu a disparu, il n'y a aucune lettre.

5<sup>me</sup> état, avec le nom d'Arioste dans la tablette et les noms des artistes.

BOSSUET. F. 20.

Nous donnons ici la description de quatre états différents. Faucheux n'en a connu que deux.

1<sup>er</sup> état, les ornements de l'entourage sont à l'eau-forte, le portrait est très peu poussé.

2<sup>me</sup> état, la tête a plus d'effet ; les ornements sont légèrement ombrés.

3<sup>me</sup> état, le portrait est retouché ; il a perdu de son effet, l'ornement est plus poussé, le clou qui retient la guirlande de chêne au milieu du piedestal est complètement ombré.

4<sup>me</sup> état, l'encadrement et le portrait sont entièrement terminés ; le nom de Bossuet est sur la tablette, mais il n'y a pas de noms d'artistes. Cet état est le plus rare des quatre.

POPE. F. 117.

Etat unique.

VAN DER MEULEN. F. 96.

2<sup>me</sup> état, avant toute lettre.

3<sup>me</sup> état, avec le nom de Ficquet à la pointe.

L'ABBÉ PRÉVOST. F. 118.

1<sup>er</sup> état, à l'adresse d'Odieuvre, rue d'Anjou Dauphine.

DUQUESNE. F. 47.

Avec la tablette blanche. Etat non signalé par Faucheux.

MADAME DE MIRAMION. F. 100.

Avec la tablette blanche. Etat non signalé par Faucheux.

PUFFENDORF. F. 128.

Tirage hors texte.

DUVAL. F. 48.

Tirage hors texte, le nom de Ficquet est à la pointe.

VAN DYCK. F. 49.

Tirage hors texte, avec les noms des artistes.

REMBRANDT.

Hors texte, avec les noms à la pointe.

DULLAERT. F. 44.

Hors texte, avec les noms à la pointe.

RUBENS. F. 133.

Hors texte.

BISKOP. F. 16.

Hors texte, avec les noms à la pointe.

MIÉRIS. F. 97.

Hors texte.

CRAYER. F. 36.

Hors texte, avec les noms à la pointe.

THÉODORE DE BÈZE. F. 16.

MURET. F. 105.

SWIFT. F. 141.

DE BRUYN. F 25.

Hors texte, avec les noms à la pointe.

VAN HUYSUM. F. 77.

Hors texte, avant toute lettre.

WELDEUR. F. 171.

Hors texte, 2<sup>me</sup> état.

VIRGILE. F. 153.

HENRI DE LORRAINE. F. 65.

FONTANGE. F. 63.

COMTE DE TOULOUSE. F. 149.

CHARLES XII. F. 26.

MICHEL DE LA COUR. F. 82.

2<sup>me</sup> état.

ARIOSTO. F. 3.

2<sup>me</sup> état, avant les noms des artistes.

5<sup>me</sup> et 6<sup>me</sup> état, avec le cadre agrandi.

Cette planche a été gravée pour l'Arioste de Baskerville en 1773.

Ensemble 87 pièces.

## OEUVRE DE GRATELOUP.

**528. ŒUVRE DE** Grateloup. Recueil de 16 portraits placés sur bristol dans un vol. in-4, mar. noir.

L'œuvre de Grateloup se compose de 9 portraits. La suite que nous décrivons ici les donne en états différents ; elle a été composée par le graveur qui en avait fait hommage au comte de Montalivet, alors ministre de l'Intérieur de Napoléon 1er ; il avait joint à son présent un avis sur les soins à prendre pour la conservation et l'encadrement de ces portraits, avis que nous avons joint à notre exemplaire.

S'ensuit le détail :

M. DE POLIGNAC.
1er état avec la lettre N renversée, avant le cadre.
2me état avec la lettre N redressée mais avant le cadre. Cet état n'a pas été connu par Faucheux.

BOSSUET en buste.
1er état, avant toute lettre. Sur chine doublé.
2me état, avec les noms des artistes seulement. Sur chine doublé.

BOSSUET en pied.
1er état, avant toute lettre. Sur chine doublé.
3me état, avec le nom de Bossuet et la date 1771 autour de l'ovale.

FÉNELON.
2me état, avant la lettre et avec le fond marbré.
4me état, avec la lettre noire.

J.-B. ROUSSEAU.
Etat unique. Sur chine doublé.

MONTESQUIEU.
1er état, avant toute lettre. Sur chine volant.
2me état, avec la lettre. Sur chine doublé.

DRYDEN.
1er état avant toute lettre. Sur papier.
3me état, avec la lettre et le nom de Kneller à gauche. Sur chine doublé.

DESCARTES.
2me état, avec les noms des artistes, avant le nom du personnage. Sur chine doublé.
3e état, avec la lettre. Sur chine doublé.

CORNÉLIE.
1er état, avant toute lettre. Sur chine doublé.

Grateloup est né à Dax en 1735, il est mort dans cette ville en 1817.
Le premier portrait gravé par lui est celui de M. de Polignac ; il est de 1765.
Le dernier est celui de Bossuet en pied, qui est de 1771. Grateloup atteint de la cataracte a cessé de graver depuis cette époque. Son procédé est resté inconnu. On sait seulement qu'il gravait ses planches sur acier. Elles n'existent plus, d'après Faucheux.
Voir Faucheux, *Description de l'Œuvre de J.-B. Grateloup.*
J.-B. Grateloup avait un neveu, le Dr J.-P.-S. Grateloup, qui a gravé, d'après le procédé de son oncle, quelques planches sans grand mérite et qui n'ont qu'un intérêt de curiosité. Nous les avons placées à la suite de l'œuvre de J.-B. Grateloup.

1° DRYDEN, avant la date et le nom du graveur.
2° LA JEUNE ESPAGNOLE.
3° NAPOLÉON.
4° LOUIS XV.
5° FLEUR DES POIS.
6° DEUX TÊTES D'ÉTUDE, manière de Rembrandt.
7° TROIS SOLDATS, copie de Callot.
Voir Faucheux, *Cat. de l'œuvre de J.-P.-S. Grateloup.*

*Recueils de Costumes.*

529. `Recueil de la diversité des habits` qui sont de present en usaige tant es pays d'Europe, Asie, Afrique et Isles sauvages. Le tout fait après le naturel. *A Paris, de l'imprimerie de Richard Breton, rue St Jacques à l'écrevisse, 1562. Avec privilège du Roy.* Pet. in-8, veau fauve. (*Rel. anc.*)

Coll. 3 ff. lim., 61 ff. non chiffr. sign. A.-H. par 8, imprimé en caractères de civilité.

C'est la première édition de ce livre ; il y en a deux autres aux dates de 1564 et 1567 qui diffèrent par les caractères et les encadrements.

Les figures sur bois sont entourées de cadres variés d'une grande finesse. Au bas de chaque figure est un quatrain en français. Ces vers sont de François Deserps qui a dédié le livre a Henri de Bourbon.

L'exemplaire que nous venons de décrire est celui que cite le Manuel de Brunet. Il avait été vendu 3 l. à White-Knights Sale en 1818.

Il a appartenu à Guyon de Sardière, Richard Heber et Beckford.

La signature de Guyon de Sardière se trouve au recto du dernier feuillet.

530. Omnium fere gentium nostræ ætatis habitus, nunquam antehac editi, Ferdinando Bertelli æneis typis excudebat. *Venetiis,* 1563. Pet. in-4, mar. brun, compart. à fr., tr. dor. (*Duru-Chambolle.*)

Recueil composé de 60 planches. Les exemplaires qu'on rencontre ordinairement sont à la date de 1569, et les planches sont chiffrées. Dans celui-ci (à la date de 1563) les figures sont avant les numéros et par conséquent en premières épreuves. M. Brunet dit n'avoir vu qu'un exemplaire présentant cette particularité.

531. De gli habiti antichi, et moderni de diuerse parti del Mondo libri due, fatti da Cesare Vecellio, et con discorsi da lui dichiarati. *In Venetia,* 1590, *presso Damian Zenaro.* In-8 de 24 ff. lim. et 499 ff. chiffr., fig., mar. rouge jans., tr. dor. (*Trautz-Bauzonnet.*)

Ce recueil renferme 220 figures de costumes, gravées sur bois. Ces planches sont dessinées par Cesare Vecellio, peintre, né à Cadore en 1530 et mort en 1606 à Venise. Il était cousin du Titien et cette parenté a fait supposer qu'un certain nombre de dessins de ce recueil de costumes étaient dessinés par le grand peintre.

Chacune des planches est entourée d'un élégant encadrement gravé sur bois.

La gravure de ces planches est due à Christoforo Guerra. Cet artiste est désigné par Vecellio lui-même, f° 155 r° et appelé par lui « *mio amico, et eccellente intagliatore de nostri Tempi.* »

Exemplaire de la première édition, grandes marges.

532. Cleri totius Ecclesiæ subjecti seu pontificiorum ordinum omnium utriusque sexus habitus. *Francofurti, sumptibus Sigismundi Ferabendii,* 1585. In-4, vélin blanc. (*Rel. anc.*)

Figures de Jost Amman. Exemplaire interfolié de papier blanc.

533. Gynaeceum, sive Theatrum Mulierum, in quo præcipuarum omnium per Europam in primis Nationum, Gentium, Populorumque, cujuscumque dignitatis, ordinis, status, conditionis, professionis, ætatis, fœmineos habitus videre est, artificiosissimis nunc primum figuris, neque usquam antehac pari elegantia editis, expressos à Iodoco Amano. Additis ad singulas figuras singulis octostichis Francisci Modii Brug. [1586]. *Francoforti, Impensis Sigismundi Feyrabendij.* In-4 de 118 ff. non chiffrés, contenant 122 gravures sur bois, mar. vert jans., dent. int., tr. dor. (*Cuzin.*)

534. Des Habits, Mœurs, Ceremonies, Façons de faire anciennes et modernes du Monde, traicté non moins utile, que delectable, pleins de bonnes et sainctes instructions. Avec les pourtraits des habits taillés par Iean de Glen Liegeois, divisé en deux parties. Partie première. Des Principales Nations, Prouinces, Regions et Villes de l'Europe. *A Liege, chez Jean de Glen,* 1601. Pet. in-8, nombreuses pl. de costumes gr. sur bois, mar. bleu, fil., dos orné, tr. dor. (*Trautz-Bauzonnet.*)

    Première partie, la seule qui ait été publiée.
    8 ff. liminaires, 218 ff. chiffrés, 12 ff. pour la table.
    Exemplaire de Veinant.
    Les livres qui ont appartenu à Veinant portent un petit paraphe imperceptible, à l'encre rouge, au dernier feuillet de garde.

535. Diversitez d'Habillemens a la Mode. Naïfvement portraits sur la differente condition de la Noblesse, des Magistrats et du Tiers Etat. *A Paris, chez Estienne Dauvel,* 1630. In-4. — Le Théâtre de France contenant la diversitez des habits selon les qualitez et conditions des personnes. *A Paris, chez Estienne Dauvel,* 1629. In-4, veau brun, fil. (*Rel. anc.*)

    Ces deux suites de costumes forment la partie la plus importante d'un recueil de costumes et de portraits formé au XVIIe siècle.
    La suite des *Diversitez* se compose de un titre et de 12 planches gravées par *Briot* d'après *Saint-Igny.* Cette suite est très rare et 9 pl. seulement en ont été décrites dans Rob. Dumesnil (*Œuvre de Briot,* 151-159).
    Superbes épreuves du premier état avec l'adresse de *Dauvel.*
    Le *Théâtre de France* se compose de 1 titre et de 21 planches de costumes gravées par Briot (Rob. Dum., 129-150).
    Superbes épreuves du premier état avant les fonds, à toutes marges.
    De *Saint-Igny,* ce volume contient encore 3 estampes représentant des fumeurs, gravées par *Briot, A. Bosse* et *M. Lasne,* publiées par *Dauvel* et *Mariette.* Chacune de ces très rares estampes est accompagnée d'un quatrain.
    D'*Abraham Bosse,* ce recueil contient 4 estampes publiées par *Leblond,* avec un huitain au bas de chacune d'elles; cavalier jouant du luth; une demoiselle chantant; un berger; une paysanne allant à la ville.
    — 3 estampes publiées par *Mariette,* le portrait de Guillery, volant une femme, un tambour et un fifre, ces deux dernières pièces gravées par *Michel Lasne.*
    *Portraits.* 100 portraits de personnages célèbres, par *Thomas de Leu* (36), *L. Gautier* (8), *M. Lasne* (2) *Mallery* (1), publiés par *Moncornet* (22) par

10

*Le Clerc* (16) et par divers artistes (15). Ces portraits sont précédés d'un titre calligraphié dans un encadrement gravé sur cuivre par Cochin.
Ensemble 146 pièces en parfaite condition.
De la bibliothèque de M. DESTAILLEUR.

536. LA NOBLESSE FRANÇOISE à l'église, dédiée à messire Claude Maugis, inventée par le sieur de St-Igny, gravée par A. Bosse. *Paris, chez l'autheur* (s. d.). In-8, mar. vert jans. (*Mercier*.)

Titre gravé et 12 planches de premier tirage à toutes marges.

537. THEATRUM MULIERUM sive varietas atque differentia habituum fœminei sexus diversorum Europæ nationum hodierno tempore vulgo in usu a Wenceslao Hollar delineatæ et aqua forti æri sculptæ. *Londini*, 1643. — Aula Veneris, sive varietas fœminini sexus, diversarum Europæ nationum, differentiaque habituum, ut in quælibet provincia sunt, apud illas nunc usitati. Quas Wenceslar Hollar Bohemus delineavit et aqua forti æri bisculpsit. *Londini*, 1644. Deux parties en un vol. in-4, veau granit, dos orné, tr. dor. (*Rel. anglaise.*)

Ce recueil contient deux titres gravés et 104 planches de costumes par Hollar, remontées à châssis.

538. SUITE DES FIGURES inventées par Watteau, gravées par son ami C. In-8, mar. vert. (*Cuzin.*)

Suite composée de 24 planches et un titre, gravés à l'eau-forte par Cochin. *Caylus*

539. FIGURES A LA MODE, par Sébastien Le Clerc. *Paris, G. Audran, s. d.* — FIGURES DE MODES dessinées et gravées à l'eau-forte par Watteau et terminées au burin par Thomassin le fils. *A Paris chez Du Change, s. d.* — FIGURES FRANÇOISES et comiques. Nouvellement inventées par M. Watteau, Peintre du Roy. *Se vendent à Paris, chez le S$^r$ Du Change, s. d.* Trois parties en un vol. in-8, veau fauve (*Rel. anc.*)

1$^{re}$ partie. — Un titre et 10 pl. AVANT LES NUMÉROS.
2$^{me}$ partie. — Un titre et 9 planches dont 7 sont gravées par Watteau.
3$^{me}$ partie. — Un titre et 9 planches AVANT LES NUMÉROS.
La suite *des Figures à la mode* a été gravée en 1685 ; elle se composait alors d'une Dédicace au duc de Bourgogne et de 15 figures. Dix ans plus tard, S. Leclerc ajouta quatre figures à cette suite et grava le cartouche pour le titre. Ce titre ne fut jamais écrit (Voir, *Catalogue de l'Œuvre de S. Leclerc par Jombert*, 1774).
(Voir pour les Figures de Watteau, R. Dumesnil T. 11, pp. 181-186.)
On a ajouté au recueil 12 planches de Bernart Picart AVANT LES NUMÉROS à l'adresse de Duchange.

540. DIVERSES MODES dessinées d'après nature, par Bernard Picart. *Paris, veuve Chéreau, s. d.* Pet. in-8, titre gravé et 29 planches. (*Couverture du temps.*)

541. Recueil général de coeffures de différents goûts, où l'on voit la manière dont se coeffaient les femmes sous différents règnes a commencer en 1589 jusqu'en 1778, avec des vers analogues à chaque costume. Suivi d'une collection de Modes Françaises contenant les différents habillements et coeffures des hommes et des femmes ; la plus complete qui ait paru de ce genre, ouvrage fort désiré de l'un et l'autre sexe. *A Paris, chez Desnos, libraire, rue Saint-Jacques, au Globe. Avec privilège du roi.* In-4, demi-reliure mar. rouge.

La première suite se compose de 48 figures de coiffures tirées deux par deux sur la même feuille avec une pièce de vers en regard.

La seconde suite des Modes françaises se compose de 48 figures tirées 4 par 4 sur la même feuille avec une légende au bas de chaque figure.

Il y a des irrégularités dans le numérotage.

Ce recueil est fort rare.

## *Calligraphie. — Recueils de Chiffres.*

542. Libro di M. Giovan Battista Palatino cittadino Romano. Nel qual s'insegna a scrivere ogne sorte lettera antica, et moderna di qualconque natione, con le sue regole.... — *A la fin: — In Roma in Campo di fiore ; per Antonio Blado Asolano, il mese di Juglio,* 1548. In-4, sign. A-H par huit, le dernier f. blanc, mar. vert. (*Mercier.*)

543. La Technographie ou briefve methode pour parvenir à la parfaitte connaissance de l'ecriture francoyse de l'invencion de Guillaume Le Gangneur Angevin. *S. l., Paris,* 1599, in-4 obl., mar. brun, double rangée de fil., milieux, tr. dor. (*Rel. anc.*)

Titre gravé par *Frisius*, portr. de Legangneur, 6 ff. imprimés pour la dédicace, les explications, les sonnets, etc., 45 pl. gravées de modèles d'écriture, 1 f. imprimé pour le *Privilège* et 1 f. blanc.

On a relié à la suite : *La Rizographie ou les sources, elemens et perfections de l'écriture italienne par G. Legangneur Angevin.* 1599, in-4 obl., titre gravé, 3 ff. imprimés et 31 pl. gravées de modèles d'écriture et *La Caligraphie ou belle écriture de la lettre grecque par Guill. Legangneur Angevin* (1599), in-4 obl., titre gravé, 2 ff. de texte imprimé et 11 pl. de modèles de lettres grecques.

Ce curieux recueil est dans sa première reliure.

Exemplaire du Bon J. Pichon.

544. Bele-Prerie ou chacun peut voir les lettres tant romaine que de forme en leur fleur et perfection, avec leur vraye proporcion. Reduites au pied du Compas. Par Pierre Le Bé de Bar-sur-Aube, maistre écrivain juré. *A Paris, s. d.* (1601). In-4 de 60 ff. oblong., parch. (*Rel. anc.*)

Livre rare dédié à M. Le Grand, lieutenant général au bailliage de la ville de Saint-Denis. Il est divisé en deux parties. La première contient un titre gravé, 5 feuillets entièrement imprimés renfermant : la dédicace, un sonnet : *Allusion sur le nom de l'Auteur,* un avis au lecteur placé au milieu du volume, un sizain et le privilège ; 24 planches comprises dans des encadrements de fleurs, trophées, rinceaux, etc. et l'explication imprimée de ces planches, comprenant 24 feuillets, également dans des encadrements. — La 2ᵉ partie, dédiée à Madamoyselle Marie de Brageloigne, contient 6 feuillets : la dédicace, l'anagramme de Marie de Brageloigne, par P. Le Bé, et 4 feuillets gravés donnant un alphabet pour le canevas ou tapisserie.

545. LIVRE DE CHIFFRES A SIMPLES TRAITS où l'on trouve les noms et surnoms, utiles à tous peintres, sculpteurs, graveurs et autres. Dessiné et gravé par Mavelot, valet de chambre de feue Madame la Dauphine. *A Paris, place Dauphine, aux armes de Mademoiselle. Avec privilège.* Petit in-12 carré. Titre, 1 f., dédicace à Mademoiselle, 1 f., chiffre de Mademoiselle, 1 f., chiffre où entrent toutes les lettres de l'alphabet, 1 f., 37 planches de chiffres, numérotées. — LIVRE DE DIFFÉRENS CARTOUCHES fort recherchez utile à toutes sortes de personnes qui se meslent du dessein. Inventé et gravé par Charles Mavelot, graveur de Son Altesse Royale Mademoiselle. Dedié à son Altesse serenissime Monseigneur le Prince. *Il se vend chez l'autheur.... Cour neuve du Palais, au arme* (sic) *de Mademoiselle.* Pet. in-12 carré. 1 f. pour le titre, 1 f. pour la Dédicace au Prince de Condé, 1 f. pour le privilège, 30 planches numérotées. Deux parties en un vol. pet. in-12 carré, vélin blanc. (*Rel. anc.*)

546. NOUVEAU LIVRE DE CHIFFRES qui contient en general tous les noms et surnoms entrelassez par alphabet. Ouvrage utile et nécessaire aux peintres, sculpteurs, graveurs et autres, inventé et gravé par Charles Mavelot, graveur ordinaire de S. A. R. Mademoiselle. Dédié à Monseigneur le Dauphin. *Se vend à Paris, chez l'auteur,* 1680, in-4. — NOUVEAUX DESSEINS POUR LA PRATIQUE DE L'ART HÉRALDIQUE de plusieurs Armes des premiers de l'Estat ornée de leurs Couronnes, Suppots, Casques et l'Embrequins et Cartouches avec leurs Chiffres fleuronnez leurs noms et qualitez. Plusieurs devises latines dans des Cartouches de nouvelle invention.... Le tout inventé, dessiné et gravé par Mavelot, graveur de S. A. R. Mademoiselle. *A Paris, chez l'Auteur s. d.* (1696). In-4, front. et pl. Deux parties en un volume, mar. rouge jans, tr. dor.

Collation : *Nouveau livre...* 1 f. pour le titre, 1 f. pour la Dédicace au Dauphin, 1 f. pour la table. 21 et 58 planches numérotées.
*Nouveaux desseins...* Portrait de Mavelot, par Pitau, 1 f. pour le titre, 1 f. pour la Dédicace au Duc du Maine, 1 f. pour le Frontispice aux armes du Duc du Maine. 52 planches. 2 ff. pour les armes et chiffre du marquis d'Argenson, lieutenant de police, qui n'ont pas été numérotés dans la série des 52 pl. et qui sont fort rares, ainsi que le Portrait de Mavelot qui se trouve en tête. On rencontre rarement de ce livre des exemplaires aussi complets.

Une particularité à signaler : ces deux volumes sont tirés sur PAPIER FORT , la table du Nouveau livre de chiffres est gravée sur un seul feuillet, et l'extrait du privilège n'est ajouté ni à l'un ni à l'autre ouvrage.

547. NOUVEAU LIVRE DE DIFFERENS CARTOUCHES, Couronnes, Casques, Supports et Tenans, dessignez et gravez par C. Mavelot Maistre graveur et graveur ordinaire de S. A. R. Mademoiselle. Dedié à M<sup>gneur</sup> le Duc de St-Aignan. Ouvrage utile aux Peintres, Sculpteurs, Graveurs, Orfèvres, Tapissiers, Brodeurs et autres. *Il se vend chez le dit Mavelot Court neuve du Palais au arme* (sic) *de Mademoiselle. avec Privilège du Roy*, s. d. Pet. in-4 oblong, mar. rouge jans. (*Cuzin.*)

Ce volume se compose de 6 ff. prél. gravés, pour le titre, la dédicace, le chiffre et les armes du duc de Saint-Aignan, de 31 pp. imprimées pour la *Préface servant d'explication de tous les Suports et Tenans, qui sont dépeints dans ce livre*, 48 pl. de supports numérotées et 1 f. pour *l'extrait du privilège* en date du 17 juin 1685.
Grandes marges ; témoins.

548. LIVRE DE CHIFFRES et alphabets gravés par Senault. *A Paris, chez Langlois.* In-fol., mar. vert. (*Cuzin.*)

8 pièces.

549. LIVRE DE TOUTTES SORTES DE CHIFFRES par alphabets redoublés dessignés par Armand Desmarets, s<sup>r</sup> de St-Sorlin. *A Paris, ches Florentin Lambert, rue saint Jacques a l'image St-Paul. Aveq privillege du Roy, Charpentier scul.*, 1664. In-8, pl., veau brun.

PREMIÈRE ÉDITION de ce recueil.
Titre gravé, 1 f.; *extrait du privilège du Roy* du 21 avril 1664, 1 f. gravé ; 50 pl. non numérotées de grands chiffres et 50 pl. numérotées de chiffres entrelacés et classés alphabétiquement.

550. RECUEIL D'EMBLÊMES, devises, médailles et figures hieroglyphiques au nombre de plus de douze cents, avec leurs explications. Accompagné de plus de deux mille chiffres fleuronnez simples, doubles et triples; d'une manière nouvelle et fort curieuse pour tous les noms imaginables. Avec les tenants, supports et cimiers servans aux ornemens des Armes... Enrichi de 250 planches en taille-douce, par le sieur Verrien, maître graveur. *A Paris, chez Jean Jombert*, 1696. In-8, portrait gravé par Edelinck, mar. rouge jans., dent. int., tr. dor. (*Cuzin.*)

551. PREMIER (ET DEUXIÈME) RECUEIL DE CHIFFRES, inventés par de Saint-Aubin, dessinateur du Roi. *A Paris, chez la V<sup>ve</sup> Chereau.* In-fol., cartonné.

Suite de 13 pl. numérotées, gravées par *Marillier*, d'après les dessins de *Ch. Germain de Saint-Aubin*, brodeur du Roi.

Chaque planche contient un chiffre formé de deux lettres entrelacées en feuillages, mousses, verdures, etc. Rare.

552. A NEW BOOK OF CYPHERS, more compleat and regular than any ever publish'd. Wherein the whole alphabet (twice over) consisting of 600 Cyphers, is variously chang'd interwoven and revers'd. Very entertaining to y^e curious and useful to all sorts of artificers, by S. Sympson. *London, printed for John Bowles at n° 13 Cornhill, s. d.* In-8, veau jaspé, tranche rouge. (*Rel. anglaise.*)

Titre, table et 101 planches gravées.

## *Histoire de la Gravure.*

553. CATALOGUE DE LIVRES D'ESTAMPES et de figures en taille-douce, avec un dénombrement des pièces qui y sont contenues, fait en l'année 1666 par M. de Marolles, abbé de Villeloin. *Paris, Fréd. Léonard*, 1666. In-8, vélin.

Ce catalogue est celui de la collection que l'abbé de Marolles vendit à Colbert et qui est le premier fond du Cabinet des Estampes.

554. HISTOIRE DE LA GRAVURE en Italie, en Espagne, en Allemagne, dans les Pays-Bas, en Angleterre et en France, par Georges Duplessis, conservateur du cabinet des Estampes à la Bibliothèque Nationale. *Paris, Hachette*, 1880. In-4, demi-rel. mar. vert.

555. ETUDES SUR L'ART DE LA GRAVURE sur bois à Venise. Les Missels imprimés à Venise de 1481 à 1600. Description, illustration, bibliographie, par le Duc de Rivoli. Ouvrage orné de cinq planches sur cuivre et de 350 gravures, initiales et marques. *Paris, Rothschild, éditeur, 13, rue des Sts-Pères*, 1894. In-fol., mar. rouge, tr. dor. (*Mercier.*)

J'ai ajouté à l'exemplaire une lettre du Duc de Rivoli.

556. A PROPOS d'un livre à figures vénitien de la fin du XV° siècle, essai bibliographique par le Duc de Rivoli. *Paris, Gazette des Beaux-Arts*, 1886, fig. In-4, cartonné.

# SUPPLÉMENT.

1331. Les Confessions de Saint Augustin. Traduites en François par Monsieur Arnauld d'Andilly. Nouvelle Edition. *Paris, Pierre Le Petit*, 1683, in-12, front., mar. rouge, dos orné, fil., tr. dor. (*Rel. anc.*)

1332. D. Junii Juvenalis et Auli Persii Flacci Satyræ. Tabulis Æneis illustravit, et notas variorum selectas, suasque addidit. *Cantabrigiæ et Londini, Sandby et Thurlbourn*, 1763, in-8, fig., mar. bleu, fil., dos orné, tr. dor. (*Rel. anc.*)

1333. Œuvres complètes de P. J. de Béranger. — Dernières chansons de Béranger. — Ma Biographie écrite par Béranger. *Paris, Perrotin*, 1847-1860, 4 vol. in-8, fig., mar. violet, fil., tête dor., *non rognés.* (*Petit.*)

> Figures de Lemud, Charlet, Johannot, etc.
> On a ajouté le manuscrit autographe d'une chanson de l'auteur : *Un tour de Marotte*, signé et daté 1814 et la *Musique des Chansons de Béranger*. Paris, 1847, in-8, demi-rel.

1334. Diverses pièces de P. Corneille. *Paris*. 1637-1646, 6 vol. in-12, cart.

> Le Cid., s. d. (1637). — *Horace*, 1647. — *Cinna*, 1643. — *Polyeucte*, 1644. — *Le Menteur*, 1644. — *Théodore*, 1646.
> Quatre pièces sont en éditions originales dans ce format.

1335. Histoire de Gil Blas de Santillane par Le Sage. Vignettes par Jean Gigoux. *Paris, Paulin*, 1835, in-8, demi-rel. dos et coins de mar. rouge, *non rogné.* (*Rel. du temps.*)

> PREMIER TIRAGE. Exemplaire tiré sur PAPIER FORT.

1336. Le Diable Amoureux, roman fantastique par J. Cazotte précédé de sa vie, de son procès, et de ses prophéties et révélations par Gérard de Nerval. Illustré de 200 dessins par Edouard de Beaumont. *Paris, Ganivet*, 1845, in-8, portr. et fig., demi-rel. mar. rouge, *non rogné.* (*Galette* )

1337. Sommaire de Chroniques, contenans les Vies, Gestes, et les Cas Fortuitz, de tous les Empereurs D'europe. Depuis Jules Cesar, Jusques a Maximilian dernier decede. Avec maintes belles Histoires etc. Faict Premièrement en langue latine par Jehan Baptiste Egnace, Venicien et Translaté de ladicte Langue Latine en languaige François, par Maistre Geofroy Tory de Bourges. *On les vend a Paris, a lenseigne du pot casse (Chez Geofroy Tory)*, 1529, pet. in-8, veau fauve, fil., tr. dor. (*Kaufmann.*)

M. Bernard, *Geofroy Tory,* p. 188, dit n'avoir connu qu'un exemplaire de cette édition.

1338. Bref discours de la magnifique réception faicte par la majesté du Roy Henry troisiesme, roy de France et de Pologne aux ambassadeurs des puissans et libres potentats, Suisses, Grisons et leurs Coalliez, députez a jurer l'alliance accordée entre sa dicte Majesté et lesdits seigneurs des ligues. Par Charles Tatt. *Paris, Jamet Mettayer* 1585, in-4, portr. et tableau plié, vélin.

1339. Les Discours de Nic. Macchiavel Secrétaire et Citoyen de Florence, sur la première décade de Tite-Live, dez l'édification de la ville. Traduit d'Italien en François et de nouveau reveuz et augmentez par Jaques Gohory Parisien. *Paris, Robert le Mangnier*, 1571, in-8, réglé, mar. rouge, dos orné, fil., tr. dor. (*Duru.*)

1340. Une Année de Saint-Petersbourg ou douze vues pittoresques prises dans chaque Mois, représentant les Places, Palais et Monuments les plus remarquables de cette capitale. *Paris*, 1812, in-fol. *en feuilles.*

12 grandes planches coloriées.

1341. Notices sur quelques Artistes Français Architectes, Dessinateurs, Graveurs du XVI° au XVIII° siècle par H. Destailleur. *Paris, Rapilly*, 1863, in-8, demi-rel. dos et coins de mar. brun, *non rogné.* (*Carayon.*)

On y joint : 1° Catalogue de l'œuvre de Ficquet par Faucheux. *S. d.*, in-8, cart. (Extrait). 2° Geofroy Tory, par Aug. Bernard. *Paris*, 1857, in-8, cart.

1342. Recueil des Œuvres choisies de Jean Cousin, reproduites en fac-simile et publiées par Ambroise Firmin-Didot. *Paris, Firmin-Didot*, 1873, in-fol., pl., cart., *non rogné.*

1343. Peintures Décoratives du grand Foyer de l'Opéra par Paul Baudry de l'Institut. Notice biographique et Description par E. About. *Paris, Goupil et C°*, 1876, in-fol., pl., demi-rel. mar. rouge, *non rogné.*

**1344.** Catalogue raisonné de toutes les pièces qui forment l'œuvre de Rembrandt, composé par feu M. Gersaint, et mis au jour par les sieurs Helle et Glomy (et Supplément par P. Yver). *Paris et Amsterdam*, 1751-1756, 2 vol. in-12, veau.

Aux armes de BONNIER DE LA MOSSON.

**1345.** Catalogues de tableaux, objets d'art et de curiosité. Paris, 1744-1777, 11 tomes en 8 vol. in-8 et in-12, fig., veau et cart.

Catalogues Angran de Fonspertuis, Blondel de Cagny, Bonnier de la Mosson, Prince de Conty, Gaignat, Julienne, La Live de Jully, Mariette, marquis de Menars, Quentin de Lorangère et Tallard. Prix marqués à plusieurs catalogues.

**1346.** Catalogues de ventes d'objets d'art, tableaux et dessins, *Paris et Londres*, 1880-1891, 4 vol. in-8 et in-4, pl., cart., *non rognés*.

Collections Hamilton, Lebeuf de Montgermont, Mahérault et Odiot. Catalogues en grand papier avec illustrations.

**1347.** Catalogues des collections du baron Jérome Pichon. *Paris*, 1869-1898, 8 vol. in-8 et in-4, pl., cart. et *brochés*.

Catalogue des livres, 1869, 1 vol. — Catalogue de la bibliothèque, 1897-1898, 3 vol. — Objets de curiosité, 1897. — Objets antiques, 1897. — Dessins et estampes, 1897. — Autographes, 1897. Exemplaires tirés SUR PAPIER DE HOLLANDE.

**1348.** Manuel du libraire et de l'amateur de livres, par J.-Ch. Brunet. *Paris*, 1860-1865, 6 vol. — Supplément par MM. Deschamps et G. Brunet. *Paris*, 1878-1880, 2 vol. Ens. 8 vol. in-8, demi-rel. veau, tr. peigne.

**1349.** Bibliographie des principales Éditions originales d'Écrivains Français du XVe au XVIIIe siècle par Jules Le Petit. Ouvrage contenant environ 300 fac-similés des livres décrits. *Paris, Quantin*, 1888, in-8, demi-rel. dos et coins de mar. rouge, dos orné, tête dor., *non rogné*. (*Champs*.)

**1350.** Bibliographie Moliéresque par Paul Lacroix (Bibliophile Jacob). Seconde édition. *Paris, Fontaine*, 1875, in-8 portr., demi-rel. mar. rouge, tête dor., *non rogné*.

On y joint : 1° Les Points obscurs de la vie de Molière, par J. Loiseleur. *Paris*, 1877, in-8, demi-rel. mar. bleu. 2° Nouvelles pièces sur Molière par E. Campardon. *Paris*, 1876, in-12, demi-rel. mar. rouge.

**1351.** Nouvel Armorial du Bibliophile. Guide de l'Amateur des Livres armoriés par Joannis Guigard. *Paris, Rondeau*, 1890, 2 vol. in-8, pl., demi-rel. veau, *non rognés.*

Exemplaire tiré sur PAPIER DE HOLLANDE.

**1352.** La Bibliothèque de Fontainebleau et les Livres des derniers Valois à la Bibliothèque Nationale (1515-1589) par Ernest Quentin-Banchart. *Paris, Paul, Huard et Guillemin*, 1891, in-8, front. et fig. cart., *non rogné.*

**1353.** Catalogue des Livres du Cabinet de feu M. Randon de Boisset, Receveur-Général des Finances. *Paris, De Bure aîné*, 1777, in-12, mar. rouge, dos orné, fil., tr. dor. (*Rel. anc.*)

**1354.** Catalogue des livres de la Bibliothèque de feu M. le duc de La Vallière, par Guill. de Bure (et J. L. Nyon), *Paris*, 1783-1784, 9 vol. in-8, veau fauve, fil., tr. dor. (*Bozérian.*)

Exemplaire tiré sur GRAND PAPIER. Table des prix de vente de la première partie.

**1355.** Catalogue des livres précieux manuscrits et imprimés faisant partie de la bibliothèque de M. Ambroise Firmin-Didot. *Paris*, 1878-1882, 4 vol. gr. in-8, pl., *brochés.*

Exemplaires tirés sur GRAND PAPIER. Les Catalogues des années 1878 et 1879 sont cartonnés. On y joint les tables des prix, années 1878, 1879, 1881 et le *Catalogue des dessins et estampes*, 1877, in-8, *broché.*

**1356.** Catalogue des livres rares et précieux, manuscrits et imprimés composant la bibliothèque de feu M. le comte de Lignerolles. *Paris, Porquet*, 1894-1895, 4 tomes en 3 vol. gr. in-8, demi-rel. veau, *non rognes* et un atlas, in-4, *en feuilles.*

Exemplaires tirés sur GRAND PAPIER, avec la table des noms d'auteurs et des prix d'adjudication. Un volume est broché.
On y joint : 1° Catalogue des livres rares et précieux de M. le baron de La Roche Lacarelle. *Paris, Porquet*, 1888, gr. in-8, pl., demi-rel. veau, *non rogné.* (Exemplaire tiré sur GRAND PAPIER, avec table des noms d'auteurs).
2° Catalogue des livres rares et précieux de M. H. Destailleur. *Paris, Morgand*, 1891, gr. in-8, pl., demi-rel. veau, non rogné. (Exemplaire tiré SUR GRAND PAPIER, avec les prix manuscrits).

**1357.** Bibliothèque d'un bibliophile. — Mes Estampes. (Par M. H. Beraldi). *Lille*, 1884-1885, 2 vol. pet. in-8, cart., *non rognés.*

Catalogues anecdotiques des bibliothèques de MM. Paillet et Beraldi. Rares.

1358. Catalogue des Livres composant la Bibliothèque de feu M. le Baron James de Rothschild (rédigé par M. E. Picot). *Paris, Damascène Morgand*, 1884-1893, 3 vol. in-8, portr. et pl., demi-rel. veau, *non rognés*.

1359. Catalogue des Livres français de la Bibliothèque du Baron Ferdinand de Rothschild à Waddesdon. Tome premier (*Londres*), 1897, in 4, pl. mar. bleu, dos orné, fil., tête dor. *non rogné.* (*Brown.*)

> Non mis dans le commerce. Reproductions de reliures en couleurs.

1360. Catalogues de bibliothèques et de ventes de livres. *Paris*, 1772-1822, 5 vol. in-8 et in-4, veau et demi-rel.

> Catalogues Bonnemet, Mirabeau, Morel-Vindé, Paignon-Dijonval et Pâris.

1361. Catalogue de bibliothèques et de ventes de livres. *Paris*, 1810-1892, 10 vol. in-8, reliés et *brochés*.

> Ventes Brunet, comte de Béhague, Bertin, Chaponay, Cigongne, De Bure, L. Double, etc.

1362. Catalogues de bibliothèques et de ventes de livres. *Paris*, 1838-1881, 10 vol. in-8, demi-rel. et cart.

> Ventes Gancia, marquis de Ganay, Giraud, Huillard, de Lurde, Nodier, Pixerécourt, Potier, etc.

1363. Catalogues de bibliothèques et de ventes de livres. *Paris*, 1819-1882, 11 vol. in-8, demi-rel. et cart.

> Ventes prince Radziwill, Renouard, Rochebilière, Solar, Tripier, Yeme-niz, etc.

---

1364. Sei trio o sian sonate a due violoni et violoncello. *Paris*, *s. d.*, pet. in-fol., mar. rouge, fil., tr. dor. (*Rel. anc.*)

> Aux armes de Madame Adélaïde. Volume propre à former un buvard. Sur le premier plat un mot effacé.

1365. Album de papier blanc. In-fol., mar. rouge, dos et coins fleurdelisés, fil., tr. dor. (*Rel. anc.*)

> Album du siècle dernier. Comme titre sur le dos le mot : *Manuscrit.*

1366. Coffret en bois recouvert de mar. rouge, avec dentelles, intérieur garni de soie bleu, serrure en argent doré.

> Beau coffret du dix-huitième siècle ; la serrure et la dentelle du plat supérieur sont ornées d'armoiries. Bonne conservation.
> Longueur, 0 m. 43 c. ; largeur, 0 m. 27 c. ; hauteur, 0 m. 13 c.

---

# TABLE DES DIVISIONS.

Pages.

MANUSCRITS. ........................................... 1

IMPRIMÉS.

THÉOLOGIE.

Écriture sainte.......................................... 16
Liturgie................................................. 17
Saints-Pères............................................ 22
Théologie morale, polémique et mystique............... 23
Quiétisme.............................................. 28
Œuvres de Bossuet.... ............................... 31

JURISPRUDENCE.

Droit constitutionnel, Droit des gens, Droit politique et Droit
canonique ........................................... 39

SCIENCES ET ARTS.

Histoire naturelle, Médecine, Agriculture, Mathématiques,
Chasse............................................. 42
Éducation. — Économie domestique..................... 46
Philosophie et morale.................................. 48
MONTAIGNE. LA BOÉTIE. MLLE DE GOURNAY................. 51
LA ROCHEFOUCAULD. LA BRUYÈRE........................ 57

BEAUX-ARTS.

Architecture........................................... 60
Œuvre de Du Cerceau................................. 61
Ornements............................................. 64
Œuvre de Geoffroy Tory.............................. 72
Danses macabres...................................... 85

Pages.

*Livres à figures du* **XV**ᵉ *et du* **XVI**ᵉ *siècle* .................. 88

*Livres à figures du* **XVII**ᵉ *siècle* .......................... 115

ŒUVRE DE JACQUES CALLOT. ............................ 118

*Livres à figures du* **XVIII**ᵉ *siècle* ...................... 122

*Suites d'estampes tirées hors texte et en épreuves avant la lettre* ................................................ 132

*Suites de dessins originaux reliés* ...................... 137

ŒUVRE DE FICQUET ...................................... 140

ŒUVRE DE GRATELOUP. .................... ............ 143

*Recueils de costumes* ............................... ..... 144

*Calligraphie. — Recueils de chiffres* ...................... 147

*Histoire de la gravure* .................................. 150

SUPPLÉMENT ............................................ 151

La vente des livres composant la seconde partie de la bibliothèque de feu M. Guyot de Villeneuve se fera dans les premiers mois de l'année prochaine.

Cette vente comprendra les ouvrages formant les séries des *Belles-Lettres* et de *l'Histoire* (n$^{os}$ 557 à 1330 du Catalogue Général).

Le Catalogue de cette vente sera envoyé aux personnes qui en feront la demande.

IMPRIMÉ

par

L. DANEL

LILLE.

www.ingramcontent.com/pod-product-compliance
Lightning Source LLC
Chambersburg PA
CBHW061454030726
47503CB00005B/1707